龙湖侨捐碑刻

施能狮　吴谨程　编注

中国华侨出版社
·北京·

图书在版编目（CIP）数据

龙湖侨捐碑刻 / 施能狮，吴谨程编注. -- 北京：
中国华侨出版社，2024.10
　　ISBN 978-7-5113-8074-6

　　Ⅰ.①龙…　Ⅱ.①施…②吴…　Ⅲ.①碑刻—汇编—
中国　Ⅳ.①K877.42

　　中国国家版本馆 CIP 数据核字（2024）第 104319 号

龙湖侨捐碑刻

编　　注：施能狮　吴谨程

策划编辑：桑梦娟

责任编辑：桑梦娟

经　　销：新华书店

开　　本：710 毫米 × 1000 毫米　1/16 开　　印张：25.75　　字数：416 千字

印　　刷：北京鑫益晖印刷有限公司

版　　次：2024 年 10 月第 1 版

印　　次：2024 年 10 月第 1 次印刷

书　　号：ISBN 978-7-5113-8074-6

定　　价：78.00 元

中国华侨出版社　　北京市朝阳区西坝河东里77号楼底商5号　　邮编：100028

编 辑 部：（010）64443056-8013　　传　真：（010）64439708

网　　址：www.oveaschin.com　　E-mail：oveaschin@sina.com

如发现印装质量问题，影响阅读，请与印刷厂联系调换。

"侨乡"是历史上华夏先民离乡背井、跨海谋生，却依然与故土家园维持着亲情乡情的地域体现，其文化形态表现在侨乡与侨亲的双向互动之中。晋江是全国著名侨乡，龙湖镇更因其独拥江、河、湖、海的地缘特质，侨乡文化积淀丰厚，被誉为"侨乡中的侨乡"。

2019 年 4 月，晋江市委统战部与晋江市侨联联袂，就"侨与晋江经验"专题委托华侨史研究机构进行调研，探讨海外晋江人如何作为晋江经济社会发展的先行者、参与者、奉献者和受益者发挥其不可替代的特殊作用，追溯晋江市侨务部门如何在党委的统一领导下，创造性地开展侨务工作，以务实、担当、创新之精神兴侨、聚侨、助侨，书写"晋江经验"中独具特色的侨务篇章。该项目取得了较好的成果，形成了质量精良的调研报告，并一直引导着晋江侨务工作走向深入、再上台阶。现在，《龙湖侨乡文化丛书》第二卷《龙湖侨捐碑刻》已成书，这是晋江市侨界值得称道、点赞的文化盛事，其守初心、担使命、开先河的精神，已超越这套丛书的学术意义本身，具有一定的示范与引领作用。

从"晋江模式"到"晋江经验"，再到"晋江奇迹"，广大海外晋江人是家乡改革开放的参与者、推动者和见证者。《龙湖侨捐碑刻》以碑刻为载体，体察与展现龙湖籍侨亲的故土情怀和家国大义，追溯与呈现龙湖侨乡文化生态，我以为，方向与方法是适合的。海外晋江侨亲一直是晋江侨乡各项公益事业的热心策划者、主动参与者和积极推动者。他们因应时代需求，在扶贫帮困、兴教助学、乡村振兴、传统观念变革、优秀文化传承等诸多方面，引领风气之先，发挥独特作用。

碑刻不言，文章传世。通阅全书，我们可以发现：这些碑刻，既有家乡项目负责单位、涉侨部门和社团为捐赠者所立的碑，表达的是知恩感恩、推贤扬善的价值判断，是文化的双向互动；更有旅外侨亲捐赠者为基层侨务工作者所立的碑，彰显的是目标一致、肝胆相照的血肉亲情，是情怀的双向奔赴。类分六辑，分别为教育事业、文体医卫、桥道水电、社会事业、祠陵庙宇、慈善公益。从词语所指范畴理解，这种分类并不严密，概念含义有所重叠、有所覆盖；但从侨务工作及侨捐项目的实际情况考察，这种分类，丝毫也不妨碍我们阅读和理解碑刻所传达的历史文化信息。

以史凝心，可以推进中华文化传播。侨联工作担负着争取侨心、凝聚侨心、维系侨心、涵养侨力资源的任务。应该说，龙湖镇侨联牢记使命，克服困难，深入调查研究，在侨乡文化研究方面走出了弥足珍贵的第一步。《龙湖侨乡文化丛书》既可以鼓励龙湖籍华侨华人积极传承和传播中华文化，讲好中国故事，讲好龙湖故事，又能广泛团结联系海外侨胞和归侨侨眷，增强中华文化的亲和力、感召力，共同致力于中华民族的伟大复兴。

是为序。

陈建军

晋江市归国华侨联合会党组书记、主席

2024 年 3 月

在浩渺的历史长河中，侨乡文化总是以其独特的风貌和深厚的内涵，吸引着人们的目光。福建省晋江市龙湖镇便是这样一片人杰地灵的土地，以其丰富的侨乡资源和深厚的文化底蕴，为世人所瞩目。今日，我们得以窥见这一方水土的深厚底蕴，得益于《龙湖侨捐碑刻》一书的问世。

龙湖镇作为著名的侨乡，自古以来便是人才辈出、英才荟萃之地。这里的华侨们，不仅在国外闯荡出了一片天地，更将一颗赤诚之心留在了故土。他们心系家乡，热爱这片生养自己的土地，更以实际行动支持家乡的发展。捐建学校、医院、公路等社会事业，是他们回报家乡、造福桑梓的重要方式。这种爱国爱乡的优良传统，不仅为龙湖镇的发展注入了源源不断的动力，也为后人树立了崇高的榜样。

石头上镶刻着历史，文字里流淌着故事。

《龙湖侨捐碑刻》一书，正是对这一优良传统的生动记录和深刻诠释。书中收录的侨捐碑刻，涉及面广，内容丰富，从学校的建设到公路的修缮，从医院的设立到文化设施的完善，无一不凝聚着华侨们的智慧和汗水。这些碑刻，不仅是华侨们捐建家乡的实物见证，更是他们爱国爱乡精神的永恒传承。通过这些碑刻，我们可以清晰地看到华侨们对家乡的深情厚意，也可以深刻地感受到他们为家乡发展所作出的巨大贡献。

这些侨捐碑刻所记录的信息，对于研究晋江经济社会的发展变化具有极高的价值。它们不仅为我们提供了丰富的第一手资料，生动展现了他们的爱国爱乡精神和无私奉献品质。同时，也为我们研究晋江经济社会发展变化提供了重要的参考资料，为社会科学研究注入了新的活力，为我们了解晋江历史、文化、社会等方面的发展提供了独特的视角。通过对这些碑刻的深入研究，我们可以更加全面地了解晋江的经济社会发展历程，也可以更加深入地挖掘晋江文化的内涵和价值。

《龙湖侨捐碑刻》一书的出版，对社会科学研究也具有重要意义。它为我们提供了一个独特的观察窗口。通过它，我们可以看到海外华侨在推动家乡发展中所扮演的重要角色，也可以看到他们在传承中华文化、促进中外交流中所发挥的积极作用。这些研究有助于我们更加深入地了解华侨群体的历史、文化和社会地位。华侨群体作为连接中外的重要桥梁和纽带，其作用和地位越发凸显。而《龙湖侨捐碑刻》一书的出版，无疑为我们提供了一个深入了解华侨群体、研究侨乡文化的宝贵资料。它不仅是对过去的一种回顾和总结，更是对未来的一种展望和期许。

　　我们相信，随着这部著作的广泛传播和深入研究，它必将为推动社会的发展进步发挥更加积极的作用。愿我们共同努力，为传承和弘扬侨乡文化，在创新发展"晋江经验"、奋力打造中国式现代化县域示范中，贡献更多的智慧和力量。

尹继雄

晋江市社会科学界联合会主席

2024 年 3 月

目录
CONTENTS

第四辑　社会事业

第五辑　祠陵庙宇

第六辑 慈善公益 ■

第一辑

教育事业

晓新小学新校舍碑记

　　凡百业之成就，非特创始难，守成更难，而欲扩大之尤难。吾乡学校发轫于民国十九年春，为旅菲乡侨斥资所办。当时因乡人意见尚未划一，故学校亦辟为二，尤幸惨淡经营，均能维持不懈。迨廿九年间，我旅菲旅外有心人士，为谋乡人感情之融洽，以求乡校办理之完善，曾同心同德筹建合理校舍，一切措施已获相当成就，惜其时在乡策应之人弗克实现。未几而太平洋之战启，交通杜绝，乡校亦遂告停办。光复后，热心乡侨鉴于复兴建设首重教育，于是一面汇款复校，一面继续当年未竟①工作，群策群力，积极进行。经多时之筹划，赖乡侨之输助，乃得有今日之规模。深望乡人本此旨趣，和衷共济，再图迈进，则故乡教育之发展，正未有艾②也。兹为表扬既往，策励来兹计，爰③述其梗概，勒石纪念，俾④前辈缔造之难，难及乡侨赞助之功绩，得与斯校共垂于不朽云。

民国三十七年元月

旅菲龙江玉斗同乡会第四届董事　敬立

【说明】

碑刻原立于龙湖镇晓新小学旧校区，现移至晓新小学新校区大门内。独立基座，三柱两碑，斗檐翘脊覆顶，两柱镌对联"兴校重教功昭百世，捐资助学福泽千家"。右侧立《晓新小学新校舍碑记》，左侧立《旅菲龙江玉斗同乡建筑晓新小学校舍乐捐芳名》。

该碑宽 67 厘米，高 118 厘米，碑文楷书竖排。标题字径 5 厘米 ×6 厘米，正文字径 3.5 厘米，落款字径 4 厘米 ×4.8 厘米。左侧《旅菲龙江玉斗同乡建筑晓新小学校舍乐捐芳名》落款日期为"中华民国三十七年八月十五日"。

注释：

①未竟：没有完成，未达到，未终结。

②正未有艾：事物正在发展，还没有停止。

③爰：于是。

④俾：使。

旅菲华侨募捐建筑青锋小学校舍芳名

　　吾乡侨胞凤具爱国热忱，关怀梓里。兹以筹建校舍踊跃输将[1]，爰得早日告成，庶可培养人才，其有助于祖国文化事业之建设。巨大贡献洵[2]堪勒名碑石，以垂传扬云。

　　性实先生捐陆佰元　性鑪先生捐叁佰元

　　性寏先生捐贰佰元　能杰先生捐壹佰元

　　（以上龙园长房份）

　　性库先生捐贰仟元

　　（以下捐款 38 条略）

　　　　　　　　公元一九五六年仲冬青锋小学校董会　立

【说明】

碑刻原在龙湖镇龙埔村青锋小学，现嵌于龙埔村老年人协会会所一楼大厅；青石为碑，四周线条加框。宽 121 厘米，高 54 厘米，碑文楷书竖排。标题 2 行，字径 3.5 厘米；正文字径 2.5 厘米，落款字径 2.5 厘米。

注释：

①输将：资助，捐献。

②洵：实在；确实。

侨英建设序言

侨英建设碑文铭录集

本校原系英溪小学，假伍堡宫古寺作课室，地褊小而狭窄，实不便于教学。于一九五七年由校董会联函海外，呼吁建校。乃荷源谅、源钻、我顶、祖盆四君提倡，邀请源炳、源煌、源景、源礼、源镖、源笠、源贞（后坑）、我峣、我钻、我淦、我泉、我界、我切、万雷、祖谦、祖罗、吕荣英诸乡侨筹划组织建校委员会，进行劝募事宜。所望黉宫①厥成②，泽报桃李，而芸窗得托，福荫村童。深蒙旅菲乡侨热烈响应，慷慨解囊，踊跃捐输；堪幸精诚所至，众志得以成城。遂择址六村中心地域附近，于虎头山之麓、赤子山是焉。既获海外集资之源，更汇六村献工之力，于是回堂肯构，荣拓壮观。并于溪流中筑造新溪桥一座，既便学童通往，兼惠辐轴，又示襟前荣带，沂水春风③。为使丰功伟绩颂于后辈，爰立碑铭，永垂纪念。

（以下捐资芳名略）

侨英小学校董会　立
一九五七年八月

【说明】

碑刻嵌于龙湖镇侨英小学科技楼一楼左墙，原系《侨英建设碑文铭录集·碑记（一）序言》，现碑名为编者加拟。碑文隶书竖排，正文7行，字径3厘米×2.4厘米。记侨英小学集资建校事。

注释：

①黉宫（hóng gōng）：学宫，学校。黉，古代的学校。

②厥成：其成、乃成；其成就、其功成。

③沂水春风：同"春风沂水"，比喻良好的熏陶和教育。

侨英续建序言

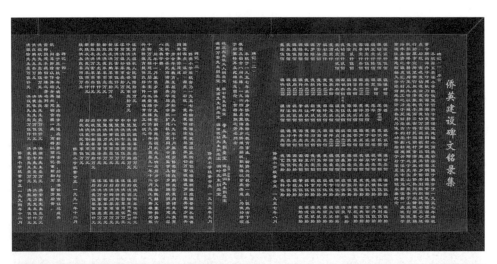

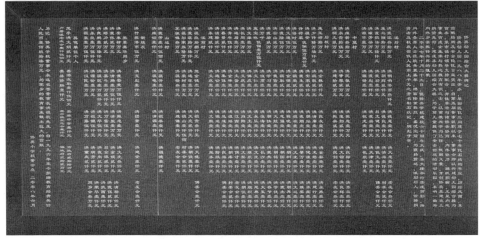

　　本校于一九五七年承海外乡侨热忱桑梓之教育事业，输资兴建校舍一座，但尚有下落教室及宿舍八间未臻。一九六四年爱蒙海外乡侨继续踊跃捐献得以全座落成。为使功绩颂于后辈特再立此碑铭志留念，兹将献捐之芳名列左。

祖盆先生故夫人捐壹室　　　　祖衫先生捐壹室

肇从先生捐壹室　　　　　　　（山边）源景（芦厝溪）祖洞先生捐
　　　　　　　　　　　　　　　壹室

源那万雷先生合捐壹室　　　　我顶先生捐壹室

源谅我钻先生合捐壹室　　　　溯岭先生捐壹室

侨英小学校董会　立

一九六五年九月

【说明】

　　碑刻嵌于侨英小学科技楼一楼左墙，原系《侨英建设碑文铭录集·碑记（二）》，现碑名为编者加拟。碑文隶书竖排，正文 3 行，字径 3 厘米 ×2.4 厘米。记 1964 年侨英小学二次集资建校事。

英仑小学校序

　　本村在晋南地带，自东而西，南拥岵湖，北绕龙湖，两湖相映，山明水秀，风景优美，如壹幅天然图画。此地滨海而居，怒涛风沙为患，村民农耕、畜牧、打渔为生，部份侨居海外。历代传统，文盲居多，深为痛苦！值此国家新生，教育普及，儿童为国家之栋梁，必须培植，吾人有鉴及此。

　　缅忆吾村英仑小学，原址宗祠，课室狭隘，儿童众多，不敷容纳；经故校董洪源琛老先生生前倡议建校，俾村中儿童，受育有所；奈因乡侨，旅址星散，中断未果。

　　迨公元一九六五年夏间，承旅菲英仑同乡会第四届理事长洪我秦洎诸理监事等，再接再励，关怀桑梓，呼吁建校运动；又蒙建筑主任洪我凯秉其先尊遗志，响应义举，共谋发起建校，似此热心教育事业，急公好义，良堪表扬！

　　旅菲乡侨，踊跃捐输，激动村众，热烈献工，兴建黉宫，为国为乡，吾人之光。时值孟冬，竣工落成，爰具斯语，立于铭碑，以志纪念。

晋江县英仑小学建校委员会

公元一九六六年五月十五日　公立

【说明】

碑刻立于英仑小学旧校址礼堂，两柱凹刻，碑身两旁嵌入柱体，黑石为板，宽170厘米，高76厘米。碑文行楷竖排，标题字径6.5厘米×6.8厘米；正文计5段29行，字径3.5厘米×3.7厘米；落款字径4.3厘米。碑文左右分别镌毛泽东同志诗句"虎踞龙盘今胜昔""天翻地覆慨而慷"。

福建省晋江县光夏学校校宇建筑碑记

　　光夏校宇于一九六六年端赖①旅菲石厦同乡会诸负责先生不辞艰辛，出力输财，与夫乡侨热诚爱乡，慨解义囊，鼎力资助；并得吾乡诸负责人督导策划，任劳任怨。数年之间，光夏校宇宽丽堂皇，巍峨屹立吾乡。复于一九七四年再接再励，扩建吾校后期工程，并添置教学和文体用具。今已得观厥成，以供全村莘莘学子求学之场所，亦作各种集会与文体活动之中心。丕业已固，殊堪虔忭。爰镌数语，以垂永志。

光夏学校建设委员会　立

一九七五年六月

【说明】

　　碑刻嵌于龙湖镇石厦村光夏小学南围墙，花岗岩质，宽176厘米，高80厘米，碑文楷书竖排。标题字径4.5厘米×5.3厘米；正文计17行，字径5.2厘米×5.8厘米；落款字径3.2厘米×3.5厘米。标题前加"福建省晋江县"小字，分两行排列。

注释：

①端赖：专门请求，只有依赖。

绳正小学重建纪念

　　本校创办于民初期间，当时既无校舍，又乏完善设备，只用乡人住屋为临时教室。东徙西移，如闲舍①、九架、至碏等厝宅为教室，以至半书塾式。经济来源有限，惨淡经营。迨至一九三六年，始由乡中热心者至砥、至按、至抽、至楮及热心乡人捐资建校，本人与性造等参与奔走，终于成功。暨旅菲同乡会②相继成立，曾经义务办学于一段时期，至第二次世界战事③发生，中菲交通隔绝，乡会及教育均告停止活动，因乡人及生理④损失惨重也。最近年来，乡会复员⑤，屡次提倡重新建筑，然以时局尚未十分成熟，未能实现。今因农历（己未流年⑥）我乡有利，于是由性祥、能灶、至向、天球及各热心乡侨倡捐巨资，及在乡人士义务工作，同心合力，完成第贰次建校大业，为后代子侄辟教育之基，众志成城，令人欣慰。奠基以来，依序顺利进行。见堂皇新校舍落成在即，泰⑦本人已在退休之年，能追随各位同乡之后，共同完成此业，寸心至慰。能煌亦于商务忙碌之中分工合作。竣工伊始，谨书志之，以留后人记念云。

乡人施性泰　谨识
公元一九七九年　月　日

【说明】

碑刻嵌于杆柄村绳正小学大厅左墙，宽 75 厘米，高 49 厘米，碑文楷书竖排。标题字径 3 厘米 ×3.5 厘米，正文字径 2 厘米 ×2.3 厘米，落款字径 2 厘米 ×2.3 厘米。字迹漫漶。

注释：

①闲舍：疑为"寒舍"。谦称自己的家。
②旅菲同乡会：全称为"旅菲观嶂同乡会"。
③第二次世界战事：此处指太平洋战争。
④生理：生意。
⑤复员：复原，恢复活动。
⑥流年：一年的运道。
⑦泰：撰文者施性泰自称。

兴建晋江农业机械化学校教学楼碑记

华侨背井离乡，远托①异域。由于祖国在解放前战乱频仍，因循守旧，民生凋敝，科技落后，外夷藐视华人，不啻猪狗。华侨目击身受外夷侮辱，擢发难数②，愤激情绪，郁结胸怀。盦以欲求祖国富强，阙惟发展教育事业。于是海外侨胞群起兴办家乡教育事业，筹供经费，集资建校。侨乡教育事业出现蓬勃发展气象。

本会步侨界先辈后尘，以教育为立国之本，兴学乃国民天职，在龙宣等几位乡侨倡导下，挹注家乡教育经费，先后建筑校舍二座，群策群力，卓著成效。但以国家实现四化，亟需科技人才，而中等以上技术学校，布局尚未完善。乃于一九七九年在本会理事长许维新任职期间，亲自回国观光，驰赴省垣向省教育当局倡议，在龙湖之滨建立中等技术学校，为国储才。在省侨委许良枫③赞襄④下，幸邀政府嘉纳。越年膺选继任理事长许泽台，复回国与晋江地区教育当局签署洽谈书；由龙玉两村供献土地，本会负责建筑校舍，一切行政管理设备经费由政府负责，纳入国家预算。至是中专学校之建立，粗见定局。嗣以校址择定，几经波折，最后选择龙湖之滨南岸现址，环境幽静，空气清新，诚学府胜地。乃于一九八一年冬破土兴工，一切构图、设计、核算由承包建筑单位负责。历经年许，开支人民币三十余万元，四层教学主楼，矗立湖滨，气象雄伟。

万里长征，始自足下，现在成就与建校规划，差距尚大。希海内外人士，盖瓦添砖，集腋成裘，使巍峨学府早日完善。兹当庆贺落成之日，为策既往，励来兹，爰述梗概，勒石留念，以垂不朽。

旅菲龙江玉斗同乡会建校小组
一九八四年元月　立

【说明】

碑刻立于晋江农业机械化学校（龙湖镇龙玉村）教学楼一楼入门厅，白石宝珠两柱，碑板宽 200 厘米，高 100 厘米，本碑刻居右。标题隶书，字径 5.5 厘米 ×3.9 厘米；正文仿宋，计 3 段，字径 2.5 厘米 ×2 厘米；落款字径 4 厘米 ×2.3 厘米。

碑刻左侧镌《捐献者芳名录下　单位菲币》，"以上四十一条共菲币壹佰贰拾陆万贰仟伍佰元"。宝珠柱镌冠头对联"龙凤荣菲岛热心光祖国　玉珠兴学府胸怀爱侨乡"，碑文竖排。

注释：

①托：寄托。

②擢发难数：把头发拔下来也难以数清。形容罪行极多。

③许良枫（1921—1994 年），晋江龙湖亭村人，菲律宾归侨，曾任中共对外联络部党办副主任，福建省侨委副主任，省政府外事办副主任，省旅游局局长，省侨办主任、党组书记等职。

④赞襄：辅助，协助。

捐建农机化学校礼堂碑记

龙宣束发①远涉重洋，履迹异邦，于今垂六十载。目击我华侨受外族欺凌侮谩，中怀愤懑，痛切裂肤，第以祖国积弱日久，民生凋敝，致启外夷藐视之机。欲求祖国日臻富强，厥惟发展教育事业，攀登科学高峰，庶克有成。龙宣从青年时代起，即以发展家乡教育为职志，战后先后募建小学校舍二座，筹供学校教育经费，数十年如一日，未敢稍懈。解放后数度回国观光，应邀参加首都国庆观礼，欣睹祖国伟大建设成就，跻于世界先进国家之林，展开历史新页，心情舒畅。但科学技术比世界先进国家，差距尚巨，爰于《建设龙湖规划》中，建言在龙湖之滨，建立中等技术专业学校，幸邀政府赞赏，着手筹建，现"中专"教学主楼已告落成，惟辅翼建筑尚待募建。龙宣不揣棉薄②，独资捐建礼堂、职工宿舍等，整幢校舍矗立巍峨，气势磅礴，将来弦歌不绝，人才辈出，指日可待。

龙宣个人能力有限，对伟大祖国之贡献，九牛一毛，微不足道。惟望继往开来，抛砖引玉，丞盼祖国教育事业建设之花，绚丽开放，有厚望焉。

旅菲华侨许龙宣谨志

公元一九八四年七月　立

【说明】

碑刻立于泉州市农业学校晋江校区（原晋江农业机械化学校）大礼堂舞台前，宽 100 厘米，高 102 厘米，碑文隶书竖排。标题字径 4.5 厘米 ×3.5 厘米，正文字径 3.5 厘米 ×2.6 厘米，落款字径 3.3 厘米 ×3 厘米。

撰文、捐资者许龙宣，龙湖镇龙玉村旅菲乡贤，著有《分类注释闽南谚语选》《晋江地方掌故》等集，曾受聘为《晋江市志》"三胞"顾问。

注释：
①束发：古代男孩成童时（十五岁）束发为髻，因以代指成童之年。
②棉薄：薄弱的能力。多用作自谦之词（不常用）。

阳溪中心小学修建校舍碑记

发扬华侨爱国爱乡的优良传统

本校在旅菲阳溪校董会第三十七届董事长吴修波先生努力倡导和发动下，全体理监事通力合作，慷慨捐资，对旧校舍进行全面维修，并新建教学楼及教师宿舍。继后又铺设中山街水泥路。为表彰其赤子之心，特将捐资芳名勒石为志。

阳溪驻乡干事部　立

一九八四年九月廿二日

（以下捐资 62 笔略）

合计菲币玖拾壹万陆仟元

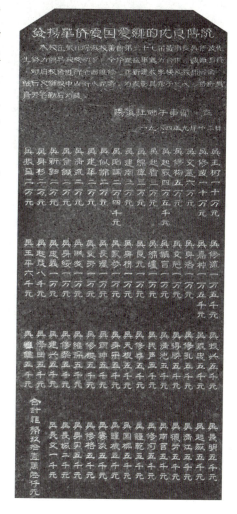

【说明】

碑刻立于阳溪中心小学兴学亭中，花岗岩质，宽 75 厘米，高 175 厘米，厚 20 厘米，碑文隶书横排。碑额刻"发扬华侨爱国爱乡的优良传统"，字径 3.5 厘米 ×4 厘米；正文计 5 行，字径 2.1 厘米 ×2.5 厘米。落款"阳溪驻乡干事部"全称为"旅菲阳溪校董会驻乡干事部"，日期之下列捐资芳名、金额 4 段 62 笔。现碑名为编者加拟。记旅菲乡贤捐资重修、新建校舍事。

荷劝女士颂词

荷劝女士　八秩古稀　矍铄芳仪　慷慨谦虚
跋涉南畿　拓业久羁　敦睦邻里　怀念桑梓
公益善举　解开义囊　营建学府　乐育桃李
德誉东西　名驰遐迩　书勉后学　铭刻以志

吴厝校董会　敬题

【说明】

碑刻嵌于吴厝村东吴小学礼堂，宽 125 厘米，高 53.5 厘米，碑文行楷竖排。标题字径 6.6 厘米 ×5.8 厘米；正文为四言古诗，字径 3.5 厘米 ×5 厘米；落款字径 2.4 厘米 ×2.6 厘米。原碑无日期，现碑名为编者加拟。记吴厝村旅菲侨胞荷劝女士捐建东吴小学礼堂事。

恢斋学校建校前言

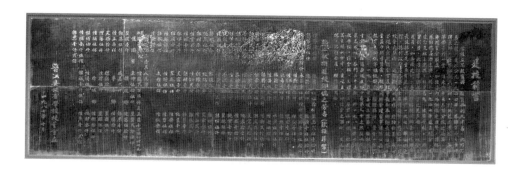

　　学校立而教育兴，教育兴则人才昌，此乃不易之理。是以公元一九四四年，本乡有识之士礼聘良师，在本乡施氏宗祠，创办龙园学校，集莘莘学子于一堂，结束历年来东西分教之局面，同年校董会成立，加强海内外乡侨之联系，博得旅菲乡侨鼎力支持，旋于一九四七年建立校舍，为追念先祖之宏德，故定名为：恢斋学校，一时邻里刮目，此乃旅菲乡侨办学之先声也。但社会之发展，如奔流之川，吾旅菲绍德同乡会现任理事长施能忠先生卓有远见，早于一九七八年回乡之际，与村政府及各界人士取得联络，作好再行建校舍之准备，返菲后展开工作，积极动员，承世界施氏宗亲总会首届理事长即本乡乡长施性答先生鼎力辅导赞襄，复得同乡会理监事洎①热心桑梓教育之乡侨等慷慨解囊，踊跃输将，资金一筹而就，本校便于一九八五年春破土奠基，经能忠先生等多次往返奔波及乡中各界人士之热烈响应，众志成城，奋斗三个春秋，于一九八七年十月间，教学楼、宿舍楼、大礼堂三座宏伟壮观、配套完美之现代黉宇，竟屹立于旧校舍之西侧。为表勋德，而勉后昆，特铭碑为证。

　　热心献捐建校乡侨之芳名（款额菲币）

　　（以下捐资者及金额略）

晋江县恢斋学校校董会　立

一九八七年十月

【说明】

碑刻原嵌于龙湖镇恢斋学校（今恢斋中心小学）大礼堂，花岗岩质，碑文行楷竖排。该碑因校舍拆除而破损，仅留照片。记施性答、施能忠等103位旅菲乡侨捐资3723000菲币、94200元人民币于1985年兴建恢斋小学教学楼、宿舍楼、大礼堂事。现碑名为编者加拟。

注释：

①洎（jì）：通"暨"。和；与。《书·无逸》："其在高宗，时旧劳于外，爰洎小人。"

南侨中学奕尚实验楼与办公楼碑志

奕尚实验楼与办公楼建于一九八八年，两幢楼均为三层砖混结构。奕尚实验楼面积九佰柒拾贰平方米，办公楼面积陆佰陆拾平方米。大楼为菲律宾校友会第九、十届理事会发动菲港校友筹资捐建。经历几十年办学规模扩大，学校于贰零壹陆年拆两幢楼，并在原址兴建奕尚教学楼。值重建之际谨书此志勒石铭其功，彰其德，扬其名，以期百世流芳励勉后人。

奕尚实验楼捐建芳名录（略）

办公楼捐建芳名录（略）

【说明】

碑刻立于南侨中学奕尚楼朝东南，花岗岩两柱落地，斗檐覆顶，黑石为碑。碑身宽140厘米，高80厘米，碑文竖排。标题魏碑，字径3.3厘米×3.7厘米；正文隶书，分序文及2段捐建芳名，计3段，字径3.2厘米×3.5厘米。无落款单位、日期。追记奕尚实验楼与办公楼捐建历史，列镌捐资芳名。

石厦旅菲华侨捐建光夏校舍暨公益志

吾村旅菲华侨，自一九六六年刘贤潜先生荣膺石厦同乡会十九届理事长，蝉联二十届至廿一届；议厨理事长廿二届，钊福理事长廿三届，议程理事长廿四届，贤钗理事长廿五届，建德理事长廿六届钊砲理事长，廿七届良寿理事长，廿八届与转理事长，以至廿九届并深理事长，均带头发动侨胞慷慨捐献，为桑梓建设大量公益事业。光夏小学校舍完整体系、中学校舍两座、全村水电架设、校教具添置、体育场环境设施以及文物古迹之重修、桥梁石路之敷设、水利等兴修，均得祖里乡亲鼎力支持，使故乡面貌焕然一新。二十多年来，计耗资百万元，成绩斐然，历评省、地、县先进单位。吾村华侨爱国怀乡，热心公益、造福桑邦功绩，将与光夏校宇永世共存。爰将各乐捐芳名整录于下，以留纪念。

光夏学校建设委员会
一九八八年五月　立

【说明】

碑刻嵌于石厦村光夏小学教学楼一楼，花岗岩质，黑石为板，红石镶边；宽675厘米，高130厘米，碑文竖排。标题字径4.7厘米×5.5厘米，正文字径3.5厘米×4.3厘米，落款字径3.3厘米×4.5厘米。碑文序言居右，左列各时期、各项目捐资芳名。

南侨中学大礼堂落成记

顾我南侨建校以还，垂四十余载，晋南侨乡桃李成林，校友遍布海内外。数年来，菲律宾校友会团结广大菲律宾校友，发扬爱国爱乡爱校优良传统，为建设母校、发展教育事业、繁荣桑梓，作出重大贡献。一九八六年秋，我校四十周年校庆前夕，菲律宾校友会理事长许维新倡议捐建母校大礼堂。菲律宾校友施雨霜、陈祖昌率先慷慨解囊，在菲校友相继踊跃捐输。菲律宾校董会名誉董事长施连登先生、董事长施维鹏先生亦鼎力匡助[1]，并得旅菲爱国侨胞热烈赞助。于是众志成城，克奏其功。在四十周年校庆之日，理事长许维新代表菲律宾校友会于庆祝会上宣布：为母校捐建多功能大礼堂一座作为献礼。当日举行奠基仪式。大礼堂于一九八七年春动工兴建，面积壹仟柒佰柒拾余平方米，造价人民币陆拾壹万伍仟元。一九八八年八月竣工。值此大礼堂落成之日，举校欢忭[2]，欣南侨之新生，念仁人之功德。爰为勒石志之，并附四言一章，赞曰：

旅菲校友，爱国爱乡；集资兴学，捐建礼堂。

巍峨黉宇，耸立南疆；振我侨校，造福梓桑。

功臻四化，海峡流芳。

晋江南侨中学

一九八八年八月十五日　立

晋江南侨中学兴建大礼堂献捐者芳名录（略）

【说明】

碑刻嵌于南侨中学大礼堂。原碑名为"菲律宾校友会第七、八届理事会筹资捐建大礼堂落成记"，现碑名为编者缩拟。

注释：

①匡助：辅助；扶助。

②忭（biàn）：欢喜，快乐。

南侨中学新黌楼碑

　　南侨能有今日高楼毗连，校誉鼎盛，实有赖于校友。多功能大礼堂兴建伊始，立即签建二座教学楼，接着又签建一座实验楼和一座办公楼。一系列现代化建筑群拔地而起，刷新了南侨的衰老容貌，巨人般地屹立于海峡西畔，灯塔一样射出夺目的光辉。

　　校友许维新荣膺菲校友会第七、八、九、十届理事长，决心改变母校的衰老容貌；校长施家世接过大伤元气的老南侨，也决心改变母校的落后面貌。同气连枝，凝聚着校友们爱国爱乡爱校淳朴而崇高的感情。四十周年校庆前夕，理事长许维新倡建大礼堂为母校四十大庆献礼。南侨校友总会名誉会长施雨霜、陈祖昌慨解义囊，领先献捐。长期侨居海外，齿德俱尊的菲南侨校董会名誉董事长施连登先生及其家族，累世尊师重教、长期资助南侨的菲校董会董事长施维鹏先生及其家族，对校友们热爱母校的积极行动深感快慰，立即鼎力支助。联络员施养鹏多方联系，菲广大校友、爱国侨胞及旅港校友均热烈襄助。我政府各级领导称颂褒扬，当地各界及广大群众都大力支持，群策群力，水到而渠成。许维新、施连登、施雨霜、陈祖昌及校董施雨水参加奠基仪式，各大楼相继破土兴工。在绿阴环抱中，朱垣玉砌，曲梯回廊，一幢幢典雅的新黌楼映入人们的眼帘，新的南侨诞生了。

　　五座大楼总面积陆仟贰佰玖拾陆平方米。总造价人民币壹佰柒拾万捌仟贰佰玖拾捌元正。

为建设南侨而劳苦功高的领头人及热心教育事业的人士们，可铭金石而被弦歌。我们谨以虔敬之忱刊碑纪念，藉彰贤哲而传后世，代代相勖①励。

晋江南侨中学
公元一九八八年八月十五日　立

【说明】
碑刻嵌于南侨中学大礼堂三楼，现因大礼堂装修，现场封闭，仅见图片。

注释：
①勖（xù）：勉励。

连登大路筑路碑记

南侨中学校董会名誉董事长施连登先生，身居异国，放眼世界；深知欲强国兴邦，必须大力发展教育事业，以培植国家栋梁之材。南侨中学旅菲校友会倡建母校大礼堂，连登先生满腔热忱，欣然解囊襄助。南侨中学大礼堂、教学楼、实验楼和办公楼次第兴建，先生不断拨出巨款，为建设工程全面施工作出卓越的贡献。一九八八年秋，先生归国莅校视察，觉得泥沙通道风雨难行，立即捐献人民币玖万元，独资修建校园石砖道路，以利师生行走。一九八九年春节，先生荣旋，再度投资人民币伍拾伍万元，修筑南侨中学通小埭沟全段贰公里水泥公路。先生寄厚望于办好教育，多出人才，以期桑梓繁荣，国家强盛；崇高的爱国精神感人至深，足为后辈表率。谨书先生德行，勒石藉申景仰。

南侨中学校友总会名誉会长　陈祖昌

施雨霜　立

菲律宾南侨中学校友会第七、八、九、十届理事长　许维新

公元一九八九年元月　日

　　碑刻嵌于南侨中学西南围墙，临变电室；花岗岩质，宽 243 厘米，高 90 厘米。"连登大路" 4 字横排，字径 9.8 厘米 × 11.5 厘米；正文楷书竖排，计 31 行，字径 4.2 厘米。记旅菲施连登先生捐建南侨中学暨南侨中学通小埭沟之 "连登大路" 事。

　　立碑者陈祖昌、施雨霜、许维新皆南侨中学旅菲校友，施雨霜为施连登胞弟。

光夏学校教育基金碑记

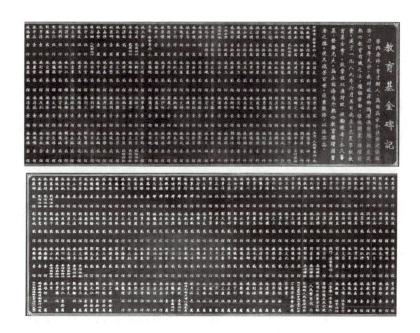

　　学兴桑梓，育才树人，为国为家和社会建设服务，乃百年大计。我村旅菲乡侨、港澳同胞、校友及热心教育有识之士，积极发动，慷慨解囊，踊跃捐资。遂于一九八九年六月五日成立"光夏学校教育基金会"。设章程以廉财政，激励后者，永久筹募，发扬光大。为永铭海内外热心教育踊跃捐资者之德。使其流芳百世。复书数语，以志不忘。

　　（以下捐资芳名略）

　　合计贰佰陆拾贰万伍仟（人民币）

【说明】
　　碑刻嵌于石厦村光夏小学教学楼一楼，花岗岩质，黑石为板，红石镶边；宽675厘米，高130厘米，碑文魏碑竖排。标题字径8.8厘米×9.7厘米，正文字径5.5厘米。碑文序言居右，左列捐资芳名，无落款单位、日期。

英仑小学操场志

吾校操场，原系红土结构。每逢雨涓，涔浐分野。风旱几许，尘如飞絮。亟须改观，以完其美。蒙旅菲洪祖粒先生洎夫人洪施鸳鸯，热心桑梓教育，独募义资人民币柒万柒仟元，建竣水泥结构之场地及灯光球场。驱泞除尘，祉澍①后昆。铭碑于斯，以志荣勋。

英仑校董会　立

公元一九九一年元月

【说明】

碑刻立于英仑小学旧校址，两柱凹刻令碑身嵌入柱体，两柱正面分别镌"勤学自生智""苦练必呈辉"。黑石为板，宽120厘米，高75厘米。碑文楷书竖排，标题字径7厘米；正文计2段12行，字径5.5厘米 ×6.6厘米；落款字径5厘米 ×5.7厘米。

注释：

①祉澍：福泽。祉，福。澍，古同"注"，灌注。

侨英建校碑记

侨英小学原校舍乃一九五七年由源谅、源钻、我顶、祖盆四君倡议，得源炳、源煌、源景、源礼、源镖、源笠、源贞（溪后）、源贞（后坑）、我峣、我钻、我淦、我泉、我界、我切、万雷、祖谦、祖罗、吕荣英诸乡侨共同筹划集资建成。

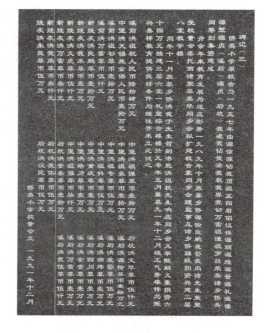

卅余年来，教育发展。为适应形势，一九八九年十月，旅菲乡侨源愉、良鹏、我鳌、我尚诸先生旋里，受校董会委托，商诸旅菲英华同乡会，拟扩建校舍。蒙同乡会理监事及诸乡侨踊跃捐资，兴建二层八室教学楼。

同年十一月，旅菲乡侨洪我于先生哲嗣港胞洪祖杭先生，响应同乡会义举，慨解义囊，捐资六十四万元，独建三层六室一礼堂综合楼。楼于九零年五月奠基，九一年十二月竣工，气势雄伟，为振兴桑梓教育提供良好条件，为继往开来立此志之。

（以下捐资者及金额略）

侨英小学校董会　立

一九九一年十二月

【说明】

碑刻嵌于侨英小学科技楼一楼左墙，原系《侨英建设碑文铭录集·碑记（三）》，现碑名为编者加拟。碑文隶书竖排，正文计3段9行，字径3厘米×2.4厘米。记侨英小学1989年扩建校舍暨洪祖杭先生捐建礼堂综合楼事。

侨英小学大礼堂碑志

我于先生一九二七年南渡，事业有成后，热心公益，曾任旅菲英华同乡会副监事长。哲嗣洪祖杭先生旅港后，秉承严训，为振兴桑梓教育事业而努力，于一九八九年十一月捐资人民币六十四万元兴建三层六室一大礼堂之综合楼。造福后昆，功德无量。

侨英小学 校董会 立

一九九一年十二月

【说明】

　　碑刻原嵌于侨英小学旧礼堂入门厅，花岗岩青石，碑宽 195 厘米，高 35 厘米；上影雕洪我于先生伉俪合照，两侧对联"我行我素为公益，于国于民献瓣心"。碑文楷书，无标题，现碑名为编者加拟。正文字径 4.5 厘米，落款字径 3.6 厘米。

阳溪中心小学泼英堂碑志

　　修流吴先生、玉香叶女士为纪念令尊、令堂生前丰功伟绩，为继父志身居海外，心怀桑梓，为家乡公益事业沤心沥血，独资捐建大礼堂全座。特立五古诗于以敬颂。汪奕聪　撰书

忆椿萱龄时，奋身战红尘。童蒙即好学，奈何家道贫。
闾里遭困厄，砺志家推陈。飘洋谋生计，聪慧见超群。
诚以树友信，崛起振精神。创业慎发轫，巨细必躬亲。
开辟荆棘路，长才得舒心。菲岛奔波遍，跋涉风尘侵。
商战争朝夕，心灵百福臻。芳园培兰桂，香馨缀锦茵。
敦后承先志，胸襟应笃行。绵绵瓜瓞蔚，后肩庆继任。
鸿猷①拓大展，生意遍岛伸。建家又立业，深厚手足情。
修路且造桥，解囊不让人。树才兼育英，载道口碑频。
侨中推翘楚，美誉人同钦。衣锦还乡日，故里花更新。

旅菲阳溪学校董事会　立

【说明】

　　碑刻嵌于阳溪中心小学大礼堂入门厅"泼英堂"，花岗岩质，宽168厘米，高70厘米，碑文行楷竖排。碑文字径2.8厘米×3.6厘米，无碑名，无落款日期，现碑名为编者加拟。记旅菲乡贤吴修流、叶乌香伉俪捐建阳溪中心小学大礼堂事。

注释：
①鸿猷：鸿业，大业。

菲律宾南侨中学教育基金会志

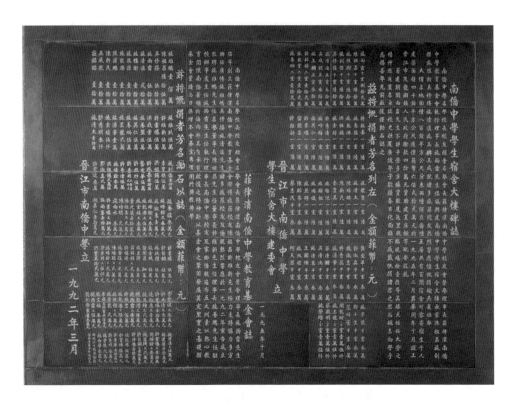

　　南侨中学名誉校长，校友总会名誉会长，菲律宾南侨中学校友会荣誉理事长施雨霜先生倡导创立菲律宾南侨中学教育基金会，深得旅菲校友陈祖昌、许维新先生极力支持，协力多方联络，广博施维鹏、吴修接、施清溪先生诸多旅菲校友及侨亲热烈响应。于一九九二年宣告成立，敦聘施维鹏先生任名誉董事长，陈祖昌先生任董事长，许维新先生任理事长，施养鹏先生任驻校办事处主任，施雨霜先生任执行理事长。南侨中学校友及家乡侨亲遍布五大洲，素以热心教育、关怀南侨著称，于海内外具有承前启后之精神，斯以基金会是巩固发展奠定坚实之基础。愿基金会业绩与日俱增。本会基金专项用于奖教奖学。

兹将慨捐者芳名泐石以志（金额菲币：元）

（以下捐资芳名略）

晋江市南侨中学　立

一九九二年三月

【说明】

碑刻在南侨中学学生宿舍 AB 座中间墙壁，临东北围墙；白石为座，黑石为碑，侧开两券形门，顶覆绿色琉璃瓦檐。碑身宽 375 厘米，高 270 厘米，碑文竖排。自右至左分列《南侨中学学生宿舍大楼碑志》《菲律宾南侨中学教育基金会志》两个项目。

檀声小学重修碑志

吾檀声小学第一座较具规模校舍（分东西两侧二座共八室及礼堂）乃由旅菲热心家乡教育事业之侨胞们捐建，于一九五八年竣工。至七十年代后期，随着乡里教育事业之发展，人口之增加，原校舍不敷应用。斯时，旅菲檀林同乡会即发动全面捐款，兴建北面教学大楼及礼堂，并于一九八〇年竣工。小学迁入新楼之后，而五十年代所建之校舍失于管理，长年失修，致使坍塌殆尽。

旅菲侨胞许秋水、许清白昆仲，本着尊重老一辈建校之功业、成物不毁之精神，慷慨解囊，重修改建，并同时于西侧新建教师生活楼壹座等，改善了学校之环境及教师之生活起居。

侨胞许秋水、清白昆仲，热心公益，造福桑梓，仁风可嘉。特立此碑为志。

檀声小学校董会　立

公元一九九二年桂月

【说明】

碑刻现存于龙湖镇檀声小学，宽61厘米，高78厘米，楷书竖排。标题字径4.7厘米×5.2厘米；正文计3段12行，字径2厘米×2.3厘米。记旅菲侨胞许秋水、许清白昆仲重修檀声小学校舍及新建教师生活楼等事。

南侨中学施家罗施性水纪念堂碑记

    晋江市南侨中学系晋南侨乡创办较早之中学。抗战胜利后，晋南侨乡群众渴望兴学育才，旋于公元一九四六年，旅菲临濮堂族亲施家罗先生、施性水先生、施维雄先生率先发起办学之创导，联络各乡侨及国内热心教育之乡贤，成立校董会，校舍暂拟于古刹"定光庵"，从此晋南侨乡有明珠之称的南侨中学就此诞生，同年孟秋之时，庄严宣告开学。

    南侨中学迈开稳健步伐，历尽人间沧桑，以其顽强之活力，焕发不尽之青春，弹指光阴四十六，培育桃李满天下，承先启后，继往开来，英才辈出。目今校园恢宏光大，黉舍展现新姿，羡春光溢彩，育学子而济济，喜看洋洋大观，能无回溯系之。

    菲华晋江前港同乡会理事长施家约先生素热心教育，对南侨中学关怀之表现，众望所归，受聘为南侨中学校董会名誉董事长。为追怀先贤家罗、性水二君为建校艰辛不辞竭忠尽智，踊跃捐资，精神崇高，当世英豪，品重琳琅，八方仰慕，华侨楷模，应有适当褒奖，乃孕树立纪念馆之概念，多方斡旋具体型成。

    时值辛未年，世界临濮施氏宗亲总会创会长施性答先生、副理事长施家约先生、旅菲临濮堂理事长施能忠先生、副理事长施能炒先生、菲华晋江前港同乡会理事长施清汉先生，洎同仁等，躬莅敝校参观指导，欣觌①校园新貌，感慨万千之余，益增缅怀之忱，为纪念创校先驱者家罗、性水二君不朽之功绩，为鼓励后人弘扬先贤之大德。欣逢旅菲临濮堂八十周年堂庆，倡议捐资兴建斯楼，承蒙家罗先生哲嗣淑哲、淑如、淑霞、淑也、志强、淑好、志流、淑瑜、美致、俊明等，及性水先生哲嗣施锦标先生鼎力捐资响应，共申纪念，谨泐碑以志之。

晋江市南侨中学　立

公元一九九三年春月

【说明】
碑刻嵌于南侨中学施家罗施性水纪念堂（图书馆）二楼大厅，花岗岩黑石，宽 275 厘米，高 120 厘米，碑文行书竖排。标题字径 7.8 厘米；正文计 4 段，字径 4.4 厘米 × 4.8 厘米；落款字径 4.5 厘米。

注释：
①觌（dǔ）：古同"睹"。

兴学千秋业　美誉万代芳

巍峨壮观之衙口中心幼儿园于一九九零年二月奠基，一九九二年九月落成，占地面积四千多平方米，建筑面积三千多平方米，造价兼设备贰佰万元。楼三层，造型美观，结构坚实，规模宏大，是适宜幼儿学习之美好处所。

抚今追昔，令人神思飞越。该园始创于一九五六年，假本村施氏大宗祠为园舍，虽简陋，然几经努力，已初具规模，深得群众赞誉。

好雨滋润千花秀，薰风劲吹万物春。爱国乡侨维鹏先生，乐育英才，自一九八一年来，不绝赞助幼儿园经费，园内设备日臻完善，桃李欣欣。因入园人数剧增，扩大园舍遂成当务之急。

哲人深智，达士旷怀。维鹏先生为改善办学条件，满足幼儿入学要求，发动营建新园舍。辛未年，先生率令公子嘉骏、嘉骐捐献巨资建幼儿园礼堂。嗣后①，衙口旅居菲、新、港澳台乡亲热烈响应，只一年又八月，此玉楼遂雄踞于皇帝池南畔，成为一颗璀璨明珠。

幼儿园辟有维雄先生纪念堂。或不解而问，此无他，乃维鹏先生为感念先兄维雄提携之功也。先生孝悌恳诚，精神可嘉，堪为后者楷模。

为志善举，彰其高风，爰勒石以勖后。

衔口、南浔村委会 　立
衔口中心幼儿园建委
公元一九九三年三月廿八日

【说明】

碑刻嵌于龙湖镇衔口中心幼儿园大厅右墙，黑石为碑，宽 189 厘米，高 108 厘米，碑文楷书竖排。标题字径 8 厘米 ×9 厘米，正文字径 4.5 厘米，落款字径 5 厘米 ×6 厘米。两侧嵌对联"棠棣连心兴幼教，庠楼映日飘弦歌"。

注释：

①嗣后：以后。

志杰淑贤教育基金会碑志

教育为本，科学是基。为振家邦，用启民智。
志杰淑贤，远见及此。夫唱妇和，心同此志。
卅万基金，兴学桑梓。嘉教奖学，培植后继。
春风满园，桃李成蹊。德泽匪浅，勒石铭纪。

一九九四年　埔锦村委会　立
　　　　　　辉山小学校董会

【说明】
　　碑刻嵌于埔锦村辉山小学礼堂，宽171厘米，高196厘米。上镌碑名，中镌志杰、淑贤伉俪肖像，下为碑文，左右两侧镌联："志在桑梓兴淑业，杰中裔胄毓贤名"。

侨英宿舍楼建设碑记

鉴于原有校舍年久破漏，其结构亦不适应新形势之需要，经与菲、港侨胞商议达成共识，同意拆除以作操场并再兴建宿舍楼一座。而将以前碑记重新勒石，留芳后世。

兹将捐建本座宿舍楼之芳名列左

洪祖杭先生壹拾伍万元

洪良鹏先生叁万元

洪源愉先生壹万伍仟元

洪永良先生壹万伍仟元

洪我依先生壹万伍仟元

洪汉民先生壹万伍仟元

洪溯炜先生壹万元

洪祖专先生壹万元

洪我鋬先生壹万元

洪安泰先生壹万元

洪培力先生伍仟元

洪振忠先生伍仟元

侨英小学校董会　立

一九九四年十二月

【说明】

碑刻嵌于侨英小学科技楼一楼左墙，原系《侨英建设碑文铭录集·碑记（四）》，现碑名为编者加拟。碑文隶书竖排，正文（含捐资芳名）计2段6行，字径3厘米×2.4厘米。记侨英小学原宿舍楼翻建缘起，列捐资芳名。

南侨中学学生宿舍大楼碑志

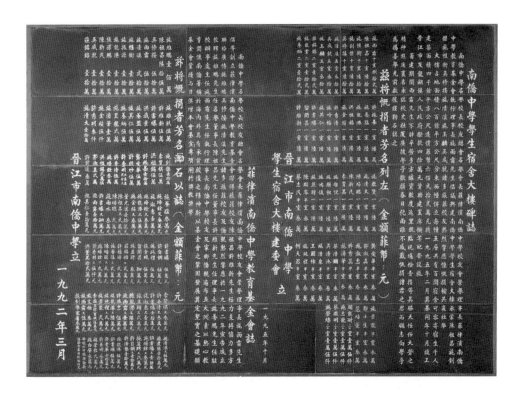

　　南侨中学名誉校长、校友总会名誉会长、菲律宾南侨中学校友会荣誉理事长、菲律宾南侨中学教育基金会执行理事长施雨霜先生，倡议兴建南侨中学学生宿舍大楼。承蒙陈祖昌、施钊杰、施性衡、吴修接、施清溪、施玉麟、吴成就诸多旅菲校友热烈响应，慷慨捐输，共襄壮举。

　　大楼占地面积八百余平方公尺，分东西幢并立，每幢五层，共有百间宿舍，可容寄宿生千人。建筑面积四千余平方公尺，造价菲币六佰贰拾贰万元，于一九九五年二月奠基，同年十月竣工。晋江市及龙湖镇人民政府拨款四拾万元资助建置床橱等配套设施。

　　筹建期间，雨霜先生不辞辛劳，多方酿资①，数度返里，亲临现场检查指导，其胜大任、任大劳之精神遐迩褒名，永志校史。壮厦广披，学子欢颜，春日化雨，谁不感戴慨捐诸君之恩而砺志向学乎？为扬善举，光前启后，谨勒石志之。

　　兹将慨捐者芳名列左（金额菲币：元）

　　（以下捐资芳名略）

晋江市南侨中学
学生宿舍大楼建委会　立
一九九五年十月

【说明】

　　碑刻在南侨中学学生宿舍 AB 座中间墙壁，临东北围墙；白石为座，黑石为碑，侧开两券形门，顶覆绿色琉璃瓦檐。碑身宽 375 厘米，高 270 厘米，碑文竖排。自右至左分列《南侨中学学生宿舍大楼碑志》《菲律宾南侨中学教育基金会志》两个项目。

注释：
①醵资（jù zī）：筹集资金。

阳溪中学科学楼碑志

科學樓碑誌

人類繁衍進化優於其他物種的根本緣由在於它不但養活繼起之生命而且擔負着育才之職責國民素質的提高依賴科學教育基於高屋建瓴之膽識旅菲陽溪校董會四十八連四十九屆董事長吳良元先生偕同咨詢委員吳身謀先生名譽董事長吳修流先生發起籌募捐建陽溪中學五層科學大樓諸位鄉僑積極倡應高懷慨獻使本科學殿堂得以如顧落成它將造福故里子孫後代為培育鄉邦人龍發揮卓著劲用

茲將獻捐者芳名列左以誌千秋襃揚

吳良元　　　陸拾萬元
吳修流　　　叁拾萬元
吳玉樹家屬　叁拾萬元
吳似錦　　　叁拾萬元
吳聯發　　　叁拾萬元

吳文芳　壹拾伍萬元
吳民聲　壹拾伍萬元
吳民修　壹拾伍萬元
吳今煥　壹拾伍萬元
吳永周　壹拾萬元
吳文魁　壹拾萬元
吳建興　壹拾萬元

以上款項皆為菲幣

陽溪中學 立
一九九六年十一月

　　人类繁衍进化优于其他物种的根本缘由，在于它不但养活继起之生命，而且担负着育才之职责。国民素质的提高，依赖科学教育。基于高屋建瓴之胆识，旅菲阳溪校董会四十八连四十九届董事长吴良元先生，偕同咨询委员吴身谋先生、名誉董事长吴修流先生发起筹募捐建阳溪中学五层科学大楼。诸位乡侨积极倡应，高怀慨献，使本科学殿堂得以如愿落成。它将造福故里子孙后代，为培育乡邦人龙发挥卓著效用。

　　兹将献捐者芳名列左以志千秋褒扬

吴良元	陆拾万元	吴文芳	壹拾伍万元
吴修流	叁拾万元	吴民声	壹拾伍万元
吴玉树家属	叁拾万元	吴民修	壹拾伍万元
吴似锦	叁拾万元	吴今焕	壹拾伍万元
吴联发	叁拾万元	吴永周	壹拾万元

吴绵趁　　　叁拾万元　　　吴文魁　壹拾万元

吴建兴　　　壹拾万元

以上款项皆为菲币

阳溪中学　立

一九九六年十一月

【说明】

碑刻嵌于阳溪中学科学楼楼梯口墙壁之上，黑石为板，红砖镶边，高 78.5 厘米，宽 119 厘米，楷书竖排。标题字径 6.7 厘米 ×7.4 厘米，正文字径 3.6 厘米 ×3.7 厘米。

该项目捐资者皆为旅菲阳溪校董会理监事成员，捐款计 13 笔，合 300 万菲币。

衙口中心小学建新校宇碑记

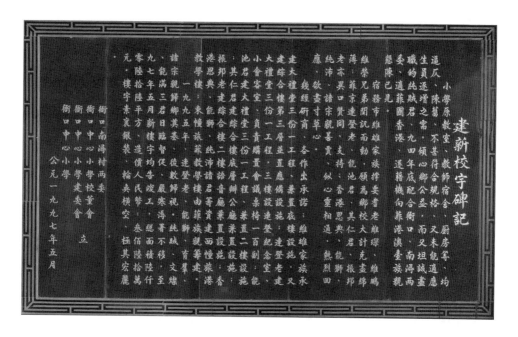

小学原教室、教师宿舍、厨房等，均逼仄、陈旧，不甚符合规格，又未能适应生员逐增之需。倾心乡公益，而又坦诚尽职的纯贼君，九四年底配合衙口、南浔两委，适菲国、[中国]香港，遂藉机向菲、[中国]港澳台族亲恳陈己见。

宿务市维雄家族撑要耆老①维琛、维鹏、维荣兄弟闻讯而动，愿为乡校大计克尽绵薄；菲京连登老、能池君、其仁君、振邦老亦异口赞同、支持；香港恩典、能狮、纯沛、诸宗亲善贾、似心灵相通，热烈回应、欲尽寸草心。

几经研商、各作出承诺；维雄家族承建大礼堂三分一工程，兼置底楼设施，又建综合楼第三层并置应备设施；连登老建大礼堂三分一工程，三楼设连登纪念室、小会客室，负责购置会议桌椅一百副；能池君建大礼堂三分一工程，兼置二楼设施；其仁君建综合楼底层办公厅兼置设施；振邦老建综合楼二楼语音厅兼置设施；香港恩典、能狮、纯沛诸君筹资建西幢旅港教学楼；东幢旅菲教学楼由菲族亲筹建。

一九九五年，连登老、能狮、育群诸宗亲归乡奠基，后数归视。纯贼、文灿、能满三君日临督促，严寒溽暑不移，至九七年五月新楼宇均告竣工，总面积陆仟零陆拾陆平方，造价人民币：叁佰陆拾万元。楼宇素裹银装、轮奂横空，极其宏丽。

衙口南浔村两委

衙口中心小学校董会

衙口中心小学建委会　　立

衙口中心小学

公元一九九七年五月

【说明】

碑刻嵌于龙湖镇衙口中心小学礼堂外墙，花岗岩质，宽 240 厘米，高 140 厘米，外镶万字框，碑文楷书竖排。标题字径 8.8 厘米 × 9.3 厘米；正文 4 段 28 行，字径 5.2 厘米。记旅外乡贤捐建衙口中心小学新校宇事。现碑名为编者加拟。

注释：

①耆老：老年人。特指德行高尚受尊敬的老人。

施维鹏塑像碑志

　　维鹏老先生，名门哲嗣。幼习诗礼，首重孝悌之道。弱冠旅菲，素具陶朱之才。云程发轫①，一日千里。

　　老先生精诚爱国，真挚怀乡。气度恢弘，深明教育兴邦、尊师重道之大义，倾注毕生心血。斯如奔腾洪流，激动人们心扉。乡民各界，叨承渥庇，无不口颂心维，莫罄感戴。爰万众联名，踊跃捐资，以立塑像，用褒其功，永志纪念。然则老先生虚怀若谷，只务实际，不图虚名，婉却再三。屡经阐说，尤以令胞兄维琛老先生鼎力赞同，并不顾耄耋②之年，许以偕同旋里揭幕，迄今达成，方遂乡亲各界之凤愿。

　　魁伟塑像，屹立园院，亦屹立于民众心中，凝聚广大乡亲之深情。系伟绩之丰碑，树侨胞之典型，为民众之楷模，深孚众望。老先生对国家民族奉献之巨，精神之伟大，品格之崇高，与日月齐辉，永耀家乡。有联赞曰：

维系乡情重教尊师留典范，

鹏飞宇内虚怀厚道见精神。

　　斯乃维鹏老先生光辉形象之写照，愿后曹③继承并发扬之。

南侨中学老教师协会　吴谨表　撰

【说明】

碑刻嵌于龙湖镇衙口中心幼儿园中庭施维鹏塑像基座背面，呈梯形，高

147 厘米，宽 99—152 厘米。行楷竖排。标题字径 6.5 厘米 ×4.2 厘米；正文 3 段计 16 行，字径 4 厘米 ×4.5 厘米；落款字径 4 厘米 ×4.5 厘米；文末署撰稿者姓名。

塑像基座左侧署落款单位 8 个，分别为晋江市龙湖镇教委、晋江市南侨中学、南侨中学校董会、南侨中学老教师协会、晋江市衙口中心小学、衙口中心小学校董会、晋江市衙口中心幼儿园、衙口中心幼儿园家长会；塑像基座右侧署落款单位 6 个，分别为衙口村委员会、南浔村委员会、衙口教育基金会、施琅纪念馆董事会、衙口敬老协会、定光庵董事会。落款时间：公元一九九七年八月。塑像基座正面镌《德泽源源沃园英》。

注释：
①云程发轫：远大前程开始起步。旧时祝人前程远大的颂辞。
②耄耋（mào dié）：高龄，高寿。有耄耋之年这一说法，指人的八九十岁。《汉·曹操·对酒歌》："人耄耋，皆得以寿终。恩泽广及草木昆虫。"
③后曹：后辈。

德泽源源沃园英

衘口中心幼儿园，始创于公元一九五五年。初，学童几十，纯属社办，教师报酬与社员同。几经发展，生数渐增。后因种种原故，面临倾颓之危机。乡贤纯贼君，奔走联系。维鹏老先生闻之，挺身而出，当仁不让，肩负重任于倾颓之际，慨解义囊于危机之中，乘长风，破巨浪，历十八载之航程。时空跨越，园舍巍巍，学子莘莘，逾六百之众，生气蓬勃，深受教育当局之重视，广博幼教同人之青睐，回首征程，谁能忘却老先生之功绩！

十八年来，办学经费、师资束修[①]、学童学费、教学设备无不是老先生独力承担。哲人深智，达士旷怀，为长久计，专储菲币贰仟万元整，以作园中教师福利津贴之恒久基金。德泽源源，园英莘莘。老先生急公尚义，人们弥殷感佩。是以万众同心勒石，以彰其德。虽老先生谦谦，诚当之无愧，谁不悦服！

南侨中学老教师协会　吴谨表　撰

【说明】

碑刻嵌于衘口中心幼儿园中庭施维鹏塑像基座正面，呈梯形，高147厘米，宽99—152厘米。行楷竖排。标题字径8厘米×9厘米；正文3段计16行，字径4厘米×4.5厘米；落款字径4.5厘米×4.5厘米；文末署撰稿者姓名。

塑像基座右侧署落款单位 8 个，分别为晋江市龙湖镇教委、晋江市南侨中学、南侨中学校董会、南侨中学老教师协会、晋江市衙口中心小学、衙口中心小学校董会、晋江市衙口中心幼儿园、衙口中心幼儿园家长会；塑像基座左侧署落款单位 6 个，分别为衙口村委员会、南浔村委员会、衙口教育基金会、施琅纪念馆董事会、衙口敬老协会、定光庵董事会，落款时间：公元一九九七年八月。塑像基座背面镌《施维鹏塑像碑志》。

注释：
①束修：古代入学敬师的礼物；借指薪俸。修，旧多作"脩"。

阳溪中学芳美楼志

  阳溪中学旅港校友会会长吴春芳先生偕夫人庄清美女士，乐捐人民币六十万元兴建"芳美楼"一幢十八套。

  衷情笃笃，其义可风。勒石以志，嵌文赞曰：

历经沧桑　奔波运筹　筚路蓝缕　事成业酬

感念教化　志砥中流　慨献公寓　大展鸿猷

惠及师长　功炳千秋　福泽乡闾　芳美长留

晋江阳溪中学　立

一九九七年十月

【说明】

  碑刻嵌于芳美楼外墙，不锈钢腐蚀施红漆，竖排，高64厘米，宽85厘米。标题行楷。正文楷书12行。

  吴春芳，古湖村旅港乡贤。芳美楼取吴春芳及夫人庄清美名字各一字命名，系教师宿舍楼，三层18套。

南侨中学拓展校园志

拓展校園誌

南僑中學，原校園擁地七十多畝。自晉升為三級達標校以後，諸多基建設施，日漸增多、完善。形勢所需，擴大舊制，已成當務之急。菲律賓南僑中學校友會永遠榮譽理事長、名譽校長施雨霜先生，心系母校，關懷備至。為解決校園格局問題，不辭奔走之苦，穿梭頻頻，會同校友總會，與母校聯袂，向龍湖鎮政府提出擴大校園之要求。以心誠意摯，博得鎮政府與衙口村之鼎力支持。俾校園向東濱海，擴大面積十餘畝。

校園擴大，工程艱鉅：奠基三百多米，基深三米許，填土方約一萬五千多立方米。工程投資人民幣近三十萬元，其中旅菲校董張孫鵬先生慨捐人民幣五萬元、晉江市教委撥款十萬元。

隨校園之拓展，原旅港校友會第一屆理監事會捐建之東圍牆，隨之外移。值泐石立碑之時，我們不忘旅港校友施穗錦先生曾於一九九六年為粉刷校圍牆捐獻人民幣伍仟元之愛校深情。

巍巍圍牆，展現雄姿，引人矚目。晉南鄒魯，東海明珠，將再創樹人偉績！又為母校振興發展樹立一座新里程碑。舉校歡欣之餘，師生同悟：

群策群力成大事，功績泐石名不虛；學子心朝母校，繼往開來多創舉。

晉江市南僑中學立
一九九八年二月

南侨中学，原校园拥地七十多亩。自晋升为三级达标校以后，诸多基建设施，日渐增多、完善。形势所需，扩大旧制，已成当务之急。菲律宾南侨中学校友会永远荣誉理事长、名誉校长施雨霜先生，心系母校，关怀备至。为解决校园格局问题，不辞奔走之苦，穿梭频频，会同校友总会，与母校联袂，向龙湖镇政府提出扩大校园之要求。以心诚意挚，博得镇政府与衙口村之鼎力支持。俾校园向东滨海，扩大面积十余亩。

校园扩大，工程艰巨：奠基三百多米，基深三米许，填土方约一万五千多立方米。工程投资人民币近三十万元，其中旅菲校董张孙鹏先生慨捐人民币五万元、晋江市教委拨款十万元。

随校园之拓展，原旅港校友会第一届理监事会捐建之东围墙，随之外移。值泐石立碑之时，我们不忘旅港校友施穗锦先生曾于一九九六年为粉刷校围墙捐献人民币伍仟元之爱校深情。

巍巍围墙，展现雄姿，引人瞩目。晋南邹鲁，东海明珠，将再创树人伟绩！今校园之拓展，又为母校振兴发展树立一座新里程碑。举校欢欣之余，师生同悟：

群策群力成大事，功绩泐石名不虚。

学子心心朝母校，继往开来多创举。

晋江市南侨中学　立

一九九八年二月

【说明】

碑刻嵌于南侨中学东南围墙，花岗岩黑石为板，四周砌白石边框，作线条状凹入，类相框；宽260厘米，高116厘米，碑文行楷竖排。标题字径11.5厘米，正文字径4厘米×5厘米，落款字径9.2厘米×11厘米。

南侨中学尊师楼记

昔杜子美①之思广厦，系爱民之理想，已千古流芳；今诸校友之建广厦，爱披母校，泽及桑梓，亦传为佳话。

尊师大楼，巍然屹立。骄阳之下，亮丽生辉，妍若春花吐艳，灿似秋月流光；斯乃旅港校友，心维母校，尊师重教之硕果；其于缓解教师住房之局促，促进教学环境之改善，裨益非浅，不特得享新居者，篆腑铭心，举校师生也同声称颂！

斯楼筹建之初，得蒙香港校友会第七、八届理事会会长施世筑先生、理事长施议锚先生积极倡导，并得该会永远荣誉会长施良侨先生、吴天赐先生鼎力支持；诸君慷慨解囊，率先捐输，不辞劳苦，奔走发动，遂集得善款人民币壹佰壹拾贰万元。基建伊始，款即到位，真乃一诺千金，仁风可嘉。回溯施工之时，该会常务顾问刘志仁君，屡拨尊冗，亲临现场，关注施工，俾工程持续顺利进行。诸校友爱心笃诚，广博胸怀可崇；为母校添砖加瓦，诚挚之意堪敬。是以，勒石纪芳名，以志其功德，来者共钦仰！

（以下捐资者及捐资 22 笔略）

南 侨 中 学　_立
南侨中学校友总会
一九九八年八月

【说明】

碑刻立于南侨中学尊师楼侧，花岗岩两柱落地，青石为碑，白石为柱为梁；碑身宽 177 厘米，高 105 厘米，碑文楷书竖排。标题字径 8.7 厘米 ×10.5 厘米，正文字径 4 厘米，落款字径 2.8 厘米 ×3.5 厘米。

注释：

①杜子美：杜甫（712—770 年），字子美，号少陵野老，世称杜少陵、杜工部。河南府巩县（今河南省巩义市）人，唐代著名现实主义诗人，被世人尊称为"诗圣"。

施培贤教学楼碑志

　　施培贤先生、庄玉恭女士贤伉俪及其子荣贵先生，素来关心家乡教育、公益事业，令人可钦可敬。此次又慷开义囊，捐资人民币伍拾万元，独建恢斋幼儿园教学楼，这种爱乡重教精神，值得颂扬，特立此碑，铭志留念。

　　　　　　　　　　　　　　　　　龙园村两委会
　　　　　　　　　　　　　　　　　　　　　　　　立
　　　　　　　　　　　　　　　　　恢斋校董会
　　　　　　　　　　　　　　　　一九九八年九月十五日

【说明】

　　碑刻嵌于龙园村恢斋中心幼儿园施培贤教学楼一楼大厅，宽120厘米，高64厘米，碑文楷书横排。正文字径5厘米，落款字径4.5厘米。碑刻无标题，现碑名为编者加拟。

强民学校简史碑志

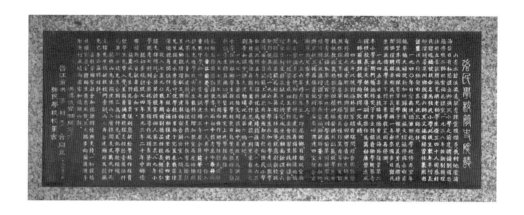

山青水碧溪流远，毓秀钟灵俊杰多。我村地处滨海，昔日有私塾设立，即强民小学之前身。聘请刘国忠、施修俊二师，以宗祠为课室。一九三八年按新制办理注册立案，敦聘施克明老师，学生仅三四十人。因感村民体魄矫健，故命名为强民小学。此后生数年年增长，即增聘居泉州乡亲谦六师，其父施国楼曾任泉州市议员。谦六往缅甸，由其兄祝三师继任。

一九四〇年日寇南进，侨汇断绝，学校停办。翌年，施华德夫妇从新加坡归国，适施文坛、施修锦亦由菲归里，未得返回。眼见莘莘学子辍学，遂见义勇为，继续开办，仅聘林安顺为校长，开办一年。无奈国步日艰，民生凋敝，侨属学生不得不弃学从农，因再停办。

一九四五年日本投降，归侨重返，海外复业。第二年小学亦开门，侨亲修炎、子牙主持捐资助学，聘蔡考琛任校长，余天越任教导。嗣后接任为万幼廉、曾志成二师，前后期教学均取得一定成绩。

四九年以后，对海外联系颇有隔阂，经费困难，势有停顿之虞。幸得至现乡贤配合回乡智青如文炳、至烈、性琛、文墨、性森、荣华、性爆、秀英、性作、呈秀等校友留校执教。虽义务教学，但精神焕发，格外认真，故学生升学考试录取率达百分九十，名列学区前茅。因办学成绩可观，生数激增，课室不敷容纳，乡亲修茶主动献地，群众献工，侨属捐资，就关帝庙南畔兴建四室，结合古庙运用，可容学生一百多人。

一九五六年，修长先生由印尼回乡，目睹以宫庙为教室诸多不便，即捐伍仟元建校，再得菲律宾乡侨支援八仟。校董会成祖、王玺，村委会性习、至线相议，新校址于村东，群众献工支持，完成坐北朝南新课室六间。聘请施并铅为校长，吴贻萍任教导，锐意刷新校政，取得优异成绩。一九六二年学生参加升学考试，数学成绩破全县记录。上级政府曾通知各校向强民小学取经。此后五年均保持优良成绩，锦旗满堂。一九六三年，旅菲侨亲再捐贰万柒仟元，建设一列坐东看西之剧台和课室，扩大运动场。此为第二期建校。

一九七一年，县局指定开设初中，并改名为洪溪中学，接纳邻乡学生。从此，学校更日趋繁荣，教师辛勤教诲，学生认真用功，故质量稳定上升，誉播南疆。

一九七七至七九年间，由性作乡贤任校长，团结教师，励精图治，勤谨教导，因而初中投考高中各科成绩列全晋江前茅。当时学生八十一人，其中十一位入重点中学。初中毕业考试连续三年居全县前茅，经县评为先进学校。由于生数持续增加，教室再度拥挤，因此第三次争取建校。旅菲侨亲支持八仟，教育局拨款玉成，乡亲踊跃献工，兴建教师宿舍、办公室八间。文墨先生捐建水井壹口，使学校体系趋于完美。未几，菲律宾侨亲再捐伍仟元，上级亦补助复建坐西朝东四室。

从八七至九〇几年间，聘刘德品任校长，继续弘扬光辉传统，全县英语竞赛得个人第三名，八九年小学统考七科列全县优等，其领导作风颇有艺术。

据初步统计，从七四年至九三年，二十年中乡侨继续热心贡献者综合如下：

施至成先生将先辈奠仪利息献给学校作经费，使学生免费入学，并捐资铺建校埕，支付拾壹万伍仟元，并与垂铭先生合捐二万伍仟元，美化学校环境。

施性山先生捐建性山二层楼，开支贰万贰仟元；文坛先生捐献铁校门壹副，两人再合建厕所及设施，克己奉公，赢得好评。

吾校蒙国家、社会和侨亲关怀与支持，一切设备日臻完善，全体师生意志风发，正大踏步向前迈进，争取更好成绩，向国家和侨亲回报。

洪溪旅菲港澳同乡会

晋江市　洪　溪　村　委　会　同立

强 民 学 校 校 董 会

一九九八年十一月

【说明】

　　碑刻嵌于龙湖镇洪溪村强民小学大礼堂入门厅右墙，宽239厘米，高80厘米。标题篆书，字径 4.2 厘米 ×6.5 厘米；正文楷书，字径 2.6 厘米 ×3 厘米；落款字径 4 厘米 ×3.7 厘米。

晋江洪溪强民学校教学大楼扩建碑志

中华大地，物华天宝，吾乡洪溪，人杰地灵。祖国建设，日新月异，科技兴邦，教育立国。吾旅菲洪溪同乡会，心系家园，热衷教育，倡建斯楼，乐育英才，以传薪火。

常务顾问，施君至成，乡中硕彦，菲国大班，奉献鼎力，倾输巨款，带头发动，促成义举。

至成夫人，陈女湘霞，虔信天主，素仰教育，先知远见，一锤定音。

贤姑秀銮，皈依三宝，慈悲善良，主理建筑，任劳任怨，贡献尤多。

常务顾问，施君文坛，爱护桑梓，一心赤诚，捐输落力，乐观其成。

常务顾问，施君至现，不辞辛劳，联络乡谊，搭桥牵线，加速进展。

施君至凹，承担财政，坚守岗位，职责所在，全心投入，圆满成功。

海内海外，广大乡亲，同心同德，通力合作，教学大楼，美仑美奂，巍巍矗立，晋水南疆，家乡增采，学子有幸，前途灿烂，锦绣辉煌。

强民学校，全校园地皮面积贰拾肆亩半，总共壹万陆仟陆佰陆拾捌平方米。环围墙总长计共伍佰陆拾伍平方米，内中有幼儿乐园设备美观，建筑尊师楼一座三层，面积叁佰捌拾肆平方米，教师宿舍五套，有三房一厅，有二房一厅，每套有浴室厕所设备齐全，可容纳教师二十五位左右。全套厨房餐厅及卫生间等，设备非常方便。

晋江洪溪强民学校，三层教学大楼暨大礼堂，建筑面积肆仟贰佰伍拾肆平方米，总共单位肆拾玖间，实用课室叁拾陆间，可容学生壹仟伍佰左右人，大礼堂巍峨堂皇，可供陆佰人众之集会庆典。发起倡建，施工圆满。兹列捐资者芳名如下：

（以下捐资芳名略）

旅菲洪溪同乡会

二○○○年四月廿一日　立

【说明】

碑刻嵌于洪溪村强民小学大礼堂入站厅左墙，宽121厘米，高79厘米，碑文竖排。标题隶书，字径5厘米×3.2厘米；正文楷书，字径3厘米×2.3厘米。

碑刻之左嵌捐资芳名碑，分三部分，分别为：《旅菲港澳侨胞捐教学楼芳名》《旅菲洪溪捐强民学校教育基金》《港澳同胞捐强民学校教育基金》。

南侨中学施修国纪念楼碑记

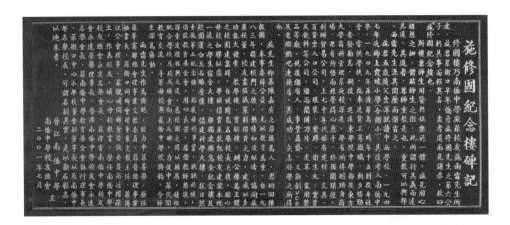

修国楼乃南侨中学旅菲校友施雨霜先生所建。施君系衙口早年侨彦施修国先生之第六公子，躬其事而假其名，尽孝道而见谦恭，故曰"施修国纪念楼"也。

斯楼兼师生用餐与娱乐于一体，诚见用心构想之细，体贴师生之微。此所谓行其义而达其道。其道者，尊师重教是也。重教可以兴邦，雨霜先生凭其阅历而深省之。

施君五岁随父出洋就读中西学校，一九四七年返乡上霞坡小学（今衙小），其后考入南侨中学。一九四九年再渡菲岛。时年十五则投身社会。尝供学徒、拖车送货工等微职。朝夕恪勤，奋发励志。嗣后，进远东学院中学部及东方大学商科管理系夜校深造。学有所得则跻身商场，思有所悟而经营得心应手，终独辟蹊径，创办贸易公司。上七十年代始有建材、文具、百货出入口公司，服装、塑胶、卫生丸、实业及饮料等公司，继而开办刀片、皮革、家用制品等厂。现后继有人，事业鼎盛。又新创VCD及电脑网吧连锁店。其成功，矢志好学之所得也。

施先生仰慕陈嘉庚之节操为人，思切回馈报国，奉事桑梓公益，尤以教育为重。自一九八三年捐建校门之后，热情如波似涛，协同旅菲校董、校友尽倡议策划捐资之力，建成以多功能大礼堂、教学楼、实验楼、办公楼为主体之校园建筑群。自被聘为名誉校长之后，贴心母校如胶似漆，带头捐资并敦勉校友建就本地一流之学生宿舍大楼，继独建颜乌金纪念楼及校园汉白玉石雕座像，倡建科学大楼、抗日烈士施华山纪念楼。拓展母校事业，耿耿于怀；倡设教育基金会，用心良苦。屡偕教师恳谈，探索达标振兴之道。为校园之得以扩展，积极配合学校及校友总会向上反映。力促中菲民间教育交流，手系母校与菲侨中学院挂钩，令师生深为感动。

雨霜先生作为侨胞，致力中菲善举，历任菲华商联总会理事兼文教委员、菲晋总理事兼秘书长、菲衙口同乡会理事兼文教主任、菲浔江公会理事、菲观嵋同乡会咨询委员而活跃菲土；作为校友，倾心母校教育，历任南侨中学校友总会永远名誉会长、菲律宾南侨中学校友会永远荣誉理事长、香港南侨中学校友会永远名誉会长、菲南侨中学教育基金会执行理事长、菲衙口中心小学校董会副董事长以及南侨中学名誉校长，可谓名副其实，是以勒石彰志，以迪来者。

晋江南侨中学
南侨中学校友总会　　立
二〇〇一年七月

【说明】

碑刻嵌于南侨中学第一食堂三楼，宽265厘米，高100厘米，碑文楷书竖排。标题字径 5.8 厘米 ×7.6 厘米，正文字径 3.5 厘米 ×3.3 厘米，落款字径 3.5 厘米 ×4.3 厘米。记旅菲校友施雨霜先生履历暨捐助南侨中学教育事业事。

南侨中学科学楼落成碑记

南侨中学科学楼落成碑记

十余年来，校园气象日新。自一九九七年，学校正式步入福建省三级达标学校行列后，办学规模发展迅速。教育、教学质量逐年提高。为适应事业发展需要，营造良好的学习环境，名誉校长施雨霜先生倡议兴建科学大楼，并获得旅菲校友会施其仁理事长、旅港校友会施学共理事长一致赞同，发动菲港两地校友大力支持。二〇〇〇年十月举行大楼奠基仪式，次年六月破土动工。

大楼巍峨壮观，设有物理、化学、生物、电脑、天文、语音诸室及容纳百人梯形教室。建筑面积达五千平方米，造价人民币四百五十万元。旅菲校友、旅港校友各捐资人民币八十五万元，泉州市政府拨款二十万元，晋江市政府拨款七十万元，龙湖镇政府拨款六十万元，学校节资俭用，投入资金。建楼期间校友施养鹏先生多方联络不辞奔波。

顾我南侨既有誉盈育才之功，又有钟情校友回馈之幸。盛在教育，幸在学子！为襄各方重教光宠，谢菲港校友爱校之忱，是以勒石，铭而现之。

晋江市南侨中学
公元2002年5月

十余年来，校园气象日新。自一九九七年，学校正式步入福建省三级达标学校行列后，办学规模发展迅速。教育、教学质量逐年提高。为适应事业发展需要，营造良好的学习环境，名誉校长施雨霜先生倡议兴建科学大楼，并获得旅菲校友会施其仁理事长、旅港校友会施学共理事长一致赞同，发动菲港两地校友大力支持。二〇〇〇年十月举行大楼奠基仪式，次年六月破土动工。

大楼巍峨壮观，设有物理、化学、生物、电脑、天文、语音诸室及容纳百人梯形教室。建筑面积达五千平方米，造价人民币四百五十万元。旅菲校友、旅港校友各捐资人民币八十五万元，泉州市政府拨款二十万元，晋江市政府拨款七十万元，龙湖镇政府拨款六十万元，学校节资俭用，投入资金。建楼期间校友施养鹏先生多方联络不辞奔波。

顾我南侨既有誉盈育才之功，又有钟情校友回馈之幸。盛在教育，幸在学子！为褒各方重教光宠，谢菲港校友爱校之忱，是以勒石，铭而现之。

晋江市南侨中学

公元 2002 年 5 月

【说明】

碑刻在南侨中学科学楼一楼大厅，宽 90 厘米，高 132 厘米。记南侨中学菲律宾校友会、南侨中学香港校友会捐资参建科学楼事。

晋江英仑新校舍碑志

　　我英仑学校原校舍系旅菲乡侨热心桑梓，培育英才之心血结晶。兹于公元一九六五年创建，历经风雨侵袭，凡三十余载，育才摇篮之校舍遽待修葺，重建之大任迫在眉睫。

　　幸蒙旅菲同乡会前二届理事长洪泽钦、留榜堃之任内曾发动筹资建校，盖因诸多原因致建校工作未能启动。蒙我海外乡侨热切期盼，于一九九六年间，旅菲留榜堃、洪肇等、洪建雄诸先生及港澳同胞、故里乡贤共商研讨，遂成共识。于是集内外诸贤达先后组织成立建校委员会，再次着手筹资策划兴建。并蒙洪祖粒乡长带头解囊，得各方响应支持，精诚奉献，众志成城，聚沙成塔，集腋成裘，在政府及上级教育部门关心帮助下，于公元二〇〇〇年新校舍进行奠基。新任理事长洪肇等先生不辞辛劳，往返穿梭配合建委会暨诸乡贤同心协力，监督工程。历经两载，校苑巍峨屹立于英山屼水间，葱郁润滋，桃李万千，为国育才，殊堪告慰。谨勒碑铭，以励来兹。

英仑学校　建委会　撰
　　　　　校董会

公元二〇〇二年六月十七日　立

【说明】

　　碑刻嵌于英仑小学教学楼大门左侧，花岗岩红石，四周嵌雕花边框，碑板宽160厘米，高64厘米。标题宋体，字径5.9厘米×4.8厘米；正文楷书，计2段22行，字径2.7厘米；落款字径5.9厘米×4.8厘米。

阳溪中学教学楼建造碑志

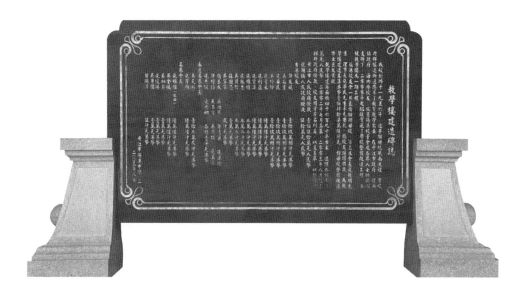

  我校创办于一九五六年。近半个世纪风雨洗礼，学校原群楼逐渐适应不了教育教学需要。在晋江市政府、龙湖镇政府、海内外校友、旅菲阳溪校董会及各界人士的关心、支持下，二零零零年起酝酿实施了学校整体改造工程。本栋教学楼为一期工程。

  旅港校友会一片衷情回馈母校，第三届会长施教明先生、理事长施华民先生率先垂范，携校友踊跃捐款，为教学楼建造募集港币壹佰肆拾柒万陆仟元，对母校整体改造作出巨大贡献。

  教学楼建筑面积四千六百九十平方米，造价叁佰零陆万元人民币。二零零二年七月奠基，二零零三年八月竣工。兹将政府拨款、校友捐资芳名列左，以褒善举，以勖后贤。

  （以下捐资单位及个人略）

晋江市阳溪中学 立

二〇〇三年八月

【说明】

碑刻立于阳溪中学教学楼东侧一楼大厅，花岗岩质，白石两柱落地，状如抱鼓，承托黑石碑身；碑身四角凹入呈双弧形，碑文楷书竖排，宽190厘米，高120厘米。标题字径5厘米×5.7厘米，正文字径2.8厘米×3.2厘米。

洪祖杭大楼楼志

　　洪祖杭大楼系华侨大学综合教学大楼及法学院办公大楼。由全国政协委员、华侨大学第五届董事会副董事长、香港福建社团联会永远名誉会长、香港金保利投资有限公司及金丰盛投资有限公司董事长洪祖杭先生捐建。楼高八层，建筑面积 18738 平方米，设有 150、200、300 个座位的梯形教室 14 间，普通教室 17 间，可容纳 3900 位学生同时上课。并设有法学院办公室、教研室、实验基地、模拟法庭、图书馆法学分馆及微电脑室等，配备四部载人电梯。

　　洪祖杭先生祖籍福建晋江，系菲律宾喇沙大学名誉博士。在香港主要从事金融、证券、酒店、烟草、地产、电视传播和贸易业务等。洪先生一贯爱国、爱乡、热爱桑梓，致力弘扬中华文化，扶助与奖励莘莘学子，热心华侨教育事业及体育事业。几年来洪先生先后捐资一亿三仟多万元于国内教育及体育事业，赢得海内外人士赞誉，本楼由洪先生捐资陆百万元人民币兴建。先生乐善好施，热心教育事业，功高德厚，世人敬佩，特立此志，以资纪念。

华侨大学董事会　立

二零零三年九月十二日

【说明】

　　碑刻嵌于华侨大学洪祖杭大楼（法学院）一楼大门侧，宽 82 厘米，高 121 厘米，碑文楷书横排。标题字径 5 厘米；正文计 2 段 20 行，字径 2.8 厘米；落款字径 2.8 厘米。

南侨田径场志

南侨中学田径场始建于创校初期，原系二百米直跑道。几经扩建，遂成四百米八跑道之田径场，其于发展学校体育、锻炼师生体魄，功莫大焉。得杨转乾诸历任名师之执教，育体坛健儿其凡千。承国家田径后备力量培养基地重任，获福建全民健身先进集体荣誉。今蒙香港校友会、香港校友弘尊师爱校之精神，捐资铺建塑胶跑道。缀赭红茵绿于一体，集田径足球于一场，美哉善哉！值场地竣工之际，谨书此志，载捐资者芳名，以彰其功，励勉后人。

晋江市南侨中学
二〇〇四年九月

铺建塑胶跑道捐资者芳名
（捐资金额为港币）
香港校友会　壹拾叁万元
（以下个人捐资 25 笔略）
合港币柒拾玖万柒仟元

【说明】
碑刻立于南侨中学田径场侧，临纯转楼。花岗岩质，两柱满地，斗檐翘脊，黑石为碑。碑身宽150厘米，高80厘米，碑文魏碑竖排。标题字径3.7厘米，正文字3.5厘米，落款字径3.3厘米。

阳溪中学捐资建校碑志

　　阳溪中学自一九五六年创办以来，得到政府、旅菲阳溪校董会内外董事、历届校友、社会各界的关心支持，办学效益逐年提高。公元二零零零年起，学校重新规划改建，原有石结构楼房已拆除。兹将五十年代——八十年代捐资兴黉的海内外董事、贤仁芳名列左，勒石以褒善举。

　　（五十、六十年代）单位：人民币元
　　旅菲阳溪中学校董会捐叁万伍仟伍佰元建校舍围墙
　　戴元杯捐叁仟元建教室
　　施养建捐陆佰柒拾元建教室
　　苏坑同乡会捐捌佰元建教室
　　（以下捐资芳名略）

晋江市阳溪中学　立
二零零四年十月

【说明】
　　碑刻嵌于阳溪中学"侨心书吧"内墙，花岗岩质，黑石为碑，外镶红石为框，碑文楷书竖排，宽270厘米，高90厘米。标题字径6.6厘米×8.2厘米，正文字径2.7厘米×3.6厘米。碑文芳名录中分五十、六十年代，七十、八十年代2组，其中五十、六十年代捐款5笔，七十、八十年代捐款35笔。

瑶山小学新校舍落成简志

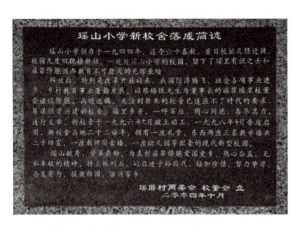

瑶山小学创办于一九四四年，迄今六十春秋。昔日校址几经迁徙，校园几度旧貌换新颜。一处处瑶山小学的校园，留下了瑶里有识之士和旅菲侨胞兴办教育不可磨灭的光辉业绩。

解放后，特别是改革开放以来，我国经济腾飞，社会各项事业进步，乡村教育事业蓬勃发展。以蔡锡铙先生为董事长的旅菲瑶里校董会诸位侨胞，高瞻远瞩，关注到原来的校舍已适应不了时代的要求，筹谋捐资兴建新校舍。瑶里乡亲，一呼百应，同心同德，各尽其力，遂行义举。新校舍于一九九六年七月破土动工，一九九八年十月告竣启用，新校舍占地二十二亩半，拥有一座礼堂，东西两座三层教学楼共二十四室，一座教师宿舍楼，一座幼儿园等配套的现代新型校园。

瑶山毓秀，学第鼎新。为表彰旅菲侨胞爱国爱乡、热心公益、无私奉献的精神，特立匾刊石，以启迪子孙后代，倍加珍惜，努力学习，奋发有为，报效祖国，振兴家乡。

瑶厝村两委会　校董会　立
二零零四年十月

【说明】

碑刻在瑶厝村瑶山小学礼堂一楼，花岗岩质，宽180厘米，高120厘米，碑文竖排。标题隶书，字径9.3厘米×6厘米；正文楷书，计3段13行，字径4厘米。

南侨中学旅菲校友楼与旅港校友楼碑志

　　旅菲校友楼与旅港校友楼,均建于二十世纪八十年代,两层条石结构,师生生活用房,分别为二十六室五百八十六平方米和二十室三百八十平方米,在二楼栏板分别镌有"献给建校三十五周年　旅菲校友楼　一九八一年十一月廿五日立"和"旅港校友楼　南侨中学香港校友会第一届理监事会捐建　一九八五年七月"。历经廿年,办学规模扩大。循校园建设规划,于二零零四年底拆两楼,拟于其址兴建办公楼和艺术楼。菲港校友情系故园、建楼兴学,人皆敬仰。勒石以追昔,书志而励后。谨为志。

　　　　晋江市南侨中学　贰零零五年元月一日　立

旅菲校友楼二十六室室名

钱江联合会篮球队中国访问团室(两室)

(以下25室略)

香港校友会第一届理监事会负责人芳名

　会长　施良侨

　（以下略）

【说明】

　　碑刻立于南侨中学办公楼侧榕树下，花岗岩红石质，整石为座，整石为碑。碑身宽171厘米，高80厘米，雕万字花框。碑文隶书竖排。标题字径4.3厘米×2.8厘米；正文分三段，分别为序文、26室室名、香港校友会第一届理监事会负责人芳名，字径3.5厘米×2.3厘米。

震瑶小学建校碑记

我震瑶小学创设于公元一九一七年，乃旅菲乡侨会同家乡有识之士合并村中三所旧式学堂而成，校址设于旧宗祠，初设即为完全小学。斯时新文化初兴，震瑶小学之创设实为开风气之先。建校后，除日寇侵占菲岛侨汇中断外，办学经费多为旅菲乡侨接济。至上世纪七十年代初，因生数日多，陈旧祠堂愈显逼仄，学校只得借用民房作为教室。旅菲乡侨发扬爱国爱乡光荣传统，集腋成裘，募集人民币十三万元，建成石结构教学楼一座，宏伟壮观甲于晋江。上世纪八九十年代后，旅港乡人初显经济成就，对家乡建校办学渐有贡献。然鉴于政府对学校公共设施抗震之强调，原来石结构教室已不符要求，旅菲、港、澳及村中急公好义之士，应2004—2007届震瑶小学校董会董事长许经卡先生之精诚劝募，众志成城，再捐数百万元巨资。副董事长许辉耀先生不辞辛劳，精心督工，终建成本座全框架结构教学楼，美轮美奂，甚于当年。历览捐资者碑铭、簿册，考察校史、口碑，本次捐资者中，有支持震瑶办学事业，由祖及孙已至第三代者，可谓绳绳继继^①、克绍箕裘^②；有数十年如一日，始终慷慨认捐可谓痴心不改者；捐资者已由最初乡侨群体拓展至旅港、澳乡亲及内地后起新秀，说明先贤百年树人宏志正在实现，我震瑶小学的事业正在得到更多人的重视。一切事迹难以尽述，至于捐资者芳名自当泐之于石，裨垂之久远，以兹来策。

震瑶小学校董会

公元二零零六年五月

【说明】

碑刻立于龙湖镇石龟村震瑶小学操场，花岗岩白石为座，黑石为板，外镶红石为边，梯形，宽 128—148 厘米，高 90 厘米，楷书横排。标题字径 6 厘米 ×6.8 厘米；正文计 16 行，字径 3.2 厘米 ×3.5 厘米。记震瑶小学办学史暨海内外乡亲二次捐资建校事。现碑名为编者加拟。

注释：

①绳绳继继：指前后相承，延续不断。

②克绍箕裘：汉语成语，出自《礼记·学记·卷十八》，比喻子孙能够继承祖业。

震瑶小学经典淑柿大礼堂碑志

本乡乡长书业、书勇（书明）、书敏（丽冷）、丽华贤昆玉乃乡先贤许经典先生、卢淑柿女士令哲嗣，自幼皆受良好教育，兄弟姐妹协力同心，经营并拓展令先尊所创设之药品及化学工厂，因产品精良，风行全菲，家道日隆，不骄不侈，谦恭好礼。对家乡公益皆慷慨捐输，甚为乡人爱戴。一九八五年，书业先生荣膺旅菲同乡会理事长，任内倡建瑶林华苑，得乡人热烈响应，尽力支持，顺利成功。其时因同乡会自建会所之呼声甚高，乃由书业先生洎贤昆玉等首献巨款，并得各乡侨踊跃捐输，集腋成裘，爰自置会所于岷市中心华人区。从此乡人聚会欣得其所，且每月有固定入息，为同乡会奠定稳固之根基，其功甚伟。嗣后贵家庭又在故乡建造看东路，重建镇风塔，筑宝月殿大戏台，并铺台前大埕。建树良多，堪为乡人模范。一九九六年，书勇先生荣任旅菲同乡会理事长，由贵家庭独资捐建家乡老人会会所、震瑶小学教职员宿舍、云峰中学学生宿舍，短短期间连捐三座大厦，其热心之程度，乡中罕有其匹。一九九八年，旅菲同乡会发动筹备震瑶小学教育基金，书业先生洎贤昆玉等亦鼎力支持，不久再度加添，热心可嘉。当书业先生欢庆八十大寿之时，令弟妹等复捐献慈善基金，泽被贫寒。功德无量。贵家庭又先后在同乡会设立数条奖助学基金，嘉惠乡中年青子弟。一九九〇年及二〇〇三年，族中两次重建许氏家庙，贵家庭亦皆献捐巨资，又独资建造鸿德灯光运动场。二〇〇四年，海内外乡人发动重建震瑶小学校舍，贵家庭又答应独资捐建大礼堂，并藉以纪念令先尊、先慈。大礼堂共三层：第一层前面入口处，树立经典先生洎淑柿女士铜像，供公众瞻仰。此一对慈善家，教育出满门俊秀，造福桑梓，光耀门楣，使本乡亦提高声誉。内部大厅洎二层之建设如都市之戏院。第三层为震瑶小学校董会办公室及议事厅。整座大厦皆采用上等原料，堂皇美观，海内外乡人交口称誉，咸认当立碑勒石，表扬书业先生洎贤昆玉等数十年来对本乡之重大贡献，而令先尊先慈之大名亦将流芳百世。

　　许友鸿撰文

旅菲石龟许厝同乡会

旅港石龟许厝同乡会

石 龟 许 厝 两 委 会

震 瑶 小 学 校 董 会

石 龟 许 厝 老 人 会

公元二〇〇六年五月二十日　立

【说明】

　　碑刻立于震瑶小学经典淑柿大礼堂。花岗岩质，青石为座，黑石为板，外镶红石为边。碑身梯形，碑板方形，宽 65 厘米，高 100 厘米，碑文竖排。标题魏碑，字径 3 厘米 ×3.5 厘米；正文计 30 行，字径 1.5 厘米 ×1.9 厘米。记旅菲侨胞许经典先生家族捐赠家乡公益事业暨震瑶小学经典淑柿大礼堂建设事。

阳溪中学广场建造碑志

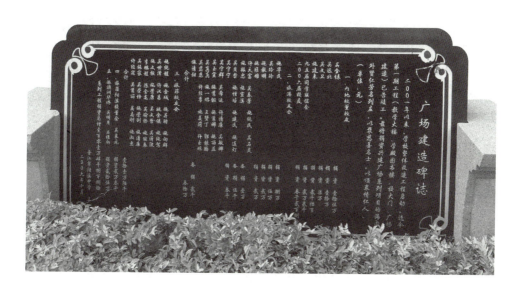

　　二〇〇一年以来，学校整体改造工程启动。迄今第一期工程（教学大楼、学殿图书楼、校大门、广场建造）已告竣工。兹将捐资兴建广场系列项目的海内外贤仁芳名列左，以褒慈善名士，以颂衷情仁人。

　　（以下捐资芳名略）

　　系列工程捐资总计壹百零壹万肆千捌百捌拾

晋江市阳溪中学　立

二〇〇六年十月

【说明】

　　碑刻立于阳溪中学学殿图书楼前广场，花岗岩质，白石两柱落地，黑石为碑，四角凹入呈双弧形，碑文行楷竖排，宽209厘米，高108厘米。标题字径3厘米×4.8厘米，正文字径2.2厘米×3.2厘米。

龙侨中学建校碑志

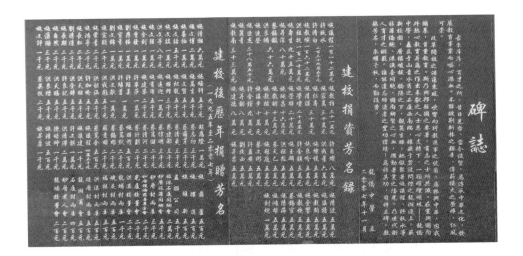

　　古来庠序，育才之所。昔日先哲、当今俊贤，为传承中华文化，发展教育事业而呕心沥血。不辞披荆斩棘之艰辛，传薪接火之劳瘁，仁风可崇。

　　改革开放之浩荡东风，吹响向科教进军之号角。为振兴中华，固我国基，首重教育。斯乃兴邦强国之要著，有识之士所共识。在党与国内外热心教育并为之作出奉献之人士悉心支持下，一颗璀璨明珠——龙侨中学，矗立于山青水秀之石厦西南隅，镶嵌于碧波闪烁之龙湖边上。崭新校园，层楼峻拔，骄阳之下，靓丽生辉。她凝聚着施议程、许秋水等旅菲侨胞、港澳台同胞，内地乡贤之心血，跃动着党之阳光。乃世代树人育才之渊薮。谁能遗忘缔造者之丰功伟绩！为旌其功，用特立碑。敬镌芳名，永耀千秋，而勖后曹。

龙侨中学　立

二零零七年十一月

建校捐资芳名录

施议程	一百一十二万元	许秋水　许清白	二百三十九万五千元
施教灿	一百六十二万元	施并深	八十万元
蔡锡鑪　洪良鹏	六十六万元	施寿生	九十五万元
施连登　施连杰　施丽青	三十八万五千元		
施教柱	三十一万元	施学檀	二十五万元
施家万	三十万元	施仁寿　施清谋	三十万元
施纯昌	十六万元	施灿悦	五万元
施良吟	五万元	许金镇	五万元
洪祖杭	一百二十万元	施教南	三十三万元
施并树	八万元	施建德	八万元
许自灿	八万元	许金镪	九万元
施教树	十三万元	施荣辉	二十万元
施议步	十万元	施教拔	十万元
洪我景	六万元	施玉麟	五万元
洪祖粒	五万元	蔡天乙	五万元
施慰庭	五万元	蔡文彬	五万元
许益安	五万元	刘扶西	五万元
施并票	五万元	施清波	五万元
施议榜	五万元	施教钩	五万元
施金銮	五万元	施教快	五万元
蔡锡宣	五万元	施清海	五万元
施鸿雄	五万元	施钊炮	一万元

【说明】

碑刻嵌于龙侨中学原教学楼墙壁，红石为底，周绕深红色板材外框，高146厘米许，宽约520厘米。顶部嵌钛金字"维桑与梓　必恭敬止"。碑文行楷竖排，分三节，首节为《碑志》，二节为《建校捐资芳名录》（即上文），三节为《建校后历年捐赠芳名（一九九五年至二零零七年）》。板面尚留一半供补志。现碑名为编者加拟。

二节《建校捐资芳名录》中，侨胞施议程、许秋水等捐款计43笔1266万元。

青锋小学建校碑记

桑梓兴学，源远流长。一九三六年，旅菲爱国爱乡侨亲施性义先生，创办龙埔青锋小学。首届校董会由施性亭、刘贤乾、施能举先生组成，诚聘陈世霖先生为第一任校长。后聘请施能斌先生为数任校长，其在本校执教近四十年，教学显著、教导有方，学生出类拔萃，蜚名海内外。回首办学历史，迄今七十余年。初，曾借三处私宅上课。一九五六年，旅菲侨亲施性库先生，发动捐款，创建首座青锋学校。后由六个生产队共同续建下落。至一九八八年，教育发展迅速，学生超满，旅菲侨亲施纯昌、施成家先生，各捐资二十一万元人民币，再建新校舍，两座新旧学校，先后为家乡教育事业，做出了巨大贡献！

龙埔，景溪择居，人杰地灵，青锋，春风化雨，桃李芬芳，青锋摇篮哺育出来的学生，精英荟萃。其中有多位博士教授工程师，几十位大学生，企贸群杰，星光璀璨，遍布世界各地，建树辉煌！

一九九七年至二〇〇七年，全市并校，村民反应强烈。在海内外乡亲的一致支持下，我校自费办学，艰辛坚持十年。每年数位学生，以优异成绩，考取省级重点初中，佳绩频传，名列龙湖镇榜首。办学期间，众乡亲支教助学，功不可没。由董事长施养墙先生率四十位乡贤组成的本届校董会，集思广益，群策群力，联内联外，精神可嘉。今为十年来，慷慨捐资者，无私奉献，立碑纪念，表彰善德，世代流芳！

湖上七十余年来，我龙埔海内外乡亲，承前启后，胸怀广阔，有钱出钱，有力出力，热心教育，功存千秋！

镌以铭志，史册永辉！

闽南林施杨三姓文物管委会

晋江地区临濮堂　　理事会

晋江市台胞家属　　联谊会　　理事施文贤　撰

龙湖镇龙侨中学　　校董会

青锋小学十年自费办学捐资芳名

（1997—2007）

（以下捐资名单略）

龙埔村两委会

龙埔村老人会　立

青锋小学校董会

二〇〇七年十二月八日

【说明】

碑刻现立于龙埔村委会大楼，宽 145 厘米，高 166 厘米，碑文横排。标题隶书，字径 5.6 厘米；正文楷书，计 5 段 22 行，字径 2.4 厘米 ×3.1 厘米。记青锋小学 70 余年办学史、侨胞捐资助学史。右列"青锋小学十年自费办学捐资芳名（1997—2007）"及落款、日期。

厦门大学自钦楼记

旅菲侨商许自钦、林丽明伉俪儒商成业，力行善事，助学不倦，福荫广被，称誉海内外久矣。公元一九九二年，许氏贤伉俪慨捐厦门大学学生活动中心，巍巍华宇，令厦大学子得一游艺健身、交友敦义之嘉会。许氏创始之功，堪称楷模。二零零八年，厦门大学校方拓基增宏，更彰校主嘉庚培育全才之雅愿。前有许氏倾个人之力兴举，继有校方斥资襄成，官私合力，洵为典范。值二零零八年四月六日落成之日，兹珉以旌许氏之德，且为向义者欢。

厦门大学　立
二零零八年四月六日

【说明】

碑刻立于厦门大学自钦楼（学生活动中心）前。碑刻无标题，现碑名为编者加拟。捐资者许自钦、林丽明伉俪系福林村旅菲乡贤。

侨英幼儿园综合大楼碑记

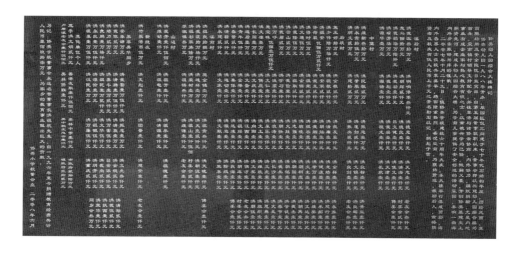

  侨英幼儿园一九八八年开办，原园区仅三间建于七十年代石结构平屋，历经风雨，其简陋场所及安全隐忧日益突出。自第五届董事就职以来，董事会即以兴建幼儿园综合楼为首务。蒙市镇村领导支持配合，并往菲港与诸侨亲协商，内外协力，踊跃捐输，尤是内地事业有成企业家与热心教育有识之士，以重教兴学为己任，慨解义囊，开创侨英基建史上捐资先河，建成本幼儿园综合大楼，为学前儿童提供了安全舒适的活动乐园，奏响一曲海内外乡亲振铎兴庠的凯歌。

  二零零七年十月二十九日，值侨英学校建校六十周年大庆，本大楼举行落成剪彩，海内外各界人士莅校共襄盛举，场面隆重热烈，盛况空前。为褒扬贤达，激励后人，兹将捐资者及校庆贺仪人民币上千元之芳名勒石以记，彪炳于世。

  （以下捐资芳名略）

侨英小学校董会　立

二零零八年六月

【说明】

碑刻嵌于侨英小学科技楼一楼左墙，原系《侨英建设碑文铭录集》系列中的一个内容。碑文隶书竖排，正文2段9行，字径3厘米×2.4厘米。记海内外乡贤捐资建设侨英幼儿园综合大楼事。

尊道小学舞台碑志

菲华晋江前港同乡会第九、十届副理事长施教项先生原于此地捐建学校舞台壹座，鉴因墙外水泥大路弯道拓展，方便百姓交通安全，兼为适应学校运动场地标准化建设之需而拆平舞台，现虽原物已非，可钦侨亲爱心不泯，特爱此碑志，永葆昭铭。

前港村 两 委 会 立
尊道小学校董会

二〇〇八年六月

【说明】

碑刻在泉州师范学院附属尊道小学东围墙，花岗岩质，宽100厘米，高50厘米，行书竖排。标题字径6.5厘米；正文12行，字径3.3厘米。为侨捐尊道小学舞台拆除后而立，现碑名系编者加拟。

檀声小学铺设学校操场泊拓建文化长廊记

铺設學校操場泊拓建文化長廊記

　　大凡高怀卓识者，莫不注重兴学育才，而用以显彰教化，启迪文明，提高民众素质。旅港檀林同乡会第五届连第六届理事长许蔚萱先生，凤素热忱公益，造福桑邦。尔来①复慨解义囊，铺设学校操场与拓建文化长廊，俾使杏坛配套设施完善，鱣堂②育人环境优化，门墙增辉于一方。诚琦行③堪嘉，仁风足式，谨掇句④镌石昭垂。是为记。

福林村两委会　　
　　　　　　　立
檀声学校董事会　
公元二零零八年十月

【说明】

　　碑刻立于龙湖镇檀声小学操场，白石为座，白石为框中嵌红石碑板，高87厘米，宽128厘米，文字横排。标题魏碑，字径5.7厘米；正文楷书计7行，字径3.2厘米×4.1厘米。

注释：

①尔来：近来。

②鱣堂（zhān táng）：古时讲学之所。

③琦行：高尚的行为。

④掇句：掇，拾取。此处喻遣词造句。

阳溪中学乒乓球场建造碑志

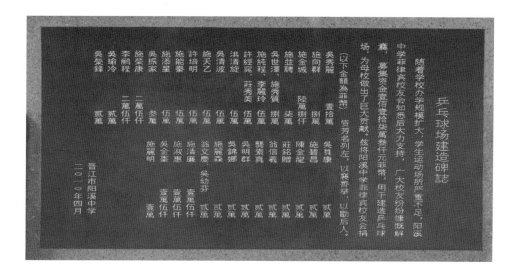

随着学校办学规模扩大，学生运动场所严重不足，阳溪中学菲律宾校友会知悉后大力支持，广大校友纷纷慷慨解囊，募集资金壹佰壹拾柒万叁仟元菲币，用于建造乒乓球场，为母校做出了巨大贡献。兹将阳溪中学菲律宾校友会捐资芳名列左，以襄善举，以勖后人。

（以下捐资 32 笔略）

晋江市阳溪中学
二〇一〇年四月

【说明】

碑刻立于阳溪中学乒乓球场，宽 145 厘米，高 70 厘米，碑文黑体竖排。标题字径 4.8 厘米 ×3.3 厘米，正文字径 3 厘米 ×2.2 厘米。

阳溪校董会芳碑

树人强国，科教兴邦。斯乃国人之共识。

阳溪中心小学、阳溪幼儿园，双珠并瑰，系岱山学府、洛水庠序，育才之渊薮也。

随教育事业之迅猛发展，为顺应形势之需求，阳溪校董会发起兴建，阳溪幼儿园及阳溪小学教师宿舍楼之倡议，旋得海内外有识之士热烈响应，慨解义囊，匡成大业。

海内外之贤达，素有前瞻之心，爱国爱乡，关心教育之精神，式范可钦。为弘扬其崇高气概，兹将捐输者之芳名上榜，以资鼓励，用勖后人，特镌碑志之。

捐资芳名

西吴　　吴远北　　　壹佰万元

枫林　　吴金镖　　　柒拾伍万元

旅菲阳溪校董会　　　肆拾万元

（以下捐资 33 条略）

阳溪校董会　立

贰零壹壹年壹拾贰月叁拾壹日

碑刻立于阳溪中心幼儿园围墙前，宽 120 厘米，高 60 厘米，碑文竖排。标题魏碑，字径 6 厘米 ×5 厘米；正文隶书，字径 2.2 厘米 ×1.5 厘米；落款字径 1.3 厘米 ×2 厘米。现碑名为编者加拟。

阳溪中学综合科学楼碑志

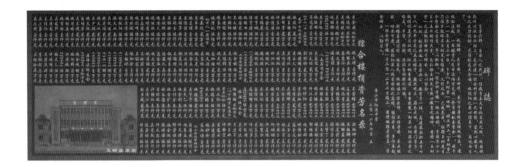

育才兴邦，系国人之共识。值教育春天生机盎然之际，校园硬软件设施务必跟上。爰新建"综合科学楼"之构想，蒙热心教育人士之大力鼓动，尤得校友吴金铼、施俊阳之悉心倡导下，应运而生了。

嗣后，施丽娜、吴身团、吴世泽、吴宁宁等校友踊跃响应。遂热潮涌起，一举酿资人民币柒佰万元许（含市镇配套资金）。旋于二零一一年五月二十日，卜于"玉树堂"旧址，破土兴工。"玉树堂"乃锡里殷侨吴玉树先生捐建，久经风雨，已成危屋。征得玉树先生令哲嗣之首肯，予以拆卸。"综合科学楼"施工顺利，于同年十二月十五日封顶大吉。为弘扬玉树先生热心教育之精神，兹将"玉树堂"之原貌影雕附于碑右，永以留念。

从此，校园新添一座集办公、教学于一体，总建筑面积五千四百八十九平方米之五层楼宇，巍然屹立，蔚为大观，为黉门学子，提供优美学习环境。他日桃李成荫，自当感戴一向关心阳溪办学之校友、乡贤、侨胞、港澳台同胞之功德。

斯楼筹建过程，施益民、施能铼二位老师，不辞劳瘁，奔走缀联，功不可磨。发扬阳溪人热爱母校之高情，继往开来，多作奉献。

"综合科学楼"于二零一二年七月竣工，兹将慷慨捐者芳名，荣登碑石，以勖后人。

晋江市阳溪中学

二零一二年七月　立

【说明】

碑刻嵌于阳溪中学"综合科学楼"一层大厅中墙，黑石为底，高 200 厘米，宽 600 厘米，行楷竖排；周绕红石为边。标题字径 10 厘米 ×11.5 厘米，序文 5 段计 19 行，字径 5.5 厘米；落款之后为《综合楼捐资芳名录》。左下作"玉树堂原貌"影雕。原碑刻标题为"碑志"，现碑名为编者加拟。

英仑幼儿园大楼志

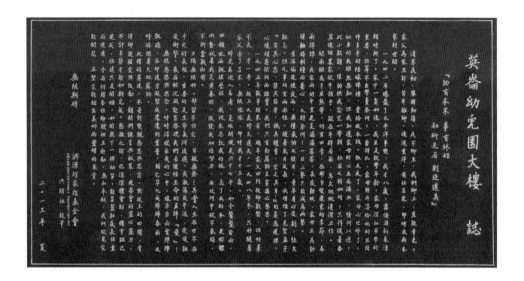

"物有本末，事有终始。知所先后，则近道矣。"

清末民初，举国动荡，民不聊生，我们乡土，岂能幸免？家父为家生计，背井离乡，远渡重洋，前往吕宋，那时我尚未来到世间。

一九四二年爆发了太平洋事变，我才八岁，靠侨汇的泉源顿时断了。家中一贫如洗，我正是就学年龄，家母深知求学的重要，但筹不出学费奈何？一番挣扎，家母将外婆给她的且陪伴多年的陪嫁棉袄，卖给故衣贩。贩夫走了，家母心也碎了。幼年的我虽然无知，但我知道家母的心正在滴血，情何以堪？此小款额，仅够供我念完一学期，往后又将如何？只得提着畚箕像个农家放牛孩子，跟在牛群后面，为大地做清洁工作。

闽南虽处于亚热带，仍有四季，在那乍暖还寒的季节，春雨绵绵，我家两间斗室更是滴滴答答。长夜难眠，家母正为新粮难接剩粮而忧心，又将奈何！一日三餐只能减为两餐。

屋漏偏逢连夜雨，无粮最怕又闰月。童年身心受创，恒久难忘。但凡事均有两面性。随着岁月成长，我领悟了先圣孟子"苦其心志，劳其筋骨，饿其体肤，空乏其身……"的忧患道理，心境顿感开朗而踏实。我们只有对万物主宰满心感恩。

一九四五年战争结束后，越年家父回到故乡欢聚，但好景不长，才一年，故土又是烽火连天。一九四八年冬，只好随着家父去了吕宋，无限依依，那时我才十三岁。

时光易逝人易老，晃眼间便是六十七年，如今鬓发皆白，回顾风雨飘摇历程，我从未忘记我的根，忘了我的本，更因体内蛰伏着我炎黄基因，激发我加倍努力，在坎坷中从不气馁，不断奋战向前。

夕阳无限好，却留不住它，百般无奈……其实人生在世不在乎它的长短，重要的是生命长河流过，或激荡或平淡，受侵蚀受冲击，最后的沉淀能否启迪我们去领悟生命的真谛"爱"！

无限感恩与思念，时时浮现在我的心中，像朵朵白云阵阵飘过。在那远方凝聚成浓浓的云层，愿它孕化成绵绵春雨，及时滋润着大地万物。

此楼的筹建，本着对双亲感恩与思念，对故土的回馈，幸得乡亲关爱与鼓励，顾问们谏言与献策，建委会的尽心尽力，不计辛劳才能如期完成。感激之余，也深深体会到，楼宇虽已建成，但这只是开始，如同栽下一棵幼苗，能否茁壮成长任重而道远，今后仍须各位乡亲相互勉励，无私奉献，我们欣见它能开花，并望它能结出美好而丰硕的果实。

无限期待

> 洪源琛家族基金会
> 洪显祖　亲笔
> 二〇一三年夏

【说明】
碑刻嵌于龙湖镇英仑幼儿园大楼，花岗岩黑石，碑板宽153厘米，高81厘米，碑文行书竖排。标题字径3.3厘米×4.5厘米；正文字径1.7厘米×1.9厘米；落款字径1.9厘米×2.4厘米。碑文系捐资者旅菲乡贤洪显祖先生撰书，记童年艰辛生活及捐建英仑幼儿园大楼的初衷及期望。

震瑶小学原教学楼大礼堂碑记

震瑶小学原教学楼及大礼堂坐落于学校运动场东侧，竣工于一九七二年。乃旅外乡侨发扬爱国爱乡精神，集腋成裘汇入巨资，大队发动村民投工建成。原校舍高低错落，气势恢宏，甲于一方。惜因石结构建筑不符合公共设施抗震要求之时势，遂于二零零九年拆除。

爰勒碑文，以彰功德。

震瑶小学校董会

二零一五年六月　立

【说明】

碑刻立于石龟村震瑶小学教学楼前，花岗岩质，白石为座，黑石为板，外镶白石为边。碑身梯形，宽 67—90 厘米，高 90 厘米，隶书横排。碑文列上，下影雕原教学楼大礼堂图案。标题字径 6.8 厘米 ×6 厘米；正文计 8 行，字径 3.5 厘米 ×3.2 厘米。该碑与《重立爱国教学楼碑记》同一碑座，系一碑两面，碑身之上装不锈钢镂空地球。

阳溪中学塑胶跑道运动场重建志

阳溪中学运动场，始建于二十世纪九十年代，以煤渣铺就，历时廿余年矣。随岁月之流逝，经风雨之侵蚀，早已韶华不再，青春渐老，难与疾速发展之教育事业同步，未能适应现代体育运动之需求。为优化体育运动，增强人民体质，提高体育教学质量，素有前瞻之阳溪中学菲律宾校友会、阳溪中学旅港校友会，胸怀祖国，情系母校，谙达强国兴邦之要旨，联袂聚资，助建塑胶跑道运动场，为阳溪中学学子提供了优越之运动场所。

每于晨曦初露，夕阳余晖之际，放目运动场上，学子英姿飒爽，身手尽显，大有"仰手接飞猱，俯身散马蹄"之气概。谁能不感戴慷慨解囊、急公尚义之旅菲、旅港阳溪中学校友会诸学子热爱母校之盛举。其爱国爱乡，尊师重教之崇高德誉，永载青史；其为传薪接火，推动并促进家乡教育事业迅猛发展，立下汗马功劳，伟绩典范、精神光辉，永勖后人。高风亮节，长焕光芒！兹为褒其功，特勒石以志！

晋江市阳溪中学　立

二〇一六年六月

【说明】

碑刻立于阳溪中学运动场南侧榕树下，黑石为碑，白石为柱。碑面高 80 厘米，宽 176 厘米，碑文宋体竖排。标题字径 2.4 厘米 ×3.1 厘米；正文计 24 行，字径 2.5 厘米 ×2.8 厘米。碑刻背面（北面）镌《塑胶跑道运动场捐资芳名录》。

震瑶小学重立爱国教学楼碑志

　　震瑶小学原爱国教学楼于一九九三年竣工。该楼由玉湖份旅港爱国乡贤许经国先生独资捐建。楼宇屹立于操场西隅，雄伟壮观，气势恢宏，集教室、办公室、电脑室等等于一体。后因学校整体规划布局所需，先生深明大义同意拆除。如斯义举感人肺腑，功德无量。爰立碑志之。

震瑶小学校董会　立

公元二零一六年十二月

【说明】

　　碑刻立于石龟村震瑶小学教学楼前，花岗岩质，白石为座，黑石为板，外镶白石为边。碑身梯形，宽67—90厘米，高90厘米，隶书横排。碑文列上，下影雕原教学楼图案。标题字径6.8厘米×6厘米；正文计8行，字径3.5厘米×3.2厘米。该碑与《震瑶小学原教学楼大礼堂碑记》同一碑座，系一碑两面，碑身之上装不锈钢镂空地球。

侨英校舍重建碑志

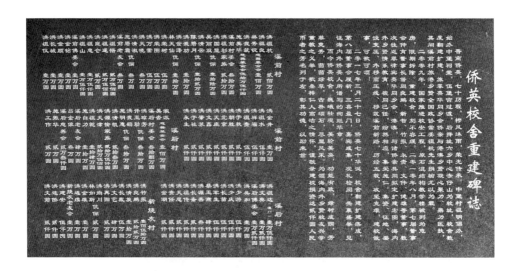

　　晋南侨英，七十历程，栉风沐雨，荣光传承。中堡村祖明倡办，始办中堡祠堂，伍堡宫过渡，后择址六乡中心赤仔山为校址，校舍数度翻建扩建，旅菲英华同乡会侨亲与港澳乡贤凝心聚力、鼎力匡扶，其间溪前村旅港乡贤全国政协常委祖杭先生捐输尤以为最。

　　二零零九年，国家推进校安工程，原石混结构教学楼被列为危房，限期拆除。重建校舍，刻不容缓。二零一零年八月，第七届董事会仲育董事长偕同良鹏、新智、竹报、永贵、文伟、健雄等董事，数次往返菲律宾英华同乡会、港澳，与诸侨亲共同拟定扩建宏图，海内外乡贤情系教育，视同己任，纷然相应，集爱施仁。集资、征地、架设变压、外移高压线、移筑溪前新路，历经五载，攻坚克难，建校故事，可歌可颂！

　　二零一七年三月二十七日，侨英七十华诞，校舍翻建扩建落成，第八届董事会履新，三喜临门，嘉宾咸集，观礼检阅，共襄盛举，见证海内外侨英人所谱写的绚烂华章。

　　而今侨英校舍，巍峨壮观，美轮美奂，功能有致，绿树成荫，芳菲竞秀，茵茵绿草，古朴硕石，尽显风采。为颂海内外乡贤校友兴学重教之义举，歌桑梓仁人高洁之情怀，谨敬录建校捐资达贰仟圆人民币者之芳名列于左，彰其功德，以励来兹。

（以下捐资芳名略）

【说明】

碑刻立于侨英小学综合楼前，立碑时间为2017年3月，单柱碑座，碑身宽200厘米，高100厘米，碑文竖排，无落款及日期。标题魏碑，字径6厘米×5.8厘米；正文计4段18行，字径2.4厘米×1.8厘米。记侨英小学校舍重建事。

埔头学校碑志

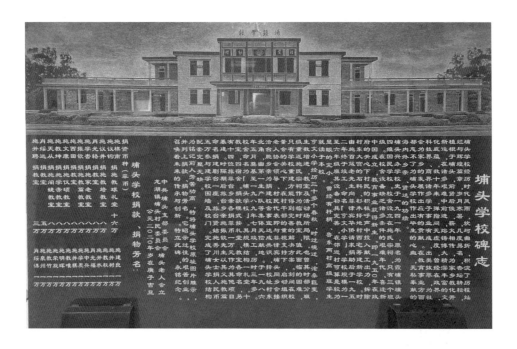

埔头学校经历时代风雨，坎坷曲折，积淀了历程灿烂与辉煌篇章，岁月寒暑，几度易名，杏坛耕耘，植根于埔头，前贤后俊，薪火相传，为家乡教化开新运，在诸多艰难中前进，熔铸博大精深丰富的文化底蕴。数十年来，弹指间无虚度，曾经在政界、科技界、商界诸多学子事业有成，出类拔萃，为社会为家乡的发展作出应有的贡献。在教育事业方面都忘不了为埔头学校作出毕生的心血，无私奉献的海内外乡亲、贤达的功绩。

埔头兴办学校史于一九四一年，原名为霞埔镇埔头四维国民学校。校舍设立在施氏宗祠，只有三个班级。在校舍设备缺乏诸多条件的艰难年代，喜逢新中国成立，教育事业获得新生。即一九五〇年在政府的关心下，村民的积极呼声中投入献工出力，拆除村东大宫的石料、杉木择地村西宅筹建新学校。时由施百箴老先生向菲律宾华侨请求捐助，后于一九五二年终于竣工，命名"亨文小学"，学校规模为一至六年级班，其设备初具完善，在邻近村可算是较为显眼的完小。曾经有杆柄、鲁东两村高级班学生就读于本校。

亨文小学经历三十多个春秋，时过境迁，沧桑巨变，生数增进，教室及活动场所局限，也曾其时部分班级重返施氏宗祠作为临时教室，值此面临的困难，只有学校重建方能得到完善的解决方案。刻间在校董会的关心下，在村干部的重视支持下，启动组织老人协会领导、村民代表即与菲律宾埔头同乡会接洽台胞乡亲为捐建校舍事宜达成共识，择校址村东北角，由第一生产队等集体无偿献地。于一九八六年五月奠基至一九八九年七月竣工，历时三年多。校舍命名为"埔头学校"。其规模结构一礼堂、十教室、四宿舍。捐款模式按礼堂、教室各命名，另有十四位旅菲台乡亲各捐菲币一万元作为其他项目基建。时隔期后旅台乡亲施振钦先生以其父施教篇命名捐建剧台一座，旅台贤姑施秀川女士捐人民币五万参与建学校围墙及校门。完成了埔头学校结构配套完整无缺。

为铭记前人劳苦功高，特将埔头学校原址图片雕示，并列上捐款、捐物芳名。它昭示过往的艰苦创业，召唤着未来的传承与创新。特立此碑，永铭纪念。

中共埔头支部委员会　　埔头老人会立

龙湖镇埔头村民委员会

公元二〇二〇年岁在庚子吉旦

埔头学校捐款、捐物芳名：

捐资币种（菲币）

施棋南　施议钧捐施教球礼堂　十六万

（以下捐资捐物者略）

【说明】

碑刻立于埔头村文化广场识华楼入门厅，《埔头文化广场碑记》背面，花岗岩质，黑石两柱落地为座，黑石为碑，宽186厘米，高87.5厘米，厚20厘米，碑文隶书竖排。碑刻上部影雕埔头学校正面图。

光夏中心幼儿园许秀聪教学楼碑志

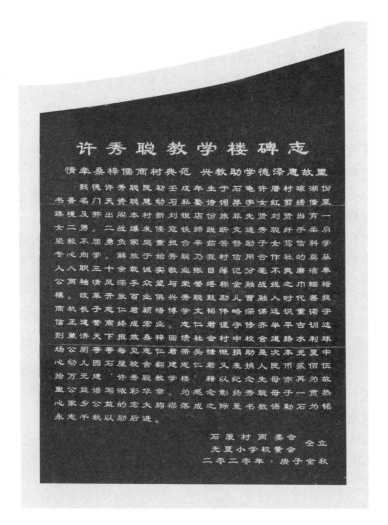

情牵桑梓儒商树典范　兴教助学德泽惠故里

懿德许秀聪，民初壬戌年生于石龟许厝村琼湖份，书香名门，天资聪慧。幼习私塾，诗词琴字、女红剪绣，偕至臻境。及笄出阁本村新刘银店份旅菲先贤刘贤当，育一女二男。二战爆发，倭寇铁蹄践断交通，秀聪纤手柔肩，坚毅不屈，勇负家庭重担，含辛茹苦，督励子女笃信科学，专心向学。解放于始，秀聪乃我村信用合作社的奠基人，入职三十余载，诚实敬业，账目簿记分毫不爽。廉洁奉公，两袖清风，深孚众望与荣誉，堪称金融战线之巾帼楷模。改革开放，百业俱兴，秀聪鼓励儿曹融入时代，善捉商机。长子志仁君颖悟博学，文韬伟略，深谋远识，重诺守信，正道营商，终成宏业。志仁君谨守修齐举平古训，达则兼济天下，报效桑梓，回馈社会。村中校舍、道路、水利、球场、公厕等等，每见志仁君带头慷慨捐助。是次本光夏中心幼儿园石屋校舍翻建，志仁君又豪捐人民币贰佰伍拾万元，建"许秀聪教学楼"，藉以纪念先母，亦再为故里公益谱写浓彩华章。为感念彰扬秀聪母子一贯热心家乡公益的宏大胸襟，落成之际，爰书数语，勒石为铭，永志千秋，以励后进。

石厦村两委会
光夏小学校董会　仝立
二零二零年·庚子金秋

【说明】

碑刻立于光夏中心幼儿园外墙，花岗岩质，宽 134 厘米，高 158—184 厘米，碑文隶书横排。标题字径 9 厘米 ×5.7 厘米；正文计 19 行，字径 4.1 厘米 ×2.4 厘米；落款字径 4.3 厘米 ×2.5 厘米。记许秀聪女士履历暨其长郎旅居加拿大乡贤刘志仁捐建许秀聪教学楼事。

尊道小学教师宿舍楼简介

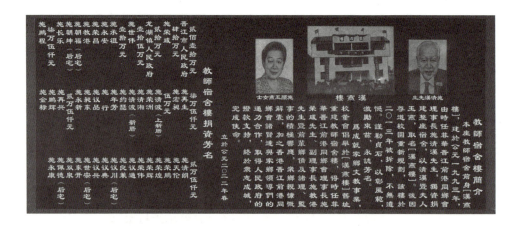

本座教师宿舍前身"汉燕楼",建于公元一九九三年,由时任菲华晋江前港同乡会理事长施清汉先生,独资捐建整座宿舍,以清汉暨夫人玉燕,取名"汉燕楼"。后因尊道校园重新规划,该楼于二〇一三年被拆除,不无遗憾。谨勒贞石,以彰风范,激励来兹,永志芳名。

为成就家乡文教事业,校董会倡举于"汉燕楼"旧址重建教师宿舍楼,得时任菲华晋江前港同乡会理事长施荣咸先生、副理事长施教港先生暨前辈乡侨及诸理、监事的积极响应,众乡亲慷慨解囊,加之香港晋江前港同乡会诸贤达与家乡领导们的通力合作,取得人民政府的拨款支持,终于众志成城,完成使命。

立于公元二〇二二年春

【说明】

碑刻在泉州师范学院附属尊道小学教师宿舍楼一楼大厅,宽370厘米,高158厘米,碑文隶书竖排。标题字径7厘米×6厘米,正文字径6厘米×5厘米。

南侨中学施能茂教学楼碑记

施能茂教学楼楼高六层，建筑面积柒仟六百平方米，共含四十八间配置现代化教育设施课室及六间教师办公室，框架钢筋混凝土结构，八级抗震设防，且配有现代消防设施、电梯，是本校园建设的新里程碑，使本校全部教室抗震达标。斯楼于 2020 年 10 月奠基，2021 年 12 月竣工，旋即交付使用。本教学楼系由校友刘志仁先生捐资人民币 530 万配合市、镇人民政府兴建。

刘志仁先生 1961 年秋由石厦光夏小学保送至本校就读，尊师守纪，品学兼优，笃信知识改变命运，遨游书海，巧思勤问，曾是本校为缩短学制跳级升读大学的试验生。文革归田务农，仍自学不辍，84 年初获厦门大学优秀函授文凭。

刘志仁先生赓续感恩的中华美德，极具家国情怀，重诺守信，历来对各母校、家乡、社会均有不俗捐输，对本校的数次赞助，更具引领作用，早年已参与捐建本校的尊师楼、奕尚楼，是次再捐建本教学楼兼为纪念其岳父施能茂。令岳丈生前为本校所里之知名人士，本校早期校董，积极参与筹资策划，延揽优质师资，对本校贡献良多。

刘志仁先生乃第26届香港福建希望工程基金会主席，获聘为世界晋江同乡总会名誉会长，香港福建同乡会、旅港厦门大学、香港南侨中学校友会等社团永远名誉会长。其诸多励志报恩之举，事迹卓著，美名遐迩，足范来者，百世流芳。谨书此以志，勒石以铭。

晋江市人民政府　龙湖镇人民政府　南侨中学

2022年仲春敬立

【说明】

碑刻嵌于南侨中学施能茂教学楼一楼通道，花岗岩质，黑石为碑，红石雕线条状镶边。碑身宽168厘米，高110厘米，碑文隶书横排。标题字径6厘米 ×4.5厘米；正文计4段，字径3.5厘米 ×2.5厘米；落款字径2.3厘米 ×2厘米。碑刻右侧嵌施能茂教学楼彩雕。

晋江市南侨中学原教学楼碑志

　　菲律宾校友会第九、十届理事会，为改善母校的办学条件，发展家乡教育事业，造就更多人才，继捐建南侨中学大礼堂后，菲律宾校友会理事长许维新，常务理事施雨霜、陈祖昌等，于一九八七年秋倡议为母校捐建教学楼。菲律宾校友会名誉董事长施连登先生率先捐巨资，并得到董事长施维鹏先生的热烈响应，在菲侨胞亦积极捐款。教学楼一九八八年春动工兴建，一九八九年春竣工，三层三十六室，建筑面积贰仟玖佰贰拾伍平方米。一九九五年，增建一层十二室。

　　为弘扬社会贤达、旅菲侨胞、校友情系故里、热心办学之精神，兹将东西座教学楼原貌影雕及捐资者芳名，勒石以励后人，谨为志。

　　晋江市南侨中学原教学楼捐室芳名

　　（略）

　　　　　　　　晋江市南侨中学　贰零贰贰年陆月

【说明】

　　碑刻嵌于南侨中学教学楼一楼，花岗岩质，黑石为碑，红石雕线条状镶边。碑身宽168厘米，高110厘米，碑文隶书横排。标题字径6厘米×4.5厘米，正文字径3.5厘米×2.5厘米，落款字径2.3厘米×2厘米。碑刻右侧嵌原东西座教学楼彩雕。

第二辑

文体医卫

吴厝村文化活动中心碑记

　　在旅菲侨亲吴绵趁先生的倡导下，在村委会、校董会的主持下，几经周旋，终于在旅菲华侨的热心资助下，营建文化活动中心。特立碑记。

　　　　　旅居夷邦怀唐山，菲岛拓业闯难关。
　　　　　东方报晓开新运，吴厝腾达改旧观。
　　　　　同心共济捐巨款，乡侨并肩挑重担。
　　　　　会聚一堂叙变化，建树荣旌画欢颜。

　　　　　　　　　　　　　　　吴厝 村委会 立
　　　　　　　　　　　　　　　　　 校董会
　　　　　　　　　　　　　　岁次癸酉年①仲冬

【说明】
碑刻嵌于吴厝村东吴影剧台后墙，宽192厘米，高57厘米，碑文草书竖排。

注释：
①癸酉年：1993年。

龙湖庙始建考

　　龙湖古庙，地处晋江东海龙湖之滨，倚山临水而建，面前一泓碧澄丝波，极饶自然风光之胜。庙虽非雄伟，却显得庄严幽静，中祀龙神，为往昔祈雨处也。

　　考庙之始建历史，据泉州府志载称：

　　系建于元朝至顺二年（公元一三三一年），唯另阅《西山杂记》记述：早在宋代绍兴二十二年（公元一一五三年）至元文宗至顺二年修。入史籍别有记载，远在南宋道乾四年（公元一一六七年）王十朋知泉州府尹，曾率官民到此祈雨，更可证明庙自古已有，现存庙中碑记铭文，多属前清竖立，其中有康熙四十五年《祈雨颂德》碑记，雍正九年所立之官湖碑文，以及同治元年与道光十八年二次重修石碑。由此可见，此庙初建迄今，当在八百年以前，实极具历史价值的古迹。

　　十年浩劫，龙湖庙受到严重破坏，龙神塑像，亦遭捣毁。加之年久失修，栋梁蛀蚀，拜亭倾圮，屋身濒于倒塌，形成荒废不堪。

近年来地方政府为发展旅游业，开放各处可供观光胜地。凡属有历史性文物遗迹，获得优先进行维修。龙湖庙具备此种条件，因此里中耆老呼吁海内外同乡，发动捐资重修。如今崭新庙宇，一改旧观，增高三尺，结构坚实巩固，可保持于久远，加上周遭美化建设，已初具规。名湖古刹，互相辉映，千古景观，将为香客游人馨香顶礼之圣庙，岂止徜徉湖光山色而已！

乡裔八十八老叟龙宣谨志

一九九六年岁次丙子春

【说明】

碑刻嵌于龙湖镇龙玉村龙王庙前环湖公园围墙上，瓷砖烧制拼贴，宽 39 厘米，高 197 厘米，碑文隶书横排。标题字径 12 厘米 ×9.5 厘米；正文计 5 段，字径 5 厘米 ×4 厘米；落款字径 6 厘米 ×4.8 厘米。

撰文者许龙宣，旅菲龙玉村乡贤，龙湖庙（龙王庙）重建及晋江地区农业机械化学校主要捐资者和倡建者，著有《分类注释闽南谚语选》《晋江地方掌故》等集，曾受聘为《晋江市志》"三胞"顾问。

前港新光球场碑志

　　篮球是本房一向爱好的运动，为发扬这优良传统，九八年八月在青年们的倡举，召开全房亲堂座谈会，提议修建新球场，得到了与会的一致赞同，从此便开展集资和策划工作，在本房海外侨胞和村支持下，恭旗①房亲的慷慨解囊带动下，旅港的堂亲以家宗为代表也热烈的响应，纷纷解囊，咱厝亲堂无代价献地，众志成城，于九九年四月正式破土动工，经全房头亲堂的共同努力，同心同德，齐心协力，工程于九九年八月全部竣工。

前港上新厝份　立

公元一九九九年八月

【说明】

　　碑刻立于前港村上新厝份新光球场，宽 580 厘米，高 11 厘米。居中镌横排"新光球场"四大字；献地及捐款芳名居左。碑志居右，隶书竖排，标题字径 5.3 厘米 ×4.8 厘米，正文 9 行，字径 4 厘米 ×3 厘米。记海内外堂亲捐建球场事。

注释：

　　①恭旗：前港村旅菲乡贤施恭旗，菲律宾上好佳集团创始人。任三届菲律宾总统中国特使，菲律宾宋庆龄基金会首届会长暨第三届董事局董事长，菲华商联总会参议委员等职。

晋南医院碑记

晋南侨乡，人烟稠密，开放改革，经济腾飞。区域内诸类公共设施日臻完善。然医疗设施简陋，伤患病痛动辄需远送外地就医，夜半病急，多有不

便，尤为苦甚！有鉴于此，施子清、洪祖杭二君主动联手请缨，慷慨捐资叁佰捌拾万元人民币倡建本院。

清杭二君之善举，深受省市镇诸级政府重视，即予积极配合支持。一九九五年十一月二十八日奠基，翌春动工兴建；历近四年，建成这座宽敞亮丽、美观实用之医院主体建筑物。院区占地20100平方米，门诊大楼、住院部总建筑面积5420平方米，围墙周长600余米。清杭二君出钱出力，不辞辛劳，屡临现场，关心质量，催促进度，煞费心力。建筑期间，蒙刘志仁先生精心运筹，认真负责，任劳任怨，功不可没。

清杭二君，急公尚义，真诚奉献，功昭日月，德望可崇。愿广大医护业者，精修医术，树人树德，严规医风，肃清陋习，宅心济世，慈怀巧手，视投医者如父母至亲……毋负清杭二君之殷殷期望。

清杭二君，倡建本院，英名德行，流芳万世，永泽后代，永勖后人，谨铭石永志之。

晋江市人民政府

一九九九年九月　立

【说明】

碑刻嵌于晋江市医院晋南分院大门外墙，宽270厘米，高120厘米，碑文楷书横排。标题字径14厘米；正文计4段，字径4.5厘米×6厘米；落款字径5厘米×6厘米。记龙湖镇旅港乡贤施子清、洪祖杭捐建晋南医院事。

埭头整改重建鱼池碑志

埭头吾村，岱阳一脉，守延陵之本，扬让德宏光，物华天宝，人杰地灵，赞为晋南侨乡一奇范也。

历经沧桑，村貌陈陋不堪，脏乱满目积污沉垢，众多仁人志士久怀重整家园之凤愿，幸逢改革盛世，经村两委首倡，一呼百诺，集资内外，筹力四方，又蒙政府鼎助，遂于二〇〇〇年金秋启动改建工程，喜侨梓协力，赖干群同心，初战告捷，硕果满枝，两道泄洪排污水沟，环村绕舍，荡涤浑浊。漫步村道，宽敞坦平，举目绿草如茵，郁叶葱茏，灯辉交映，笙歌悠扬，更有村中池塘，钢栏石砌，金鱼碧波，自此村貌焕然，美不胜收。

为志民建设家园之优绩，特于功之际勒石一方，并励来兹。

埭头 村委会 老人会 立

整改重建鱼池捐资芳名如下：

（略）

【说明】

碑刻立于埭头村鱼池畔，独立基座，黑石为碑板，琉璃瓦檐压顶。序文居碑刻之右，宽125厘米，高125厘米。标题魏碑，字径10厘米；正文行书，计3段，字径3.5厘米×4厘米；落款字径5.5厘米。现碑名为编者加拟。

吴厝怀乡剧台重建碑志

怀乡剧台未重建前，亦由泽葛、绵趁二宗哲生前所捐，但仅露天而已。每逢六月初六日太子诞辰日，经常演专业戏数天，加上六月炎暑，太子恩泽万民，惠降甘霖，虽是一场喜雨，但往往给演员湿透袍服，有损乡亲欣赏气氛。为了使伶人及观众两全其美，旅菲的绵平长新二位宗贤再承其先父志，造福桑梓，又合捐人民币叁拾多万重建此剧台及周边池泽，改露天为钢筋水泥石粒混凝结构的楼阁式剧台。经近一年的努力，一座美轮美奂的新构屹立原址，与原青龙殿遥遥相对。南面的双眼堀经深挖重建，石栏巧雕，砵杆回旋，棱角有序。雨松掩映，阳照水波，金光闪闪，怡然给人一种幽雅感觉，故经里人洽议新命名为聚宝双眼金池。又鉴于二宗贤热心公益，无日不思故乡亲情，弘承先人之德，故经海内外参洽，最终定名为怀乡剧台，其意即海外宗亲永怀故乡是也。台竣工，特镌字于碑，使世世代代吾顶角宗亲暨里人永念诸位之厚德于不忘云耳矣。

顶角吴氏宗亲　　立

于公元二〇〇四年共和甲申蒲月　吉旦

【说明】

碑刻立于吴厝村怀乡剧台侧、聚宝双眼金池畔，宽 200 厘米，高 60 厘米，碑文竖排。标题魏碑，字径 3.4 厘米；正文行楷，字径 2.2 厘米；落款字径 2.2 厘米。

埭头灯光球场碑志

和谐埭头，美哉埭头，人文鼎盛，一派生机。尤以我村文化活动中心，更是朝气蓬勃。为更好地提高村民文体素质，强身健体，造福桑梓，振兴邦家。在村两委倡导下，为使村活动中心设备更加完臻。建议增建灯光球场，以适应村民之需求。因而海内外亲人闻风而动，群策群力，无私奉献，慨然为公之精神，踊跃筹募资金，兴建一座场面宽敞、庄穆雅致之灯光球场。

乡人之热忱支持，隆情厚谊，殊深铭感，特立此碑，以其为志。

埭头村建委会　立

二〇〇七年二月六日

【说明】

碑刻在埭头村慈济基金大楼后灯光球场，86厘米见方。标题黑体，字径5.8厘米；正文隶书，计2段11行，字径3.1厘米×2.3厘米；落款字径3.3厘米×2.3厘米。现碑名为编者加拟。

东园和艺苑碑志

东园和艺苑，由旅澳爱国乡贤洪清维、张丽萍伉俪为纪念其先严洪我犇先生，奉慈施氏秀聪母命捐建。

龙湖杭边村两委会　　立

癸巳①春月洪荣　撰书

【说明】

碑刻嵌于杭边村东园和艺苑（剧台）前墙，宽120厘米，高80厘米，碑文竖排。标题行书，字径15.5厘米 ×20厘米；正文隶书，字径5.8厘米 ×4厘米；落款隶书，字径4.5厘米 ×3.2厘米。

注释：

①癸巳：2013年。

正浪灯光球场碑志

RECOGNITION MARKER

Each nation breeds its own unique dwellers. In spite of the distance separating him and his motherland, he who has left his Chinese hometown for the Philippine islands that finds himself returning to his roots, his glory and achievement a source of pride for his homeland.

Village pioneers and brothers Shi Jiaozheng and Shi Jiaolang were heirs of Shi Xueyuan who hailed from a noble family. They immigrated to the Philippines to seek greener pastures. Through their hard work, determination, and wisdom, they were able to amass a considerable fortune to sustain and grow their businesses. Through the years, they were not only able to build good reputation for themselves but also become respected leaders in their community. Their businesses thrived and succeeded owing to their resilience, astuteness, and resourcefulness. This prompted them to encourage their sons to leave China and follow their footsteps and as a result, the sons immigrated to the Philippines and took over management for the family business.

The brothers Shi Chaofu and Shi Chaokun are heirs of the two notable elders who courageously took up the huge responsibility of taking over the family business despite their lack of experience. They worked side by side (encouraging and helping each other along the way) in expanding the business and slowly integrated into society and community. Armed with sincerity and humility, they were able to establish a good reputation in the business community and brought their business to greater heights of success with their business acumen, integrity and steadfastness. It is no wonder that this led to their securing a prestigious and honorable place in the Chinese community where they were like two shining beacons of bright stars.

Chaofu and Chaokun are passionate individuals who have undying love for their country and hometown. Their long-cherished dream is to give back to the community so upon achieving success in their business, they set out to fulfill their promise of setting up a family welfare foundation in their parents' name and honor. They regularly provide welfare funds to the seniors in their hometown and also set up an educational scholarship in the name of their aunt, and their mother (Xiuzhu and Youmei) to encourage and support deserving students. They donated a basketball stadium named Zhengfang Lighted Basketball Stadium, as well as instruments room, library and laboratory for Zhundao Elementary School. Other charitable donations include construction development of Quanzhou Normal University – Zhundao Elementary School, Qianjiang Zhenni Temple and Qianjiang Shi Clan Ancestral Memorial Hall. They also spearheaded numerous socio-civic projects such as contribution funds for rehabilitation and maintenance of Houzhai Village Activity Center for Seniors, annual donation of consolation money for disadvantage employees of Longhu Cooperative and donating funds for Houzhai Charity Aid Station to help poor villagers. There are no words to describe the breadth and depth of their philanthropic deeds but these have certainly earned them praises and admiration from clan members at home and abroad.

It is true that trials and hardships do bear fragrant and aromatic fruits. Just as the buds of orchids and cassias bloom into beautiful flowers, this honorable clan has also produced successful and outstanding heirs. They have not only met the expectations of their elders but actually surpassed it with their continuous expansion and growth. This recognition marker is to commemorate the inauguration of the lighted basketball stadium as well as to honor their dignified character and contributions to society.

Houzhai Village CPC Committee and Village Committee
03/31/2017

一方水土一方人，万水千山总牵情。赤子连心菲岛搏，同胞展志梓乡荣。本里旅菲先贤施教正、施教浪兄弟系名门家第施学愿君下嗣裔，早年携手远背家篱迢渡菲岛，赤拳奋搏立足寸土，以其坚韧睿智聚沙成塔，终不负心志基凝业固，德业声望与日俱增，盛誉称乡族硕彦。乔榆霞辉谋略高远，喜看阶下珠玑日臻成器，呼召居家嗣辈赴菲接棒。

施朝福、施朝坤昆仲身为二老嗣下贤哲，闻召不畏年嫩历浅而勇于担当。手足潜心致志，携手为家业更上一层楼而互勉。秉执恭谦至诚融入社会人群，持以刚毅守信博弈于商海，更以眸锐心敏放高胆魄捷登商企规模机遇，风生水起，宏业鸿展貌新琳琅，声誉鹊起菲岛华人商界，犹如双辉璀璨的新星徐徐升起。

朝福、朝坤胸襟豁达，爱国爱乡浓情愫意，回馈社会是生来之夙愿。事业初有增色之际，遂即履身礼行捐资创设以其祖父、母名字的家族福利基金会，定向每年为村老龄人发放敬老福利金；藉以令伯母、令慈芳名设立（秀竹　幼媚）奖学金励志学子。继而解囊捐建"正浪"灯光球场，捐赠尊道小学仪器室、图书室、化验室、实验室等教学设施，捐助泉师学院尊道附小的建设，及钱江真如殿、钱江典公纪念楼诸社会公众事业，捐赠后宅老人会活动室内部的装修资金。每年捐给龙湖供销社弱困职工慰问金与后宅爱心慈善援助站慈善款，暗仁恤悯弱困乡亲……慷慨善行枚不胜举，深受海内外乡宗族人褒赞为年菁精英才俊。

椿树风雨沐香香更浓，兰桂滋露含苞苞绽放。家声德望千秋辈才俊，方兴未艾世代蔚后贤。青出于蓝胜于蓝，适值捐建灯光球场纪念厅落成大吉，彰其功扬其德，兹爱敬立碑志。

后宅村两委　立

公元二〇一七年三月卅一日

【说明】

碑刻嵌于龙湖镇后宅村正浪灯光球场纪念厅。红石为碑，系中、英双语碑刻，分上、下两方，上方中文碑刻，碑文隶书竖排；下方英文碑刻，横排。碑刻整体宽172厘米，高160厘米。原文无标点，以空格代之，现标点为编者以空格断句。

南庄村青年活动中心碑铭

我村海外侨胞皆怀爱国爱乡深情。海外乡贤历年情系家园，恩泽桑梓，建树伟绩。

菲律宾晋江南庄同乡会于上世纪九十年代集有一笔教育资金，现于公元 2017 年春折合人民币三十余万汇入村财，定向用于（南庄村青年文化活动场地）建设，此举造福家乡，增强全民健身。

谢菲乡贤之情，感政府之恩！竣工之日，特立此碑以激励后人！

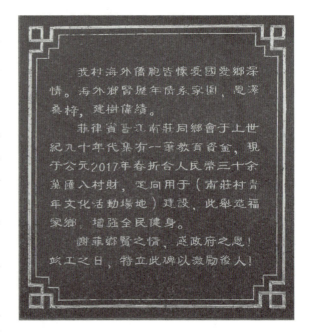

【说明】

碑刻立于南庄村青年活动中心，花岗岩质，整石为座，红石嵌入白石为板，碑文隶书横排，碑沿雕线条边框。碑文计 3 段 11 行，字径 5.8 厘米 × 5.2 厘米。无碑名，无落款单位，底座镌立碑时间：2018 年 6 月。现碑名为编者加拟。

枫林村兴建海内外文化体育活动中心碑文

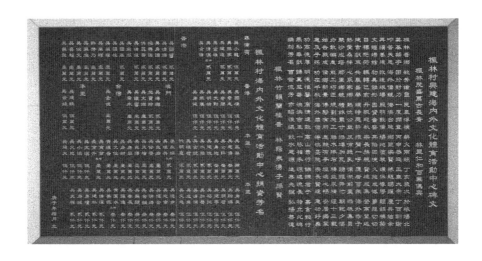

枫林茂盛万古长青　林里仁和百业俱兴

枫林吾乡　毓秀钟灵　民风淳朴　薪火两旺　丁亥岁次　于球场北
奠基筑宇　困于财力　一度搁置　丙申恭迎　玉皇大帝　丁酉酬谢
叩答天恩　海外侨亲　港澳台胞　乡里宗贤　缘题踊跃　庆典结余
再续基建　改造球场　照明设备　场地涂装　环保橡胶　轻钢构筑
文体场馆　初具雏形　因资告罄　再陷困境　久拖成憾　梦想切切
目标茫茫　辗转己亥　丹枫迎秋　宗长族亲　贤达咸集　登高望远
建言献策　共襄盛举　顺时应势　振臂一呼　应者百众　海外赤子
热爱桑梓　心系家乡　热忱公益　反哺跪乳　慷慨解囊　添珠集贝
聚沙成塔　邻里乡亲　积铢累寸　添砖加瓦　踊跃奔忙　朝乾夕惕
勿敢懈怠　能工巧匠　规划施工　雕木琢石　精益求精　经十三载
始告厥成　侨乡新景　停骖有所　息鞭有亭　坦途心畅　安居乐业
惠及子孙　功在千秋　海外华侨　港澳台胞　宗长贤达　急公好义
功高德厚　明德惟馨　高情远致　高山景行　谦谦君子　嘉言懿行

无私奉献　归真至善　泱泱古风　一脉相承　源远流长　特立此碑
镌刻芳名　百世流芳　亦昭后昆　饮水思源　追慕先骥　弘扬善德
　枫林竹韵兰桂香　林荫泉涌子孙贤
　枫林村海内外文化体育活动中心捐资芳名
　（以下菲律宾捐款 4 笔，中国香港捐款 21 笔、澳门捐款 5 笔、
台湾捐款 1 笔、本里捐款 48 笔，略）

庚子年榴月^①立

【说明】

碑刻立于枫林村文体活动中心，宽 260 厘米，高 130 厘米，碑文隶书竖
排。标题字径 6 厘米 ×3.7 厘米，正文字径 3.3 厘米 ×2.4 厘米，落款字径 3.5
厘米 ×2.4 厘米。序文以冠头联"枫林"开头、收尾，记海内外乡亲捐建文化
体育活动中心事。

注释：
①庚子年榴月：2020 年农历五月。

埔头文化广场碑记

　　埔头物华天宝，临东海迎朝阳喷薄，依西山顺东溪流长，永宁、深沪左右护卫，埔头安且吉。

　　埔头人杰地灵，民风淳朴，讨海耕田，繁衍千年，物阜民丰；沧海桑田，今日埔头虽无千帆泊埠，海盐万田然不改田畴千顷，粮丰菜绿，瓜甜果香，更有水产养殖，滨海旅游资源富饶，前景广阔，埔头百业兴旺百姓安居诚可赞也。

　　埔头村民团结奋进，弘扬爱国爱乡之光荣传统，踊跃参加家乡经济、社会建设，侨捐民建公益慈善之举誉满乡里。公元二〇二〇年岁在庚子之孟春，埔头村旅居澳门乡贤施志伴、施金雅伉俪情系桑梓，牵挂埔头村文化事业之发展，慷慨捐资人民币陆佰万元建设埔头文化广场、识华文化楼、聚源池，为建设美丽乡村、丰富埔头村民文化体育活动、助力旅游事业发展，精心谋划，欣成盛事。

　　施志伴、施金雅伉俪廿世纪八十年代旅居澳门，艰苦奋斗，事业有成，不忘初心，情系家国，无私奉献，积极参与家乡、澳门公益慈善活动和贫困地区之扶贫济困，贡献良多，荣膺社会诸多褒奖与荣誉：志伴先生获选为内蒙古自治区政协委员、内蒙古自治区工商联合会副会长、澳门福建同乡总会副会长、澳门晋江同乡会理事长、澳门闽台商会副会长、澳门龙湖同乡会永远会长、南侨中学澳门校友会永远会长等殊荣。深孚众赞，是乃实至名归。

　　值此埔头文化广场、识华文化楼、聚源池落成之际，埔头村民委员会特立此碑表彰施志伴施金雅伉俪为埔头村美丽乡村建设做出之突出贡献。当前，建设兴旺、和谐、美丽乡村之活动正广泛开展，埔头村民委员会鼓励海内外乡亲踊跃参加家乡乡村振兴战略活动，齐心协力将埔头村建设成产业兴旺、生态宜居、乡风文明、治理有效、生活富强之美丽家园。

庚子吉旦　颜子鸿撰并书

中共埔头村支部委员会　　　埔头老人会　立
龙湖镇埔头村民委员会

公元二〇二〇年　岁在庚子吉旦

【说明】

　　碑刻立于龙湖镇埔头村文化广场识华楼入门厅，花岗岩质，黑石两柱落地为座，黑石为碑，宽186厘米，高87.5厘米，厚20厘米，碑文隶书竖排。标题字径6.7厘米×6.5厘米；正文计5段，字径2.5厘米×2.5厘米；落款字径3.4厘米。记埔头村旅居澳门乡贤施志伴、施金雅伉俪捐建埔头文化广场事。

　　撰书者颜子鸿，晋江市书画院院长，晋江市政府原副市长，晋江市人大常委会原副主任。

第三辑

桥道水电

惠济桥碑

民国十四年乙丑仲冬

厝后　石下
惠济桥

施学齿建筑
后辈重建

【说明】

　　惠济桥在龙湖镇石厦溪中段，1925年始由石厦旅菲华侨施学齿建筑木桥一座，10年后因溪水暴涨被冲垮，又由其子重建，1971年则由其孙重建为石桥，因乡人淘沙，桥基又两次被冲塌，皆由其孙辈重建，现为长50米、宽6米的钢筋混凝土大桥。人称"三代惠济桥"。碑刻在桥南，高107厘米、宽49厘米，碑额刻楷书"厝后""石下"横排，字径分别为10厘米、7厘米；碑中刻"惠济桥"，字径14厘米×18厘米，上下款字径4厘米。现碑名为编者加拟。

重修侨泉新井纪念碑

　　侨泉新井始建于清光绪廿年甲午，历今六十余载。因年久失修，井壁逐渐倾跌，乃于一九五七年春间，周围崩塌三丈余。第以工程浩大，修葺乏力，蒙我族居菲岛宗亲，热心桑梓公益事业，慨然解囊，共捐菲币贰仟伍佰贰拾伍元，折汇人民币壹仟捌佰贰拾伍元，以资修建。故将西墓井更名侨泉新井，俾以扬德焉。

　　兹将诸宗亲捐献菲币芳名列左：

　　（以下捐资贰佰元3笔，捐资壹佰元7笔，捐资捌拾元1笔，捐资伍拾元15笔，捐资叁拾元2笔，捐资贰拾元11笔，捐资壹拾元1笔，略）

　　所余款项修造大圳石桥

　　公历一九五七年岁次丁酉仲冬之月立

【说明】

　　碑刻立于龙湖镇龙园村侨泉新井旁，白石为碑，宽71厘米，高186厘米，厚20厘米。碑额居中雕五星，两边镌篆书"饮水思源"，碑文楷书竖排。标题字径6厘米×7厘米，正文字径5厘米，落款字径5厘米。记旅菲乡亲捐资重修西墓井，遂更名"侨泉新井"事。

旅菲英仑同乡会捐建发电厂碑记

　　吾乡农居，夜间照明，真不方便。承乡侨我文先生关心桑梓前程，于菲发起兴建发电厂，蒙乡侨协力共济。今将捐建芳名列左：

　　洪我文壹万元　　留榜权贰仟元

　　（以下捐款芳名略）

　　总共菲币柒万玖仟捌佰伍拾元

英仑　　旅菲同乡会第六届理监事　　布
　　　　建　设　委　员　会

公元一九七〇年建八一年三月　立

【说明】

　　碑刻立于英仑小学旧校址，两柱凹刻，碑身两旁嵌入柱体，宽130厘米，高70厘米，碑文行书竖排。碑刻无标题，现碑名为编者加拟。

后溪建电建校碑记

吾乡在逊清时文风颇盛，入学宫探桂蕊者亦有其人。迨民国，是时风尚渡菲，乡中文气因之停滞。民国廿五年，华侨郭华福鉴于教育之不可忽，始倡议办学，假宫庙为教室，规模较小。一九四六年，郭华孝、郭国昌发动乡侨扩建洋楼，以容学子。一九七零年，另择地建教室五间。一九八零年，经郭木坤在岷奔走募捐，再建礼堂及教室五间，至是始具规模。皆赖华侨之热心慷慨输将，而乡人亦尽力支持，以底于成。内外一心，殊堪庆幸。爰志始末，立石以示后来，俾知有所取法焉。

后溪旅菲华侨捐献建电建校芳名列左

郭国钯伍万陆仟元　郭万雷贰万捌仟元

郭木坤贰万元　郭国禧壹万元

（以下捐资 26 笔略）

公元一九八一年五月

后溪学校校董会　立

【说明】

碑刻原嵌于龙湖镇后溪村育才小学礼堂，现置于后溪村委会。花岗岩质，宽120厘米，高69厘米，碑文楷书竖排。碑刻无标题，正文字径4.5厘米，落款字径3.5厘米。现碑名为编者加拟。

瑶厝捐建用电照明碑志

  蔡庆銮先生旅菲长子锡宣率侄连造，热心桑梓，关怀民生，于
一九八三年捐建本村用电之设施，无私奉献，功在千秋。特立碑文，
永铭史册，为子孙万代千秋颂仰。

党支部

瑶厝 村委会 立

校董会

【说明】

  碑刻立于龙湖镇瑶厝村，两柱落地，黑石为板，上覆檐盖加花瓣纹顶，宽
96厘米，高46厘米，碑文竖排。标题隶书，字径4.5厘米×3.5厘米；正文
楷书8行，字径3.5厘米×4厘米。

重修孝端桥碑记

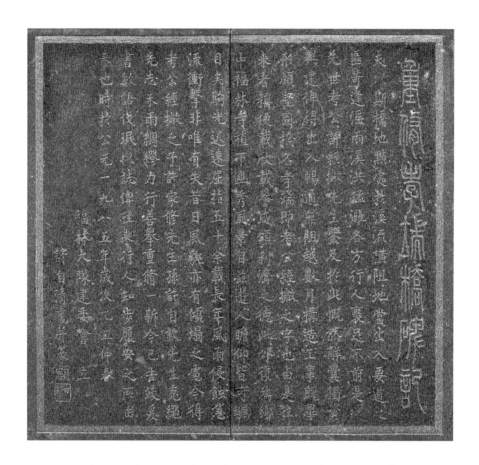

夫以斯桥，地点处于溪流横阻地，当出入要道之区。苟逢淫雨，溪洪猛涨，各方行人裹足不前。是以先世考公许经撇先生鉴及于此，慨然解囊，独资兴建，俾得出入畅通无阻。越数月，构造工事既毕，形颇坚固，桥名孝端，即考公经撇之字也。由是往来者称便，载欣载誉，咸颂利济之德。此外复为乡中福林寺植下幽秀风景，自兹游人瞻仰皆可瞩目矣。驹光迅速，屈指五十余载。长年风雨侵蚀，急流冲击，非唯有失昔日风貌，亦倾塌之虑。今得考公经撇之子许家修先生、孙许自钦先生克绳先志，未雨绸缪，力行善举，重修一新，今已告竣。爰书数语，伐珉以志，俾往来行人知步履安之所由来也。时于公元一九八五年岁次乙丑仲春。

福林大队建委会　立

许自清书并篆额

【说明】

碑刻嵌于龙湖镇福林村福林寺左孝端桥中围栏，宽 80 厘米，高 76 厘米，左右 2 方青石拼接，文字竖排。标题篆书，字径 5.4 厘米 ×9 厘米；正文计 13 行，字径 2.5 厘米 ×3.5 厘米。记旅菲乡侨许经撤家族三代建造、重修孝端桥事。

书并篆者许自清，檀林村旅港乡贤，香港福建书画研究会会员，香港书法家协会会员。

施钊森赞诗

钊勉修身享晚年，森捐造路耀光前。
先将克己布施众，生在利人感动天。
爱献家乡公益事，国联我里载诗篇。
华夷敬佩登青史，侨旅子孙种福田。

南庄建委会　题
一九八六年丙寅中秋　建

【说明】

  碑刻立于南庄村天竺庵前，宽90厘米，高48厘米。楷书竖排。正文计8行，字径4.8厘米×5.2厘米。落款字径3.2厘米×4厘米。现碑名为编者加拟。正面向南镌刻藏头七绝赞诗，背面向北镌"天竺庵公路／施钊森先生捐建／公元一九八六年丙寅中秋　立"。

施连登荣誉碑志

　　旅菲华侨施连登先生率弟侄捐建衙口街道纪念亭以及卫生设施，先生爱乡精神可嘉。荣誉碑志：

　　　　　　亘古龙传人，恒铭中国心。
　　　　　　异客天涯远，关情游子吟①。

　　　　　　　　　　　衙口家乡建设委员会
　　　　　　公元一九八七年丁卯端月　立

【说明】
　　碑刻嵌于南浔"施修国大道"隘门石柱，宽51厘米，高36厘米，碑文竖排。碑刻无标题，现碑名为编者加拟；正文字径2.6厘米，落款字径2.5厘米。

注释：
①游子吟：1986年农历三月，施连登家族在衙口村"李埭亭"镌碑《游子吟》，叙施连登暨昆仲家世，表达对祖国的拳拳赤子之情。

锡坑文韬路碑铭

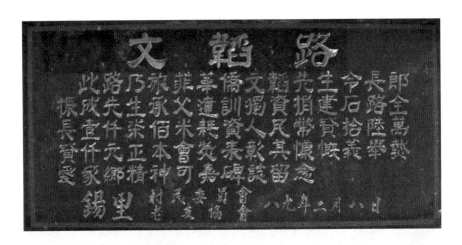

此路乃旅菲华侨文韬先生令长郎振成先生承父遗训，独资捐建石路，全长壹仟柒佰米，耗资人民币贰拾陆万贰仟元正。本会为表彰其慷慨义举，热爱家乡，精神可嘉。碑志留念。

锡里　村民委员会
　　　老 友 协 会
八九年二月八日

【说明】

碑刻立于锡坑村文韬路北段路口，两柱落地，青石为碑，斗檐覆顶。宽90厘米，高43厘米，碑文隶变横排。标题字径9厘米×6.5厘米，正文字径4厘米，落款字径5厘米×6厘米。现碑名为编者加拟。

施连登大道碑志

施君连登，乃先乡彦施翁修国令次郎。髫年①随父旅菲，勤奋工商；弱冠创大同公司，为侨领李清泉诸君器重，辅举公益。卢沟桥事变，施君昆仲投身抗日，令弟华山君一九四五年被捕殉难。日寇继而围捕连登君，幸先闻讯，其先配李氏淑卿劝君携长男逃脱，日寇竟焚毁巴狮②别墅，其贤内及三男世杰、仁杰、英杰，五女婷、娓、婉、球、娟葬身火海，大同公司亦被一炬化为乌有。战后，君率诸弟重振商业，拓展工业，家声大振。君年逾杖朝③，报国未减当年。辛丑④荣归，率诸弟解囊善举，教育公益。为繁荣侨乡，今又独建此水泥大道，全长二五公里⑤，宽十公尺，捐资人民币六十一万元。乡人感君功德，立坊署名"施连登大道"。君为缅怀先配，侧门命名"施李淑卿门"。施君埙篪⑥爱国，精诚可嘉！愿吾乡亲共识、共护，烙记国耻，团结奋斗，振兴中华，为勉为颂。谨予勒石铭志。

衙口家乡建设委员会

公元一九九零年　月　日立

【说明】

碑刻嵌于龙湖镇施连登大道隘门石柱内侧，高 120 厘米，宽 90 厘米，楷书竖排。标题字径 7 厘米 ×7.5 厘米。正文计 15 行，字径 3 厘米 ×3.3 厘米。记旅菲乡贤施连登家属于太平洋战争期间惨遭日寇屠杀"九尸十命"，暨捐建"施连登大道"事。

注释：

①髫年：幼童时期。童年。

②巴狮：帕赛市（Pasay City），又译巴西市，位于马尼拉的西南方位置，是大马尼拉的一部分。

③杖朝：80 岁。《礼记·王制》："八十杖于朝。"谓 80 岁可拄杖出入朝廷。

④辛丑：1961 年。按：此处疑为乙丑，即 1985 年；施连登先生生于 1906 年，乙丑年即 80 岁。

⑤二五公里：2.5 千米。东自南侨中学，西至泉围公路小埭沟路口。

⑥埙篪（xūn chí）：兄弟。埙与篪，喻兄弟，埙篪相应。

三代惠济桥五建碑记

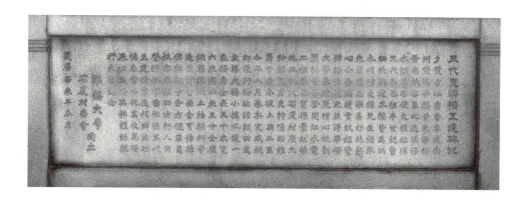

　　夕霞古地①秀，香客遍南州②。霞溪③奔腾，昔未架桥，晋南旅客至此过桥涉水深感不便。文种祖孙三代，在已往半世纪曾四次兴建本桥，皆为洪水损坏。文种先生继承先辈遗志，乐善好施，热心公益，继续贡献巨资肆拾多万元，并得华侨大学基建处精心规划，严格督导；暨闽江水电工程局保质保量，刻苦施工；以及石厦村广大干群鼎力支持，协助维筹，于去冬破土兴工，至今年八月基本完成，旋即通行。桥址按照四建坐落，大桥小桥毗连一气，桥身全长五十米，宽六米，高四米三十。全座钢筋混凝土结构，科学造型，质量安全可靠，雄伟壮观，十分方便车马旅客来往。四方行人，同声赞佩。学齿祖孙三代五建伟业，造福群生，功德无量，共祝其后昆将来必大发其祥。谨志数行，永留纪念。

华侨大学
石厦村委会　同立
夏历辛未年瓜月④

【说明】

　　碑刻嵌于龙湖镇石厦村惠济桥中段桥栏，229厘米，高68厘米，碑文竖排。标题隶书，字径6厘米×4.5厘米；正文楷书，字径5厘米；落款隶书，字径 6 厘米 ×5 厘米。

注释：
①夕霞古地：石厦村古名夕霞村。亦指石厦村阎君公宫。
②香客遍南州：阎君公宫香火鼎盛，香客遍布泉南各地。
③霞溪：发源于永和镇境内的河流。石厦村段称霞溪，至锡坑村段始称阳溪，为晋江市域重要水系。
④辛未年瓜月：1991 年农历七月。

兴建火辉埔大道碑记

　　本里侨胞身居海外，胸怀桑梓。为方便交通，繁荣侨乡经济，造福于民，由旅菲同乡会发起集资，兴建火辉埔大道，长一公里，宽四米半。现将捐资芳名列左：

　　许书咤先生领男万里伍拾伍万元

　　（以下捐资芳名略）

　　合计菲银壹佰玖拾柒万贰仟元

晋江县火辉埔　建委会　侨委会　同立

公元一九九一年辛未之春

【说明】

　　碑刻嵌于铺锦村火辉埔大道怀乡亭两柱间，宽130厘米，高66厘米，碑文隶书竖排。标题字径5.5厘米×4.7厘米，正文字径3.2厘米×2.7厘米，落款字径3.5厘米×3.1厘米。记旅菲乡亲捐建火辉埔大道事。

埔锦路亭碑记

许宗波书

　　志杰先生幼年天资聪敏，深受义方是训，背井渡洋，不辞辛劳，粒积起家，辗转商场。幸得贤荆刘淑贤女士携手并肩，共建伟业，经办许志杰大南洋进出口父子公司暨地产公司，事业腾达，饮誉菲京，而竭力回馈社会。于菲国建校兴学，救灾恤难，菩举福利。曾荣膺菲总统召见，颂赐奖牌嘉许励勉，实乃菲华之光。先生平生赋性，孝道可矜，铭记椿萱之遗教，永怀故国之深情。故不惜巨资，兴建自辉龙桥至南美宫水泥路，全长柒佰贰拾米，宽肆米半，计菲币贰佰叁拾万元。功高九鼎誉满八方，此皆遵循孝行，克绍前贤，树光辉之业绩，立榜样以后效。谨勒于石，以垂纪念。

埔锦村委员会

火辉埔　侨委会　立

建委会

公元一九九二年（辛未春日）

【说明】

碑刻嵌于龙湖镇埔锦村思亲亭两柱间，宽 136 厘米，高 70 厘米，碑文隶书竖排。标题字径 5.5 厘米 ×4 厘米，正文字径 4.5 厘米 ×2.6 厘米，落款字径 3 厘米 ×4 厘米。

龙玉金标（会标）大道记

吾国政府为改善人民之生活，致国家于富强康乐，对经济之繁荣至为重视。但经济之繁荣与交通之发达实息息相关。故近年来，家乡一带踊跃铺筑道路，此乃良好之现象也。

本乡通往南方之大道原为土路，往昔乡人出入，大多安步当车，尚可堪用。但以今日时势观之，实不容许吾人故步自封。因科技之进步日新月异，譬如交通工具之改善，汽车驰骋，顷刻千里；大型巴士，乘客众多；货物运输，动辄以吨计算；如无坚固之康庄大道，实无法适应新时代之需求。乡人有见及此，咸认亟需改建为水泥路。但因兹事体大，需款甚巨，为此来函要求本会帮助。本会前任理事长许龙炼先生当仁不让，见义勇为，慨然负担，独自捐建。路长壹仟伍佰米，宽六米，首尾两端建路亭，既宽广又坚固。此后车马往来平稳，万民称便，实功德无量也。龙炼先生一向事亲至孝，乃名此路曰"金标大道"，藉以纪念其令先尊许府君讳会标（金标），号廷榜。本会因龙炼先生慷慨豪爽，既热心公益，又恭行孝道，为乡人良好之模范，洵足钦仰。爰撰此文，勒石志其功绩，并表扬仁风。

旅菲龙玉同乡会　撰

公元一九九二年二月

【说明】

　　碑刻嵌于龙湖镇龙玉村金标大道南隘门柱，与碑刻《金标亭记》相对；宽75厘米，高60厘米，碑文楷书竖排。标题字径3.5厘米；正文计2段，字径2.5厘米；落款字径3.5厘米。

龙玉金标亭记

箕山拓垦　　洗耳家风　　行仁揖让　　太岳传芳　　迁居晋邑
龙玉两乡　　湖滨聚族　　蟠伏巨龙　　山川毓秀　　鱼米村庄
勤劳耕作　　务本于农　　人才辈出　　代有贤良　　待人以礼
孝悌谦恭　　澄清湖水　　候鸟翱翔　　鲙鲈鲤鲫　　内外称扬
金圈甲鳖　　滋阴补阳　　医治疾病　　屡见神功　　脆酥珍品
涤沁心肠　　花生麦稻　　民裕谷丰　　比年开放　　整理游踪
归心四海　　携眷观光　　菲台港澳　　大解义囊　　修筑道路
便利交通　　直追四化　　期望国强　　晓新学校　　咿唔声琅
农机篝舍　　培育专长　　广栽桃李　　望重一方　　村存耆宿
有廷榜公　　生平履历　　早沏莹旁　　门楣被德　　兰桂馨香
箕裘克绍　　遇百伦常　　凤毛济美　　麟趾呈祥　　亭台建筑
蠢立其中　　往来群众　　少憩纳凉　　尽消尘尘　　喜气洋洋

广施阴骘^①　浸炽浸昌　余与龙炼　诸昆仲等　悉属同宗
不揣孤陋　献丑何妨　撮其概要　谨掇端详　聊充塞责
潦草成章　班门弄斧　欲盖弥彰　深期大雅　删正未工
是为记

菲岛垯市高逸夫　谨识

许龙焱　龙湖　龙杬　龙炼　龙赠　茉莉　秀却　立

岁次壬申端月^②中澣　书

【说明】

碑刻嵌于龙玉村金标大道南隘门柱，与碑刻《金标（会标）大道记》对向；宽 75 厘米，高 60 厘米，碑文楷书竖排，四言五句 15 行。标题字径 3.3 厘米，落款字径 4 厘米。

注释：

①阴骘（zhì）：迷信的人指在人世间做的而可在阴间记录功德的好事。指多做善事会心情愉悦，延年益寿。

②壬申端月：1992 年农历正月。

埭头怀乡亭碑记

旅菲侨胞吴建兴先生、许金珠女士夫妇，热心家乡公益事业，捐资人民币壹拾陆万元，建设长四百米宽七米的埭头村大道及怀乡亭一座。谨勒此碑，以作永志。

埭头村建委会　立

壬申年仲夏

【说明】

碑刻嵌于埭头村大道怀乡亭两柱间，宽139厘米，高66厘米，碑文行书竖排，无标题，现碑名为编者加拟。正文字径5.5厘米×6厘米，落款字径4厘米×5厘米。

旅菲施钊福嗣裔重修益众池碑记

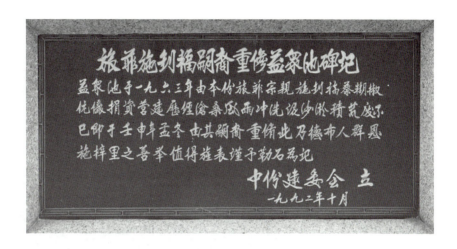

　　益众池于一九六三年由本份旅菲宗亲施钊福、蔡糊椒伉俪捐资营建，历经沧桑，风雨冲洗，泥沙淤积，荒废不已。即于壬申年孟冬，由其嗣裔重修。此乃德布人群、恩施梓里之善举，值得旌表。谨予勒石为记。

中份建委会　立

一九九二年十月

【说明】

　　碑刻立于龙湖镇石厦村中份益众池畔，花岗岩质，两柱落地，檐盖覆顶。黑石为板，宽113厘米，高53厘米，碑文行书横排。标题字径5.7厘米×7.5厘米；正文计4行，字径3.9厘米×4.1厘米；落款字径4.6厘米×5厘米。

石龟大道剪彩记

公元一九九三年五月一日，承蒙福建省人民政府秘书长郑宗杰，福建省人民政府侨务副主任倪英达，泉州市副市长曾华彬，晋江市委副书记、人大常委会副主任许龙烈，中共龙湖镇党委书记许书瑜，旅菲石龟许厝回乡庆典团总领队许书业，旅港石龟许厝回乡庆典团团长许经国，旅菲石龟许厝回乡庆典团团长许启

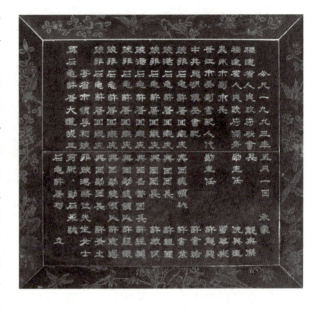

明，旅港石龟许厝回乡庆典团名誉团长许经奖，旅菲石龟许厝回乡庆典团副总领队许经慨，旅菲石龟许厝回乡庆典团副总领队许志瑶，旅菲石龟许厝回乡庆典团副团长许有土等省、市领导和旅菲旅港诸位先生女士为石龟许厝大道竣工剪彩，勒石永志。

石龟许厝村　立

【说明】

碑刻嵌于省道 308 线龙湖镇石龟村"石龟许厝大道"隘门北柱上，与南柱另一碑刻《旅菲石龟许厝乡侨捐款兴建大道芳名列左》相对，立碑时间为 1993 年 5 月。该碑刻宽 94 厘米，高 89 厘米，碑文隶书竖排。碑刻无标题，现碑名为编者加拟。正文字径 4 厘米 ×3.2 厘米，落款字径 4 厘米 ×3.2 厘米。

杆柄建路碑记

观山毓秀　嵘海银波
爱国侨亲　热心公益
造福桑梓　精神可钦
谨勒此碑　以作永记
观嵘①旅菲侨胞建路捐资芳名录
至向家属性宗　嘉庆　性炎贰佰伍拾万元
（以下捐款 25 笔略）
总计菲币伍佰壹拾玖萬陆仟元

岁次癸酉一九九三年仲秋　立

【说明】

　　碑刻嵌于杆柄村桑梓亭两柱间，宽 148 厘米，高 53 厘米，碑文楷书竖排。标题字径 6 厘米 ×6.2 厘米；正文字径 4.4 厘米 ×4.8 厘米，落款字径 2.6 厘米 ×3 厘米。记杆柄村旅菲乡贤捐资建路事，现碑名为编者加拟。

注释：
①观嵘：杆柄村旧称。

南浔田头村水泥大道碑志

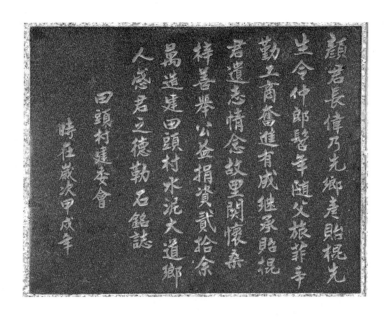

　　颜君长伟，乃先乡彦贻棍先生令仲郎。髫年随父旅菲，辛勤工商，奋进有成，继承贻棍君遗志，情念故里，关怀桑梓，善举公益，捐资贰拾余万造建田头村水泥大道。乡人感君之德，勒石铭志。

田头村建委会

时在岁次甲戌①年

【说明】

　　碑刻嵌于南浔田头村贻棍大道隘门石柱之上，立于1994年，宽46厘米，高36厘米，行书竖排。正文计7行，字径2.4厘米×3.5厘米。记旅菲乡贤颜长伟先生捐建水泥大道事。现碑名为编者加拟。

注释：

①甲戌：1994年。

檀林村家修大道记

旅菲侨亲许自钦先生，身居异域，心系故园。秉承乐善好施、仁孝笃亲之家风，倾诚公益，造福社会。即今又慨然捐资人民币六十五万元，铺设杉桥头而绵延至下尾与洪溪交界处之水泥道路，命名家修大道，以纪念其尊翁许家修先贤。工程经始于公元一九九二年，阅二载藏事，仰瞻车旅通畅，闾里增华，口碑载道。其瑰意琦行，足颂足式，懋功俊德，奕世昭垂。是为记。

福林村两委会
檀林老年协会　立
一九九四年元月

【说明】

碑刻立于龙湖镇檀林村福林寺前，正面镌"许自钦先生捐建　家修大道　公元一九九四年元月"，背面镌记。碑板宽120厘米，高54厘米，文字横排。标题魏碑，字径6.3厘米×6.8厘米；正文隶书7行，字径3.8厘米×2.2厘米。现碑名为编者加拟。

石龟自业大道记

自業大道記

許自業乃已故鄉彥書鑒老先生令仲郎，自幼聰穎，胸懷大志，年十九，渡菲謀生，因勤奮經商，頗有積蓄，未幾回國與衙口淑女施荷英女士結為伉儷，後攜眷往菲。夫妻情篤，育有七子一女，即男有啟、有利、有土、有林、有彬、有權、有墙，女淑卿等。自業先生對公益事業慷慨豪爽，舉凡僑居地及家鄉之慈善、公益、教育等，無不踴躍捐輸，故名揚遐邇，內外皆享有崇高榮譽。不幸於一九六六年修文赴召，享壽七十高齡。

令哲嗣均係俊傑，克紹箕裘，益拓宏規，增設鋸木、夾板、水泥等廠及地產公司，生意興隆，如日中天。八五年在家鄉建造自業路，九三年令三郎有土君眾望所歸，榮膺旅菲石龜許厝同鄉會第廿七至廿八屆理事長，九四年偕夫人頻次往菲，崇厝旅菲僑人之請，慨然答應，斥巨資重修落成慶典，自手興家，對家鄉設長各項事業之促進至大且巨。路面寬多為水泥建造自業路，對家鄉建設及地產公司。先綹箕裘，益拓宏規，增設鋸木、夾板、水泥等廠及地產公司，牧子義方，蚊發達由其家庭獨資建造自業大道，八百七十一米。路面寬多為七米。綜觀自業與荷英賢伉儷，一本興家愛鄉之志，令人欽佩，不忘故土，其家庭兩代，對泵鄉公益建樹良多，令人敬佩。愛勒石誌盛，俾垂久遠。

公元一九九四年歲次甲戌年桂月

石龜建委會 敬立

许自业乃已故乡彦书鉴老先生令仲郎，自幼聪颖，胸怀大志，年十九，渡菲谋生，因勤奋经商，颇有积蓄，未几回国与衙口淑女施荷英女士结为伉俪，后携眷往菲。夫妻情笃，育有七子一女，即男有启、有利、有土、有林、有彬、有权、有墙，女淑卿等。自业先生对公益事业慷慨豪爽，举凡侨居地及家乡之慈善、公益、教育等，无不踊跃捐输，故名扬遐迩，内外皆享有崇高荣誉。不幸于一九六六年修文①赴召，享寿七十高龄。

令哲嗣均系俊杰，克绍箕裘，益拓宏规，增设锯木、夹板、水泥等厂及地产公司，生意兴隆，如日中天。八五年在家乡建造自业路，九三年令三郎有土君众望所归，荣膺旅菲石龟许厝同乡会第廿七至廿八届理事长，九四年偕夫人颜莎莉回乡参加上帝公宫重修落成庆典，徇乡人之请，慨然答应由其家庭独资建造自业大道，长八百七十一米，路面宽多为七米，该道建成，对家乡发展各项事业之促进至大且巨。

综观自业与荷英贤伉俪，白手兴家，教子义方，虽发达他邦，不忘故土，其家庭两代，对家乡公益建树良多，令人钦佩，爰勒石志盛，俾垂久远。

石龟建委会　敬立

公元一九九四年岁次甲戌年桂月

【说明】

碑刻嵌于龙湖镇石龟村自业大道隘门石柱之上，宽94.5厘米，高91厘米，楷书竖排。标题字径4.5厘米×6厘米；正文计3段18行，字径2.5厘米×2.8厘米。记旅菲侨胞许自业哲裔捐建自业大道事。

注释：

①修文：旧以"修文郎"称阴曹掌著作之官。修文赴召，逝世的婉辞。

南庄望梓亭碑志

  南庄东隅，素有"亭脚"俗称。溯寻早年，此地原有一亭，时变景迁，沧桑几历，亭迹业已荡然无存。南庄外埕份子弟，久有重修之意；港胞燦錶先生生前，亦常为之耿耿，奈诸多因由，未克遂愿。今其裔展望先生于港岛义囊慨解，独资筹建。侨梓协力，遂告功成，旧貌新颜，一亭峙立。往来路人，遮避有所。亭前尚架一桥，联结西东。为志燦錶先生父子之德泽，爰以"望梓亭"命名，以励来兹。

望梓亭建委会 立

岁次甲戌年葭月[①]

【说明】

  碑刻架于南庄村"望梓亭"石构横梁顶，花岗岩质，宽123厘米，高47厘米，碑文竖排。标题篆书，字径4.3厘米×7.3厘米；正文隶变，计18行，字径3厘米×3.4厘米。

注释：

①葭月：农历十一月。

东头三新大道铺建碑记

　　木有本，水有源。吾村旅菲旅港澳广大乡亲胸怀祖国、宗本，热爱桑邦公益事业，卅年来为故乡举办不少事业，赢得各方好评。一九九四年，教田侨亲遵母遗教，举办殡仪，节约开支，带头倡建三新大道，并得惠英女士在港主持筹募。渠深明大义，不惮辛苦，奔波联系，获得港澳乡亲廿余人慷慨乐输，亦得祖里乡亲资助，集腋成裘。在建委会积极带动下，青年们努力配合护路，内外通力协作。工程由粘枝司承建，自甲戌年十月开工，至季底完成，大道全长六百八十米，宽四米，计耗资一十五万余元。本大道之建成，既便利交通，亦改变家乡面貌，颇得各方人士赞誉。爰志数语留念。

三新大道建委主任施学沪　施教国

一九九五夏

海内外捐献乡亲芳名（以人民币计算）

菲岛： 教田肆万伍仟壹佰　　　教（左人右尧）壹万元
　　　 金波贰仟贰佰

香港： 连抱壹万肆仟叁佰　　　连长捌仟捌佰
　　　 良标伍仟伍佰　　　　　教捷伍仟伍佰
　　　 连港伍仟元　　　　　　教眼肆仟肆佰
　　　 议猛肆仟元　　　　　　教朝叁仟叁佰
　　　 金土叁仟叁佰　　　　　教别叁仟叁佰
　　　 议河贰仟捌佰　　　　　教帛壹仟壹佰
　　　 清意壹仟壹佰　　　　　金仁壹仟壹佰

澳门： 议榆叁仟叁佰　　　　　连灯贰仟元
　　　 连对壹仟壹佰

祖里： 火炉壹万叁仟　　　　　议场壹万元
　　　 教财伍仟元　　　　　　良伟贰仟元

祖里乡亲积极支持义务工作者

学沪	教国	议凯	松坡	并雄
议鼓	议水	教炳	大罗	议彬
玉笔	教錶	教头	议流	议汉
天从	教设	教义	议深	世民
议坛	教康	议强	并广	并启
梗权	并科	议庆	世界	美满

【说明】

　　碑刻立于石厦村东头三新大道，花岗岩两柱落地，白石为柱为梁，斗檐覆顶。黑石为板，宽172厘米，高73厘米，碑文隶书竖排。标题字径5厘米×3.5厘米，正文及落款字径3.5厘米。

桥头大道碑志

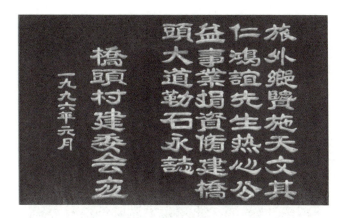

　　旅外乡贤施天文、其仁、鸿谊先生，热心公益事业，捐资修建桥
头大道。勒石永志。

桥头村建委会　立

一九九六年元月

【说明】

　　碑刻嵌于南浔"桥头村大道"隘门，宽66厘米，高43厘米。碑刻无标
题，现碑名为编者加拟。正文计4行，字径7厘米×4.5厘米；落款字径7厘
米×4.5厘米。

　　该碑刻对面嵌有另一方《碑志》："爱吾桑梓久羁异地，明伦创举输诚故
里。使得行旅嘉奖不已，悠久永丽长萦乡思。"落款日期：岁次丙子年端月。

洪溪大道碑志

洪溪水泥大道由洪溪村旅菲华侨施至成先生、陈湘霞女士贤伉俪于一九九零年冬动工兴建，一九九二年春竣工。北连接省道三零六线苏坑地段；南伸延洪溪大桥，全长二千六百公尺，总捐资人民币贰佰万元。

旅菲华侨施至志先生、陈湘霞女士贤伉俪热心公益事业，精神可嘉，山川舞龙蛇，洪溪灯不夜，促进洪溪与晋南交通运输、经济大发展，千秋功德，万年基业，为历史谱写不朽光辉事迹。

洪溪村委会　立

一九九六年八月

【说明】

碑刻嵌于泉围公路洪溪大道隘门柱，宽 60 厘米，高 47 厘米，碑文行书竖排。标题字径 3 厘米 × 3 厘米；正文计 2 段 15 行，字径 2.5 厘米，落款字径 1.5 厘米 × 2.5 厘米。现碑名为编者加拟。

该项目由旅菲乡贤施至成、陈湘霞伉俪捐建，自苏坑路口至洪溪大桥，1990 年冬动工，1992 年春竣工；其哲裔于 2020 年捐资 600 万元建村西大道，西连龙狮路，仍名"洪溪大道"。

龙埔村凉亭碑记

　　吾乡先贤施能簇、许乌配伉俪，一生慈悲为怀，乐善好施。令哲嗣纯昌先生，生于一九二四年，周岁痛遭失怙，幸赖慈母含辛茹苦，养育三女一子长大成人。纯昌先生年廿三迎娶吴氏金盾，婚后三年南渡菲岛，胼手胝足，备尝艰辛，勤奋粒积，白手兴家。

　　纯昌先生于一九八八年在家乡独资创设发电机供应全乡电源，又于一九八九年与乡贤施成家合资建筑青锋小学校舍，嘉惠学子，作育功深。尔今又在故乡铺造水泥道路，以利交通；并建凉亭乙座，聊避路人风雨，藉供雅士以休憩也。

村委会

龙埔　老友会　立

校董会

公元一九九六年十月

【说明】

　　碑刻嵌于龙埔村"龙腾家园"文化公园"龙亭"两柱间，宽136厘米，高60厘米，碑文隶书竖排。标题字径7.1厘米×5.3厘米；正文计2段16行，字径3.5厘米×3.2厘米。记旅菲乡贤施纯昌家族史暨捐赠家乡公益事。

新丰建路纪文

溯本懋源　轩辕昆裔　历经沧桑　辗转迁移　途涉万里
由豫入闽　温陵晋邑　埠十九都　居台峰里　宋元明清
遂形村集　浔海蕃脉　太原衍派　好德世胄　长福宗支
诸多望族　和睦聚居　耕作繁殖　艰辛勤朴　克绍箕裘
延袭中兴　人才辈出　晚清民国　烽烟战乱　瘟疫贼盗
侵扰黎民　黄土高岗　露泽四溅　天灾人祸　政局动荡
民不聊生　吾乡前贤　为谋生计　离乡背井　远涉重洋
栉风沐雨　淡饭粗衣　克勤克俭　劳苦经贾　始达宏愿

共和政通	策略明哲	国运昌盛	万民百姓	携手协力
改革大业	初具雏形	人心振奋	海外侨胞	喜闻佳讯
欢欣鼓舞	百年国耻	一朝昭雪	望月思乡	鹊燕恋巢
桑梓情深	祖德遗风	历届乡会	慷慨解囊	鼎力扶持
莘莘稚童	妪叟耄耋	皆秉恩泽	优美校园	亮彩华灯
宗祠庙堂	承先启后	倾心匡助	近逢际会	再兴义举
修筑坦途	拓展通道	殊勋彪炳	遍阅乡史	实无前例
思我乡侨	忆吾先贤	遵谆古训	功高伟器	树碑撰文
以示典范	高风亮节	堪称楷模	爱国爱乡	泽被故里
功盖宇内	庶宜各界	抒情砺志	举乡同庆	锡祚千秋

共和丁丑年^①秋月　立

【说明】

碑刻嵌于新丰村（大埔村）隘门门柱，立于 1997 年秋；宽 92 厘米，高92 厘米，碑文行书竖排。标题字径 7.6 厘米 ×8.5 厘米；正文四言（诗体），五句 18 行，字径 3.2 厘米；落款字径 5.5 厘米 ×6 厘米。

《建路纪文》正对另一碑刻，正文镌"施能杉建"，上款"庆祝家严八秩荣寿"，下款"子纯得、纯立拜贺路门"。

注释：
①共和丁丑年：1997 年。

质彬大道碑铭

先哲质彬君，春燕翔彩云。筑窝含泥辛，鸿巢日致臻。

念土爱乡心，公益意拳拳。义举情殷殷，维德遐迩闻。

临濮馥犹芬，义结游子群。扶危解囊助，排难息群纷。

四维传家训，八德勉儿孙。兰桂馨香馥，满园桃李春。

颂德飨怀恩，楷模启后昆。垂范映宗瞰，铭志树功勋。

西浔村文明建设委员会　立

公元一九九七年九月七日

【说明】

碑刻嵌于湖北村西浔自然村质彬大道隘门柱，宽 107 厘米，高 90 厘米，碑文行书横排。正文字径 5.5 厘米，落款字径 4 厘米。碑刻无标题，现碑名为编者加拟。

碑刻对面嵌另一捐资碑铭，镌："质彬夫人施黄丽英女士偕兰桂　振楫　振池　振权　振垣　振渊　淑坤　淑娥　淑美　淑容　淑敏捐建／西浔村文明建设委员会　立"。

桥头村水泥路碑志

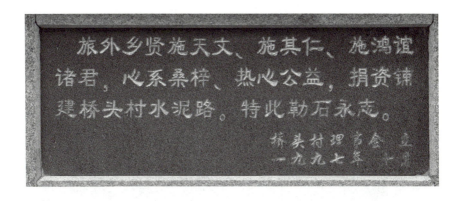

　　旅外乡贤施天文、施其仁、施鸿谊诸君，心系桑梓、热心公益，捐资铺建桥头村水泥路。特此勒石永志。

桥头村理事会　立

一九九七年十月

【说明】

　　碑刻立于南浔桥头村水泥大道，两柱落地，斗檐压顶，宽113厘米，高42厘米。碑文隶书横排，正文计3行，字径6厘米×5厘米；落款行书，字径4厘米。碑刻无标题，现碑名为编者加拟。

经聪路碑记

施议程先生、许碧珠女士为体现其岳父经聪

生前刻苦　白手成家　热爱家乡　公益事业

乘龙快婿　爱女碧珠　伉俪解囊　铺建泥路

高风义举　永留桑梓　特立此碑　以资表扬

秀山村委

祖秀茂新村　建委会　仝立

公元一九九七丁丑年　葭月

【说明】

碑刻立于秀山村祖秀茂新村经聪路口，花岗岩两柱落地，斗檐覆顶，黑石为碑，宽104厘米，高80厘米，碑文行楷竖排。标题字径6厘米×5.5厘米，正文字径3.5厘米×4.5厘米，落款隶书，字径3厘米×3.5厘米。两柱镌冠头联"经教有方达心声，聪明无私扬美德"。现碑名为编者加拟。

仁爱赞歌

旅菲华侨施连登先生，爱国爱乡，捐资兴学，善举公益，贡献卓著。感念先生盛德，勒石树碑恒颂。

在世纪之巅、岁月之峰
屹立一位高大的形象
他——几乎与世纪同龄
是人们爱戴的老寿星

在东海之滨、浔水之畔
传颂一个响亮的名字
他——倾心桑梓的公益事业
是乡邻崇敬的爱国华侨

施连登先生——人如其名、名符其志
虽已耄耋之年，仍奋斗不止、贡献未已

在书声琅琅的幼儿园、小学、中学里
在笑声阵阵的老人协会内
在机声隆隆的村道、公路上
到处都有他巨资捐建的业绩
到处都有他深情缔造的厚爱

功之高，德之宏
似世纪百年风光
似大海万顷波涛
数衙口公益事业百年发展史
连登老先生的贡献有口皆碑
千秋功绩
万众称颂
永世恒念

衙口
南浔　村两委会　同敬立
于公元一九九九年阳春

【说明】

碑志有两方，一立于施连登南路隘门前，毗邻南浔村委会大楼；二立于施连登东路南侨中学大门前；两方碑材质、规格、碑文同。碑志独立石构基座，通高209厘米，宽214厘米。碑文高103厘米，宽141厘米。标题行楷横排，字径14厘米×12厘米；正文楷书竖排，字径4厘米×3.3厘米。碑文主体为新诗，颂扬施连登先生捐资家乡公益事业事迹。

吴厝村修建环村水泥大道碑记

　　我村原有道路崎岖蜿蜒，车旅行走诸多不便。九一年间，党支部协调各方人士，组织筹建会。经不懈努力，艰辛工作，在菲、[中国] 港、澳侨胞热情赞助和建委会热心公益的有识之士献工献料共同配合下，首期完成通公路 3500 米土石大道。随着社会不断进步与发展，曾有的现状已无法满足日益增长的交通需求。建委会故致力进行筹建水泥道构想。鉴因工程庞大，资金巨大，几年来协商未果。后再于九七年六月间，由党支部、校董会派员往菲募捐，受到理事长泽由先生的热情支持和配合，使募捐工作起了积极作用，特别是在旅菲东吴同乡会永远名誉理事长似锦先生卓越领导和无私奉献表率带动下，海外侨胞纷纷踊跃慷慨捐资，全力支持，帮助家乡建设，倾注了一片爱国爱乡赤子之心。似锦先生还在日理万机百忙之中拨冗率团多次回乡考察，和建委会一道，共同进行周密的研讨，制定了精益求精的整体规划和施工方案。在镇政府和村两委会的关心领导下，建委会经过一年多的不辞努力，辛苦劳累，严格的规划和管理。由省五建承建的南北环两条通公路大道及 10 条村主干道全长 6 公里多。铺设面积达 22450 平方的四通八达巨大工程于九九年三月全部竣工。环村水泥大道建设具有深远的历史意义和现实意义，它对加速我村的经济发展奠定了良好基础，村容村貌得到基本改观，便利了村民的日益交通需求，提高了家乡的社会地位。因此，各级领导和群众高度肯定，赞扬为全市高品位唯一最好的乡村大道。

为了表彰侨胞们的高贵情操，歌颂他们远大胸怀，热爱桑梓造福子孙后代，建立了可歌可颂的丰功伟绩，永远铭记他们的光辉典范，激励后昆作为楷模，为家乡建设多作贡献，特将芳名镶石列下：

（均为人民币）

吴似锦先生	贰佰壹拾万元	吴绵趁先生后裔	贰拾伍万元
施吴乌琼女士后裔	贰拾伍万元	吴泽镖先生后裔	贰拾伍万元
吴泽葛先生后裔	拾贰万伍仟元	吴绵月先生后裔	港币拾万元
吴泽由先生	贰拾伍万元	吴超群先生	拾贰万伍仟元
吴长晗先生后裔	柒万伍仟元	吴泽龙先生	陆万叁仟伍佰元
吴远程先生	陆万叁仟伍佰元	吴槟榔先生	壹万贰仟伍佰元
吴纯旭先生	港币壹万元	吴纯伟先生	港币壹万元
吴荣锋先生	叁万陆仟柒佰玖拾壹元		
吴建业先生	捌仟元		

（合计叁佰柒拾壹万玖仟壹佰壹拾壹元）

吴厝党支部　村委会　建委会

一九九九年三月　立

【说明】

碑刻立于吴厝村怀乡剧台旁，两柱落地，斗檐翘角覆顶，黑石为碑，宽 142 厘米，高 130 厘米。标题楷书横排，字径 6.5 厘米 ×7.7 厘米；正文行书横排，字径 2.8 厘米。捐资芳名竖排。

内坑西北水泥路建设纪念碑

旅港吴少白先生捐资修筑内坑西北水泥路纪念碑

吴少白先生出生医学世家，年轻有为，为继承其先父吴当纪先生生前心系桑梓、乐善好施、济世救民、兴办公益事业的精神，慷慨解囊捐资人民币贰拾捌万元，修筑内坑西北环村道路一千米，面积五千平方米，造福村民，功绩殊荣。今竣工落成，爰立斯碑，以规后勉，为表彰其爱国爱乡美德，特泐此志！

晋江市龙湖镇人民政府立
公元二零零零年五月

吴少白先生出生医学世家，年轻有为，为继承其先父吴当纪先生生前心系桑梓、乐善好施、济世救民、兴办公益事业的精神，慷慨解囊捐资人民币贰拾捌万元，修筑内坑村西北环村道路一千米，面积五千平方米，造福村民，功绩殊荣。今竣工落成，爰立斯碑，以规后勉，为表彰其爱国爱乡美德，特泐此志！

晋江市龙湖镇人民政府　立

公元二零零零年五月

【说明】

碑刻立于内坑村西北环村路，花岗岩两柱落地，斗檐覆顶，黑石为碑，宽108厘米，高72厘米，碑文横排。标题魏碑，字径4厘米×3.8厘米；正文隶书，字径3.5厘米×2.5厘米；落款隶书，字径3.5厘米×2.5厘米。原碑名"旅港吴少白先生捐资修筑内坑西北水泥路纪念碑"，现碑名为编者缩拟。

赞施教永先生曾秀琼女士贤伉俪

香江^①长奋发，怀抱故乡情；慨囊酬公益，建路筑双亭。
坦途利通达，枌榆^②更昌荣；德泽惠桑梓，千秋颂美名。

前港村委会　立
二零零零年庚辰桂月

【说明】

碑刻嵌于前港新乡天恩大道隘门柱上，宽80厘米，高90厘米，碑文行楷横排。标题字径8厘米×9厘米，正文字径6厘米，落款字径6厘米。

另一柱嵌碑《答父母恩》，碑文镌"施教永　曾秀琼　施天宝　施天乐　施天迎　施晓莹同立"。

注释：

①香江：中国香港（Hong Kong，China），简称"港"（HK），全称为中华人民共和国香港特别行政区（HKSAR）。

②枌榆：汉高祖故乡的里社名。泛指故乡。

洋垵维新大道碑志

修坯造路，益及乡里。维新先生，承先有继。热爱桑梓，顾全大局。急公尚义，率妻室儿女，慷慨捐资。建造大道，人群欣喜。豪情壮举，深表乔梓，宽宏量气。

筹建伊始，明月①重视，共拟措施，关切备至。鉴彼热心，爱乡可知。

大道竣成，乡亲赞誉。铭心篆腑，感戴无既。斯乃人生之意义，亦系为人之品质。为

旌其功，泐石为碑。芳名永志，长耀乡史。楷模可崇，后曹勉励。

洋垵村 村委会
建委会 立
吴谨铼 敬识
岁次壬午年菊月②

【说明】

碑刻嵌于龙湖镇吴厝村洋垵自然村维新大道隘门石柱内侧，高 120 厘米，宽 90 厘米。楷书竖排。标题字径 7 厘米 × 7.5 厘米。正文计 15 行，字径 3 厘米 × 3.3 厘米。

维新大道由龙湖镇洋垵村连通省道横九线，系水泥路。该项目由旅港吴维新先生捐资 50 万元建设，长 2 千米，宽 9 米，2002 年 9 月竣工。

注释：
①明月：吴维新胞姐吴明月女士。
②菊月：农历九月。

洪溪电力工程纪念碑

洪溪不夜村，美名八方闻；光明因众望，感谢至成君。洪溪村旅菲同乡会侨亲施至成先生，爱国爱乡，数十年海外奔波，未忘故乡之建设。于一九七五年仲夏，独力捐资火力发电全套设备，供给全村照明用电。一九八零年，国家电力部开发水力发电供应联网，至成先生二次独力架设水泥电柱、电路、变压器全套水电设备。一九八九年，三次扩大水电发电，增容伍拾千伏变压器。一九九八年，四次扩大用电量，利用村供电厂数年得利十八万元，在水库西畔增容壹仟伏变压器，满足全村照明用电，因而全村工农业有了突飞猛进的发展。二零零一年仲夏，全国实行电力改革，由晋江市电力公司将洪溪村电力工程重新布局，改迁原有的电力设施。

至今故里环玉带，成此银河播尧天。施至成先生胸怀豁达，慨解义囊，为故乡的发展前景，拓山开道，点亮明灯，功德无量，有口皆碑。为表其功，彰其德，谨志之。

洪溪村两委会立

壬午年阳月[①]

【说明】

碑刻嵌于龙湖镇洪溪村德成路荷舍亭两柱间，宽184厘米，高60厘米，碑文魏碑竖排。标题字径5.5厘米×6厘米；正文计2段25行，字径2.3厘

米 ×2.9 厘米。记旅菲乡贤施至成先生捐建洪溪村电力工程及洪溪村电力工程发展史。

注释：
①壬午年阳月：2002 年农历十月。

新刘大道碑记

碑　记

新劉村旅外鄉親眾多，個個樸實勤奮，聰慧能幹，且心系鄉梓，不忘根由，歷來捐助贈建家鄉公益事業無數；去冬旅外鄉賢劉與跨與科劉志仁三君感於新劉村連接外界交通不夠暢順，阻礙家鄉經濟發展，自動請纓，慷慨解囊，各捐資人民幣壹拾萬元，建設連接山尾村的七米寬水泥大道，總路面面積叁仟平方米，總路長肆佰零陸米，總建築費用貳拾柒萬伍仟元人民幣，餘款用於建設疏浚村中的南北向新主排水溝渠壹條。

三君義舉，村民唱和，內外配合，共襄善舉，諸參事者，公而忘私，認真負責，保證工程質量和依期竣工，功德無量。另者與科志仁二君尚各追加捐獻伍萬元人民幣建設連接溪尾宮之水泥大道，使得二君原捐建的新劉村交通網絡更臻完善。

感念新劉歷來諸鄉僑赤誠熱心可欽，廣博胸懷可敬，其功業善舉，永澤村民，流芳百世，是以勒石為誌，以彰其德，並勵後人。

石廈村委會　新劉建委會
二〇〇三年仲春　立

　　新刘村旅外乡亲众多，个个朴实勤奋，聪慧能干，且心系乡梓，不忘根由，历来捐助赠建家乡公益事业无数。去冬旅外乡贤刘与跨、刘与科、刘志仁三君感于新刘村连接外界交通不够畅顺，阻碍家乡经济发展，自动请缨，慷慨解囊，各捐资人民币壹拾万元，建设连接山尾村的七米宽水泥大道，总路面面积叁仟平方米，总路长肆佰零陆米，总建筑费用贰拾柒万伍仟元人民币，余款用于建设疏浚村中的南北向新主排水沟渠壹条。

　　三君义举，村民唱和，内外配合，共襄善举，诸参事者，公而忘私，认真负责，保证工程质量和依期竣工，功德无量。另者与科、志仁二君尚各追加捐献伍万元人民币建设连接溪尾宫之水泥大道，使得二君原捐建的新刘村交通网络更臻完善。

　　感念新刘历来诸乡侨赤诚热心可钦，广博胸怀可敬，其功业善举，永泽村民，流芳百世，是以勒石为志，以彰其德，并励后人。

石厦村委会　新刘建委会

二〇〇三年仲春　立

【说明】

碑刻立于石厦村新刘自然村新刘大道，花岗岩质，白石为柱为梁，斗檐翘角覆顶。黑石为板，碑面宽126厘米，高81厘米，碑文隶书竖排。标题字径5.2厘米 ×4厘米；正文计3段21行，字径3.2厘米 ×2.8厘米；落款字径2厘米 ×2.3厘米。现碑名为编者加拟。

新街村长安大道碑记

長安大道

　　赤子常懷故鄉情，熱心公益蔭桑梓。爲使本村莘莘學子往返雲峰中學交通安全，廈門大學許長安教授向市、鎮政府反映情況取得資金支持，旅菲僑胞、旅港同胞解囊捐資，衆鄉親集腋成裘，共籌集資金人民幣347182元，修建水泥路。起點坑尾后接梧坑路，終點至車仔路尾接許厝路，全長880米，路面寬5—8米。于2002年1月動工興建，2002年12月竣工驗收，并投入使用。特命名爲"長安大道"。叟書永存，鑴碑銘記。

晋江市交通局 100000元	梧坑許養和 0.5畝	許明暾 2000元
泉州市交通局 50000元	鎮峰宫 20000付大井與土地款	許海參 2000元
龍湖鎮政府 10000元	許連習 5000元	許海龍 2000元
吴天錫 30000元	吴明荎 5000元	許太平 1000元
吴文種 20000元	王金城 5000元	許江海 1000元
吴文顯 20000元	許秋烟 5000元	吴各榮 1000元
吴敦景 20000元	澳門同胞施純造 5000元	吴連法 1000元
梧坑鑄造廠 20000元	許自兵 5000元	許曉聰 1000元
許經周 10000元	許經康 2000元	
吴文博 6600元	吴清遊 5000元	
	吴親順 土地0.20畝	

新街村委員會
新街老人協會　同立
2003年6月

　　赤子常怀故乡情，热心公益荫桑梓。为使本村莘莘学子往返云峰中学交通安全，厦门大学许长安教授向市、镇政府反映情况，取得资金支持，旅菲侨胞、旅港同胞解囊捐资，众乡亲集腋成裘，共筹集资金人民币 347182 元，修建水泥路。起点坑尾后接梧坑路，终点至车仔路尾接许厝路，全长 880 米，路面宽 5—8 米。于 2002 年 1 月动工兴建，2002 年 12 月竣工验收，并投入使用。特命名为"长安大道"。爱书永存，镌碑铭记。

　　晋江市交通局 100000 元

泉州市交通局 50000 元

龙湖镇政府 10000 元

（以下捐资献地 26 笔，略）

新街村委员会
新街老人协会 同立

2003 年 6 月

【说明】

碑刻立于新街村坑尾后长安大道起点，花岗岩质，白石两柱落地，斗檐翘脊覆顶，黑石为碑，宽 118 厘米，高 100 厘米，碑文隶书横排。标题字径 7.4 厘米 ×5.2 厘米，正文字径 3.8 厘米 ×2.2 厘米，落款字径 3 厘米 ×2.3 厘米。记新街村旅菲、旅港乡亲及内地乡亲捐资助建长安大道事。

瑶厝村庆銮大道创建简志

　　旅菲华侨蔡锡铙先生偕夫人施秀绢女士，历来热爱祖国关怀桑梓。于一九八四年回国恳亲，鉴于村中道路跟不上时代发展之要求。在村两委会倡导鼓舞下，拟创建乡村道路连接公路之大道，承蒙锡铙贤伉俪慷慨解囊，负担创建大道之巨额开支，大道遂以其先严庆銮先生名字命名。

　　由村两委会牵头，里人同心协力，并承蒙茂亭、吕厝、山后邻村干群积极支持配合，庆銮大道于一九八五年开辟首期铺设石子路面，于二零零一年按规范标准铺设水泥路面。大道全长二千四百多米，道路所有用地一次性赔偿及铺设所有开支人民币壹佰柒拾多万元。

　　庆銮大道的创建是振兴瑶厝村的重大举措，对本里及周边德邻发展经济和社会各项事业具有十分重要意义。为褒扬乡侨蔡锡铙贤伉俪的爱国爱乡精神，特立芳匾，永作纪念，丰功伟绩，光耀桑梓，流芳百世。

瑶厝村两委会　校董会　仝立

老年会

二〇〇四年元月

【说明】

碑刻立于大（盈）深（沪）公路旧路龙湖镇瑶厝村（庆銮大道）路口，方石底座，嵌入红石碑板，宽 190 厘米，高 102 厘米。标题隶书，字径 9.3 厘米 ×6 厘米；正文楷书，计 3 段 21 行，字径 3.8 厘米 ×4.2 厘米。

碑刻之侧立有七级四面勒节石路牌，第七级圆球为顶，第六级镌"往瑶厝"及向右箭头；二至五级分别镌"庆銮大道"4 大字，一级为白石底座。

后宅学朴大道碑记

　　国造良才，家毓贤达，社会精英以其睿智凝铸宏志，报效于国，惠泽于民，此吾炎黄之传统。每凡远涉他邦，寄篱异域者，同有时萦孺思，深怀故土情愫也。吾村施教汉、教项、教蛟昆仲系先贤施学朴君之贤哲。年少背乡离井，同携旅菲营居，殚精开拓，竭诚进取、事业凤衷，不容囊锱。恤济窘群，献造公益、惠爱老叟福利，慷慨兴学、捐巨资参建尊道黉宇，建造露天舞台，启奠教育基金，联袂倡捐葺建钱江大宗祠。德睦族仁，躬亲宗谊，铺通联乡水泥大道，再次翻新路面并拓伸延长，完就后宅、前港血脉同根之连心路。善举功惠国家，利泽乡宗，爱国爱乡典范，荣获省政府颁勉嘉奖。誉著族林崇仰，乡民敬颂，村众感恩。

　　古有孟、仲、季美传，今尚汉、项、蛟硕德，承前启后，世代薪衍。伟业留存于历史长河，丰功刻载于千秋雄篇，藉引喜掬丹心题红榜，好研朱墨写春秋。罄书难表于万一。仅镌简记，爰以宣昭精神。

后宅宗亲　撰立

岁次甲申年[①]仲春

【说明】

　　碑刻立于省道308后宅村路口，系"后宅学朴大道"石质路牌之裙堵。黑石为碑，宽196厘米，高45厘米，碑文魏碑竖排。标题字径8.5厘米×8厘米，正文字径3厘米×2.3厘米，落款字径3厘米×2.3厘米。

"后宅学朴大道"石质路牌上款镌"旅菲爱国侨胞施教汉、教项、教蛟昆仲捐建",落款"后宅村两委　立,二〇〇四年三月"。基座分三层,底层雕吉祥花卉,二层凹入嵌碑刻;三层平台承托路牌。

注释:
①甲申年:2004 年。

后宅村自来水捐建碑志

百邑风华百邑兴，一方水土一方人。才俊辈出与时进，贤达蟊衍千秋吟。厚泽顶厦围支派，肇基吾村西北隅，启向钱江始祖陵园右脉胜地，素以富庶门户、人文声远著闻。派下世胄①施金印偕夫人施许秀越，携嗣施宣任贤媳施王丽芬，侨居香江。阖家凝心聚力创宏业，艰辛矢志竟有成。时萦故里兴荣事，根植思源献公益。修祖厅敬资数半，共焕孝堂丕宗光。独构供奉圣爷馆，铺通北衢南连之水泥路，响应茸颖镇境宝山宫，雁领拔筹捐巨镪。秉先德承祖风，兄友弟恭，豁襟若谷。翻固祖遗故居担大肩，济贫恤苦暗仁避誉。资教办学，惠泽梓榆晚年澍甘露。谋赞故里全面奔小康，金诺一掷叁拾万。完就洁质用水输管网，裨益桑梓福利。所及无巨细，累捐总额有近百万元。

是父有方施金印，伉俪执鞭为师表，达仁达智德彦称，玑珠彰耀播家声。诚孚众望恭谦范，荣膺乡会尊座连戴难。青出于蓝胜于蓝，是子施宣任，而立年华凌云志，睿智稳重胸成竹，高屋建瓴厂企楼宇蠹平川，雄踞深圳大地广毗肩，数千员工获滋润。巨讯（视）通闻四海，科技上品誉五洲，客商云集伟业蓬勃日月新。宝树叶茂栖凤麟，英年主舵不骄矜，不泯摇篮情怀深，积俸俭己愫乡心。美轮美奂乔梓荣，功业展翔日中天。芳名齐录当无愧，村册扉页镌世贤。国盛造英才，厚泽楩楠②栽。碑书乏词藻，爰励继往来。

后宅村全体宗亲　撰立

公元二〇〇四年八月

【说明】

碑刻立于旧泉围公路后宅村路口，花岗岩质，白石为座为台，前堵嵌入雕花青石；红石为碑，宽 158 厘米，高 85 厘米，厚 15 厘米，碑文隶书竖排。标题字径 6.2 厘米 ×5.1 厘米，正文字径 2.6 厘米 ×2.2 厘米，落款字径 3.2 厘米 ×2.3 厘米。碑身与碑座间砌黑石横匾："惠益厚泽功绩斐彰　旅港乡亲施金印许秀越伉俪荣铭公益碑"。原文无标点，以空格代之，现标点为编者据空格断句。

注释：

①世胄：世家子弟；贵族后裔。

②楩楠：黄楩木与楠木。亦泛指大材，栋梁之材。

同心篇

历山村位于秀丽的风炉山下，由于历代先祖依山而居，到上世纪80—90年代还没一条直达村里的大公路。

2000年初，几个盼路心切的历山贤达，自发组成了道路建设筹备组，同时向海内外乡亲发出倡议，发动乡亲捐款修路。在短短的几个月中得到海内外乡亲的热烈响应。旅港乡亲捐款19万元港币，内地乡亲捐款33万元人民币，部分村民踊跃献地。晋江市政府拨款15万元人民币，龙湖镇政府拨款3万元人民币，旅菲乡亲许自月捐款60万元人民币，铺设水泥路面。在各级政府的领导和关怀下，又得到灵秀镇政府和钞坑村委、村民的大力支持。历山海内外乡亲同心同德，为建大道谱写了新篇章。竣工后，将为历山经济的发展打下良好的基础。无私捐款及献地者和为道路建设献计献策和辛勤工作者将流芳百世，让人敬仰。

秀 山 村 委 会
历山村道路建委会　立

2004 年 10 月

【说明】

碑刻嵌于秀山村历山自然村书阔大道隘门柱，宽80厘米，高45厘米，碑文隶书横排。标题字径4厘米×2厘米，正文字径2.5厘米，落款字径2厘米×1.5厘米。

锡坑文韬路志

　　此路乃旅菲华侨文韬先生令郎振成先生于一九八九年承父遗训独资捐建，全程一千七百米，耗资人民币贰十陆万贰仟元。原建雄伟壮观路门一个，因扩公路拆迁路门。振成先生热心家乡公益，精神可嘉，特勒此石，以彰义举。

龙湖镇人民政府　立

二〇〇七年四月

【说明】

　　碑刻立于龙（湖）英（林）公路锡坑村段文韬路口，花岗岩质，两柱落地，柱面嵌入红石联板，镌冠头联"振声响海外，成事利乡邻"。斗檐覆顶。红石为碑板，宽118厘米，高60厘米，碑文行楷横排。标题字径5.3厘米×5.5厘米；正文计5行，字径4.3厘米；落款字径4.3厘米。记锡坑村旅菲华侨文韬先生令郎振成先生捐建文韬路事及拆除路门缘由。现碑名为编者加拟。

龙埔东大道碑铭

本里旅菲侨胞施纯昌先生暨吴金盾女士贤伉俪捐款贰拾万元，旅港同胞刘德伟先生暨吕梅梅女士贤伉俪捐款壹拾伍万元，共同铺建千米龙埔东大道。

二位乡贤屡献巨款兴建家乡公益事业，高德无量；今再次解囊建此大道，实现本里五路通途，俾吾村学子免受颠簸之累，且八方尽沾恩惠，真乃遂人心扬民威，深受四邻赞颂，过往人等有口皆碑。略铭片语，聊彰善举。

龙埔村两委会　老人会

于二〇〇九年春　立

【说明】

碑刻立于龙埔村东大道，白石为柱，红石为碑，上雕双狮戏球图案。碑宽120厘米，高71厘米。标题楷书横排，字径14.5厘米；正文隶变横排，计2段7行，字径2.5厘米×3厘米。现碑名为编者加拟。记龙埔村旅菲施纯昌、吴金盾伉俪，旅港刘德伟、吕梅梅伉俪共同捐建龙埔东大道事。

前港村施东方大道碑志

　　前港村地处闽南华侨之乡龙湖深沪湾畔，青山绿水，风景绚丽。在这肥沃的土地上孕育着一大批纵横商海、叱咤风云的海外企业界骄子，旅菲乡贤施良瑞先生是其中人物之一。

　　他于20世纪30年代初，幸得兄长施慈祥鼎力相助一切费用，踏上异国他乡，往菲谋生。他勤奋好学，吃苦耐劳，经历几十年的艰苦磨砺，造就他成为一个体魄健壮、能吃苦耐劳的成功企业巨星。夫人许白菊毕业于莆田圣路加助产医护学院，曾在家乡接生数百人，医德可芳，慈母典范，曾荣获菲华第一届模范母亲的光荣称号。他们的一生以艰苦益壮志，雄心砺所为，平素信奉"耶稣基督"。他们"身在海外，心系家乡"，为人朴实，平易近人，不显山不露水，一年一方业绩，一步一个足迹，致富不忘报效祖国。先后慷慨捐资数百万人民币建设毓英中学运动场，捐资近百万人民币建设毓英中心小学运动场、体育馆等教学设备，九十年代捐资近百万人民币铺设前港村环北至深沪站头水泥大道，零九年又捐资50多万元人民币铺设以其长子命名的施东方水泥大道。先生此善举是为了启发后代不忘故乡之情，造福桑梓，以利国利民为己任。

良瑞夫妇齐家有术，教子有方，令郎施东方学贯中西，荣获菲律宾十大杰出青年称号。现任菲华商联总会董事及工商组主任，嘉南中学董事长，青年商会会长。令媛均毕业名校，学有所长而成为服务一方的社会栋梁。其家族深受各级政府的赞誉、乡亲的爱戴。为深表对先生及家属的衷心感谢，垂范后人，特立此碑，永作纪念。

中共前港村支部

前 港 村 委 会　　　敬立

二零零九年五月

后角建委会

【说明】

　　碑刻立于沿海大通道前港村（路段）施东方大道隘门前，宽190厘米，高80厘米，碑文隶书横排，碑顶嵌入施良瑞、施东方父子影雕肖像。标题字径8.5厘米×6.5厘米；正文计2段16行，字径6厘米×4.5厘米；落款字径4厘米×3.5厘米。记旅菲乡贤施良瑞、许白菊伉俪捐资家乡公益事业暨家族成员事。

　　施东方，菲华实业家，现任菲华商联总会（商总）第34届理事长。

捐建前港村自来水工程荣誉碑志

前港村位于晋江之南，为闽南金三角要地之一，具有一千一百多年悠久历史。古往今来，几代人在这凝聚着深情的土地上默默耕耘，创造自己美好的家园。随着祖国改革开放三十年历史巨变，工业建设迅速发展，工业污染源排放严重，造成前港村地下水污染，极大危害全村近千户村民的身体健康。在危难之时，欣逢二〇〇七年农历七月二十二日，我村老人协会会长施东海先生八秩寿庆，其长女婿（中国柒牌集团董事长）洪肇设先生、长女施丽娜女士，慷慨捐资人民币柒拾捌万元，支持本村自来水工程建设，当年全村村民就饮用到安全卫生的自来水。

洪肇设、施丽娜伉俪是祖国改革开放我市优秀企业家，历来对我村公益事业非常关心，先后多次捐资支持我村老人协会、尊道小学、慈善机构等经费。为衷心感谢洪肇设、施丽娜伉俪的善举，饮水思源，垂范后人，特立此碑作永久纪念。

中共前港村党支部
前港村委会　立
公元二〇〇九年十月

【说明】

碑刻立于龙湖镇前港村北示头，宽 165 厘米，高 71 厘米，楷书横排。标题字径 7.7 厘米 ×8 厘米；正文计 2 段 9 行，字径 3.5 厘米。记施东海先生长婿洪肇设、长女施丽娜捐建前港村自来水工程事。现碑名为编者加拟。

杭边村自来水工程流芳碑

流　芳　碑

旅菲侨胞 洪我景先生 施秀润女士 贤伉俪：
　　热心捐资人民币柒拾万元赞助建设本村自来水工程，为改善村民生活质量做出贡献，德泽桑梓，永世流芳。

杭边村委会　立
二〇一〇年七月

　　旅菲侨胞洪我景先生、施秀润女士贤伉俪，热心捐资人民币柒拾万元赞助建设本村自来水工程，为改善村民生活质量做出贡献，德泽桑梓，永世流芳。

杭边村委会　立
二〇一〇年七月

【说明】

　　碑刻嵌于杭边村委会办公大楼外墙，宽101厘米，高60厘米，碑文横排。标题魏碑，字径5厘米；正文楷书3行，字径2.5厘米×3厘米；落款字径2.5厘米×3厘米。现碑名为编者加拟。

庄厝村水泥大道（西山路段）碑铭

修桥造路，便于交通，造福子孙，千秋万代。旅菲华侨庄自训先生于一九八六年在泥泞土路上盖上方石砖，成为四通八达石板路，达二十多年之久，深受乡亲怀念其丰功佳绩至今。

今石板路经安装自来水，挖管道破损，村中企业人士、有识之士一致赞同并慷慨解囊捐资，发动海内外侨胞捐资，在共同努力下，共同拼搏，将于完成水泥大道铺设，利于行走便于输道，坦荡四方。

书以志史，后人之鉴，勒碑为念。

庄厝村老年协会　立

公元二〇一一年十月

【说明】

碑刻立于湖北村庄厝自然村湖滨路口，花岗岩两柱落地，白石为柱为梁，红石为碑，宽110厘米，高60厘米，碑文隶书横排。标题字径6.5厘米×4厘米；正文计3段9行，字径3.5厘米×2厘米；落款字径3厘米×2.5厘米。

重铺石龟自业大道记

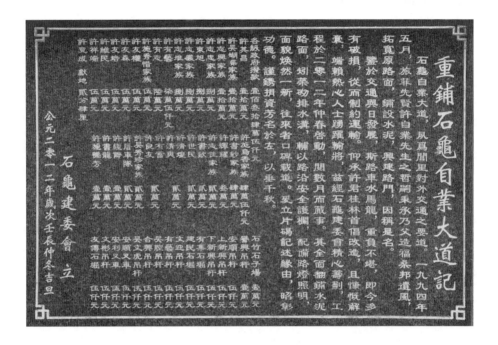

石龟自业大道，凤为阃里对外交通之要道。一九九四年五月，旅菲先贤许自业先生之哲嗣秉承乃父造福桑邦遗风，拓宽原路面，铺设水泥，兴建路门，因称是名。

鉴于交通与日发展，斯路车水马龙，重负不堪，即今多有破损，从而制约运输，仰承许君桂林首倡改造，且慷慨解囊，端赖热心人士踊跃输将，兹经石龟建委会精心筹划，工程于二零一二年仲春启动，阅数月而藏事[①]。其全面翻铺水泥路面，矧[②]筑砌排水沟，辅以路沿安全护栏，配备路灯照明，面貌焕然一新，往来者口碑载道。爰立片碣[③]记述缘由，昭彰功德。谨镌捐资芳名于左，以垂千秋。

（以下捐资芳名略）

石龟建委会　立

公元二零一二年岁次壬辰仲冬吉旦

【说明】

碑刻立于石龟村自业大道，花岗岩质，白石两柱满地，碑身红石，上覆白石檐顶。碑身宽120厘米，高80厘米，碑文竖排。标题魏碑，字径5.5厘米×6.2厘米；正文隶书，计2段9行，字径3.2厘米×2.2厘米。碑志左列捐资芳名。记翻铺石龟自业大道事。

注释：

①葳事：葳，完成；解决。葳事，事情办完。

②矧：况；况且。

③碣：古代称圆顶的石碑；现指石碑。

鲁东志民路重建碑志

志民路由旅港同胞施志民先生始建于一九九一年。因年久破损，今由施志民先生再次牵头捐资且鲁东番王爷佛委会捐助壹万贰仟元翻建而成水泥路。为记功勋，以励志士，特勒此碑。

鲁东村两委会

2013 年元旦

【说明】

碑刻立于鲁东村志民路，两柱落地，斗檐压顶，碑板宽 126 厘米，高 59 厘米，碑文隶书横排。标题字径 7 厘米 ×5 厘米，正文字径 4.2 厘米 ×3 厘米，落款字径 4 厘米 ×3 厘米。

瑶厝庆銮大道序志

我村基于偏郊，地处攀陵。道路羊肠崎岖，往来隘阻。

世代步履艰难，徒劳幻叹；幸庆銮令三郎、媳，锡鑪先生、秀绢女士，

身涉远洋谋生，心怀故里；一向热忱公益，资济乡井。

全程耕地损失，赔偿分明；小建筑物拆迁，付诸兑清。

建费玖拾陆万，独当承担；开辟康庄大道，交通舒便。

村貌展焕异彩，众望所归；为纪念其善举，修建雨亭。

取名为善心亭，名副其实；过往憩息避雨，便利群众。

历经风雨洗礼，破损难观；锡鑪先生、秀绢女士子女，继承遗志。

向来关爱桑梓，热心公益；慷慨捐资重建，耗资捌万。

如今翻建簇新，环境优美；感念德厚义深，勒石铭志。

老年协会

瑶厝村　两　委　会　立

校　董　会

一九八六年岁次丙寅孟春首建

二〇一三年岁次癸巳夏月重建

【说明】

　　碑刻嵌于瑶厝村庆銮大道"善心亭"两柱间，花岗岩黑石，宽70厘米，高110厘米，碑文竖排。标题隶书，字径4厘米；正文系6+4言形式，计20行，其中"郎锡鑪先生、媳秀绢女士""锡鑪先生、秀绢女士"并列作一行。

石龟玉湖修缮水泥路面碑志

　　欣逢和谐盛世，是以安居乐业。感念侨亲，热心公益，铺砌石路，惠泽山海。国施仁政，美丽乡村，整治环境，修缮路面。内外贤达，同心同德，协力共资，原建重捐，节俭禫①礼。历时数月，新颜整饬②，往来平达，惠及民生。懿行善举，勒石弘长，继往冀后，续谱新篇，以光玉湖之风。

　　旅港許振华家属　玖万陆仟元

　　（以下捐款6笔略）

玉湖理事会

二〇一三年冬月　立

【说明】

　　碑刻立于石龟村玉湖份，宽32厘米，高69厘米，右镌《修缮水泥路面碑志》，左镌《玉湖体育环境卫生设施捐资芳名》。碑志部分标题字径4.3厘米×3.4厘米；正文计7行，字径3.8厘米×3.4厘米，碑志之左列7笔捐款。

注释：

①禫：古代除去丧服的祭礼。

②整饬：使有条理；整顿。

内坑自来水工程碑记

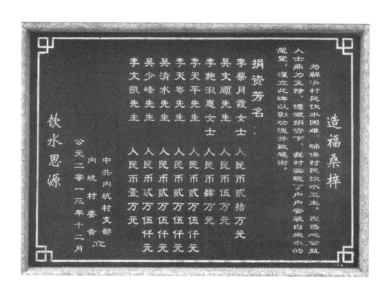

为解决村民饮水困难，确保村民饮水卫生，在热心公益人士鼎力支持、慷慨捐资下，我村实现了户户安装自来水的愿望，谨立此碑以彰功德并致感谢。

捐资芳名：

李蔡月霞女士　　人民币贰拾万元

吴文顺先生　　　人民币伍万元

李施淑惠女士　　人民币肆万元

李天平先生　　　人民币贰万伍仟元

李天岑先生　　　人民币贰万伍仟元

吴清水先生　　　人民币贰万伍仟元

吴少峰先生　　　人民币贰万伍仟元

李文凯先生　　　人民币壹万元

中共内坑村支部
内 坑 村 委 会　立
公元二零一三年十二月

【说明】

碑刻立于内坑村委会前，花岗岩两柱落地，斗檐覆顶，黑石为碑，宽 87 厘米，高 60 厘米，碑文隶书竖排。正文字径 3 厘米 ×2 厘米；落款字径 2.5 厘米 ×1.8 厘米。左右两侧分别镌"造福桑梓""饮水思源"。现碑名为编者加拟。

石龟仁和路碑记

　　旅港侨胞振华乡贤，生平急公好义，造福桑梓，事亲至孝，一九八八年以其父经源先生名义捐资铺砌"仁和路"石砖路面，方便乡人交通，功德无量。今振华乡贤令嗣四兄弟姐妹蓉蓉、欣欣、建群、建林秉承父志，捐资将该路改造为混凝土路面。此代代相传、热爱家乡利乐众人之义举，万古流芳。特勒石志之。

石龟村民委员会

二零一四年十月

【说明】

　　碑刻立于石龟村仁和路，花岗岩质，宽102厘米，高62厘米，碑文魏碑体竖排。标题字径3.5厘米×4厘米；正文计12行，字径3.2厘米×3.6厘米。记旅港许振华乡贤暨其哲嗣捐建仁和路事。

秀山书篮亭志

　　许有超乡贤系秀山村四柱房份书篮公长孙，自诚公长子。年少聪颖、好学上进，先后就读于秀山小学、石光中学、南侨中学、福州大学，寒窗勤苦，终成栋才。回想求学当年，先父渡菲，初习陶朱①，经济拮据，僧多粥少。眼见白发苍苍的老祖父仍风尘仆仆，率男携女，躬身南亩②，感慨万千，即以半工半读帮家略缓燃眉之急。毕业后不辱使命，专心致志，默默耕耘，政绩斐然，深得上级好评。

　　欣逢盛世，先生挈妇将雏③寄居港埠④，几经奋拓，铢积寸累⑤，初期与好友合办服装厂，后应三明市所邀，以自身特长创办机械厂。天道酬勤，夫妇同心，父子同德，事业蒸蒸日上，遂成闽西骏业。

　　先生秉性，淡泊律己，急公仗义，村中公益事业，无不踊跃输将。更可贵的：时至暮年仍壮心不已，先里族之忧而忧！后父老之乐而乐！急公众所需而为，慷慨解囊，修建本里南隅水泥大道，恩泽邻里。如斯典型，殊足钦仰，丰功伟绩，堪以彪炳。爰建造有超大道纪念路门牌坊，并叨其先祖父在世高尚品德，遂建书篮亭一座，立碑勒石昭示后人。

宗人经业撰文

秀山村两委会

共和岁次甲午年⑥冬

【说明】

碑刻嵌于龙湖镇秀山村有超大道书篮亭两柱间，宽 127 厘米，高 62 厘米，碑文隶书竖排。标题字径 4.3 厘米 ×3.6 厘米；正文计 3 段 29 行，字径 3 厘米 ×2.2 厘米；落款字径 2.8 厘米 ×2.3 厘米。记旅港乡贤许有超先生捐建秀山村有超大道事。

注释：

①陶朱：即陶朱公。此处指经商。陶朱之道，即经商之道。

②南亩：谓农田。古时田土多向南开辟，故称。躬身南亩：躬耕南亩。

③挈妇将雏：带着妻子儿女。鲁迅《南腔北调集·为了忘却的记念》："惯于长夜过春时，挈妇将雏鬓有丝。"

④港埠：香港。

⑤铢积寸累：一铢一寸地积累。形容一点一滴地积累。

⑥甲午年：2014 年。

栖梧建电碑记

旅菲侨胞吴泽担先生于一九七八年独资捐建全村输电工程。此等善行义举，广受乡亲赞扬，无限怀思。为志旅菲贤哲对桑梓之热心及奉献，重勒此石，以铭之。

栖梧村 两委会 立
老人会

二〇一五年十二月

【说明】

碑刻嵌于西吴村委会前挡土石墙，黑石为碑，红石嵌边，宽66厘米，高40厘米，碑文隶书竖排。碑刻无标题，现碑名为编者加拟。正文及落款字径3.5厘米×2.5厘米。记旅菲乡亲吴泽担捐建全村电力工程事。

西吴村，旧写作"楼梧""栖梧""栖吴"。现该村小学仍名"栖梧小学"。

石龟看东大道重建碑记

原看东大道石砖路面，系旅菲华侨经典先生家族于公元一九八二年捐建，北起宫埕口，西至库池，南至顶溪桥，全长约四百米。正值全村自来水工程启动建造及育策祖宅兴建之时，经典先生贤裔书勇、丽华、月华、书敏昆仲慷慨再捐巨资六十五万元人民币，铺造水泥路面，并南延一百米，建造纪念亭一座，使本角的风貌焕然一新。先生家族热心公益之义举，有口皆碑，功德无量，堪以传颂，故勒碑记之。

石龟许厝村看东角理事会

公元二零一七年十一月三十日　立

【说明】

碑刻立于石龟村看东大道，宽112厘米，高50厘米，隶书竖排。标题字径4.1厘米×2.7厘米；正文计14行，字径1.7厘米×1.3厘米。记旅菲乡贤许经典先生暨令哲裔两度捐建石龟看东大道事。

重建鸳鸯港敬老桥志

此地古时是鸳鸯港连接衙口（始称浔溪、南浔）古镇南来北往之交通中心枢纽。是故此地架桥自古有之。爰地因桥而名，桥因结构而称。久而久之，此地有殊称，曰"柴桥头"、曰"石桥头"，二名通称，自古沿袭至今。

顾名思义，此地古时之桥，始初当是木桥，俗称"柴桥"。"柴桥"不堪山洪及海潮冲击，继而采用石材结构，世称"石桥"。如是，桥变位不变，历经世代交替，习惯使然形成此处一地多名有殊称。

石桥历代几经修葺沿用至今。现于残存的主体梁构上，依稀可辨斯桥是由巨型白石（砻石）构成；有三墩四孔，宽八尺许，长五丈多。

公元一九九六年元月，为便于一般机动车辆通行，由衙口（南浔）敬老协会首倡重修；于桥墩周砌条石加固；桥面仍以石板加宽、上覆以钢筋混凝土、两侧新置护栏。由是雅称"敬老桥"。时下港湾淤塞，桥洞逼窄，已难以排洪，况桥面狭小更不适应现代交通，尤甚者是石桥混合结构有诸多隐患，亟须予以重新构造。

旅港乡贤施能狮先生自小聆教于父母而明孝道，及长大后受学于前辈而崇仁义。是乃邦家情怀，德业日兴。幸兹公元二零一八年清时，先生秉承先父施性食老大人顺亲敬老之遗训，谨遵慈母玉华老人家修桥造路之教诲，克顺慈母意旨，简办母氏寿筵，慨捐人民币玖拾捌万元以襄梓里衙口、南浔两村重建鸳鸯港"敬老桥"。

庀工^①经始，规划缜密，精细选材，走向沿袭，协传统民俗之构思，洽现代工艺之构式。是以：规模恢宏且流畅，气势磅礴而坦荡。喜看今日古桥新貌巍峨壮观，不尽感佩先生令德梓里日益绚彩增光！雅是：

一桥飞架鸳鸯港 永世难忘父母心

为纪盛事，弘扬施能狮先生顺亲敬老、热爱梓里公益事业之盛举，谨勒石志之！

衙 口 村 委 员 会
南 浔 村 委 员 会
衙口、南浔老年协会
于公元二零一八年冬

【说明】

碑刻立于龙湖镇衙口——南浔村鸳鸯港"敬老桥"北桥头，白石为座。碑文镌于红石之上，高125厘米，宽197厘米。竖排。标题行楷，字径8.5厘米×7厘米。正文隶变，计7段24行，字径4厘米×2.8厘米。两侧石柱镌联："一桥飞架鸳鸯港，永世难忘父母心。"两联板各21厘米×130厘米。

注释：
①庀工（pǐ gōng）：召集工匠，开始动工。

埔头通海大道思源大道碑记

思源大道 ←→ 埔头通海道
中　路

通海大道、思源大道自埔头海口道至石龟云峰中学路口，是埔头、瑶林、蒲蓉三个自然村的交通要道，经历几十年的沧桑风雨，从一条闭塞的村间小路，在海内外乡亲的共同努力，开拓成如今宽阔畅通的水泥大道。

通海大道自埔头中路口往东至海口路，于一九八七年由菲律宾侨胞捐资开拓土路面，并命名为"埔头大路"至一九九九年菲律宾乡贤施议钧先生独资捐建水泥路面，更命名为"埔头通海道"。至今已二十多年，由于埋设自来水管道、污水管道工程破路施工致使道路受损，即二0二0年二月间施议钧先生其子施文聪、施文明昆仲继承父志，关爱家乡，助力桑梓，重建埔头通海大道。

思源大道自埔头中路口往西至石龟云峰中学路口交界处，以前曾称"甘蔗路"。其因在八十年代埔头、瑶林、蒲蓉村种植甘蔗，收成季节需外运加工，在运输道路极成最大困难，即于一九八四年由政府资助，村民献工出力，无偿献地开辟一条供运甘蔗的土路。

于一九九六年台湾乡贤施振钦先生不忘初心，情系故乡，带头捐资，并领台湾乡贤施西田、施宪章、施煌平、施东海、施金山、施皆舍、施锦川、施民雄、施文藕、施学哲、施学锴、施荣州先生捐建水泥路面。为感恩台亲对故乡的无私奉献，思念情深，故将此路命名为"思源大道"。历经近三十年的道路均已老化，破损严重，高低不一，车辆行驶存在安全隐患，即此二0二0年二月由长期关爱公益事业的奉献者，在海内外享有声誉的埔头旅居澳门乡贤施人玮曾名拱南先生独资耗巨资重建思源大道。

埔头村民委员会 敬立
公元二0二0年八月

　　通海大道、思源大道自埔头海口道至石龟云峰中学路口，是埔头、瑶林、蒲蓉三个自然村的交通要道，经历几十年的沧桑风雨，从一条闭塞的村间小路，在海内外乡亲的共同努力，开拓成如今宽阔畅通的水泥大道。

　　通海大道自埔头中路口往东至海口路，于一九八七年由菲律宾侨胞捐资开拓土路面，并命名为"埔头大路"。至一九九九年菲律宾乡贤施议钧先生独资捐建水泥路面，更命名为"埔头通海道"。至今已二十多年。由于埋设自来水管道、污水管道工程破路施工致使道路受损，即二0二0年二月间施议钧先生其子施文聪、施文明昆仲继承父志，关爱家乡，助力桑梓，重建埔头通海大道。

　　思源大道自埔头中路口往西至石龟云峰中学路口交界处，以前曾称"甘蔗路"。其因在八十年代埔头、瑶林、蒲蓉村种植甘蔗，收成季节需外运加工，在运输道路极成最大困难，即于一九八四年由政府资助，村民献工出力，无偿献地开辟一条供运甘蔗的土路。

　　于一九九六年台湾乡贤施振钦先生不忘初心，情系故乡，带头捐资，并领台湾乡贤施西田、施宪章、施煌平、施东海、施金山、施皆在、施南溪、施锦川、施民雄、施文藕、施学哲、施学锴、施荣州先生捐建水泥路面。为感恩台亲对故乡的无私奉献，思念情深，故将此路命名为"思源大道"。历经近三十年的道路均已老化，破损严重，高低不一，车辆行驶存在安全隐患。即此于二〇二〇年二月由长期关爱公益事业的奉献者，在海内外享有声誉的埔头旅居澳门乡贤施人玮（曾名拱南）先生独耗巨资重建思源大道。

埔头村民委员会　敬立

公元二〇二〇年八月

【说明】

碑刻立于龙湖镇埔头村埔头通海大道与思源大道交接路口，临埔头文化广场。花岗岩质，"H"形白石为座，上架黑石碑身，宽186.5厘米，高87.5厘米，碑文黑体横排。原标题中有左、右、下三个方向的箭头，分别指向思源大道、埔头通海道及中路，字径6.7厘米。正文字径2.5厘米，落款字径3.5厘米。现碑名为编者加拟。

新内坑风水潭重修碑记

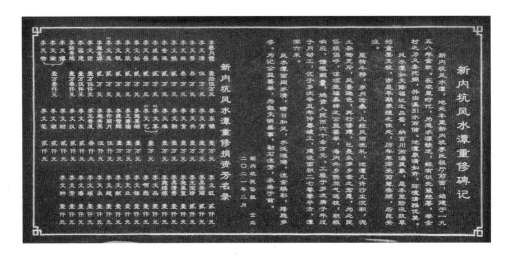

新内坑风水潭,地处本里新内坑李氏祖厅前面,始建于一九五八年金秋。在农垦时代,为恐水源缺乏,经有识先辈统筹,举全村之力义务挖掘,并由溪引水而储。池潭泉清如许,环境清雅优美。

风水潭如天降福祉之品鉴,纳百川而涵灵象,是本里防汛抗旱的重要支柱,亦是早期养殖之佳处,历年来深受前辈垂顾,后昆关注。

星转斗移,岁月沧桑,几经风雨洗礼,池潭几许沙尘沉积,泥土杂物充斥,风景逊色。再行修建,已是众多乡亲之宏愿,为此民俗组倡呼,该项造福桑梓之公益善举,海内外乡侨同气连枝,积极响应,慷慨解囊,鸠资人民币六十余万元。工程于岁次庚子年戊子月动工,讫于岁次辛丑年仲春竣工,建设面积二七零零平方,潭深六米。

风水潭面阔水清,晴日和风,水泛涟漪,流金焕彩,旖旎多姿。为记公益善举,为叙文明盛事,勒石流芳,永垂于兹。

新内坑民俗组 仝立

二〇二一年二月

新内坑风水潭重修捐资芳名录

李蔡月霞	壹拾伍万元	李天清	伍万元
李天要	叁万元	李天枢	叁万元
李文焕	贰万元	李秀连	贰万元
李成美	贰万元	李天岳	贰万元
李文灿	贰万元	李天欣	贰万元
李文凯	贰万元	李文忠	贰万元
李施金婵	贰万元		

（以下捐资 39 笔，略）

【说明】

　碑刻立于内坑村新内坑风水潭护栏之上，水泥仿树木造型为柱为架，花岗岩质，宽 156 厘米，高 72 厘米，碑文隶书竖排。标题字径 4.5 厘米 ×3 厘米，正文字径 2.3 厘米 ×1.8 厘米，落款字径 2 厘米 ×1.5 厘米。

溪前我于桥碑志

溪前村位于钞井溪与马山溪交汇处，地势低洼，溪流湍急，若遇山洪暴发殃及田宅，因溪流落差大，溪床宽约十丈，溪底沟壑深，长满了苦芦草。使村民日常农耕受尽涉水之苦。

解放后，农田集体耕种。六十年代，老一辈村干部为了改善村民每天过溪之不便，举全村之力，义务献工拉角石、扎溪根，填一条仅三米宽的溪底石便道，挡住了水土流失，缓解了村民往返之便。可是当时物资匮乏，质量经不起洪水的考验，曾几次被大水冲垮。虽后来屡有加固拓宽，也只能暂时缓解人、车的来往。但低、窄、陡、弯现象，使车辆带来诸多不便和安全隐患。一旦涨洪即人、车受阻。

二〇一七年，祖杭洪先生回乡省视时，目睹溪前村出入之咽喉溪底桥，存在困难及危险后，看在眼里，急在心中。为了改善村民车辆顺畅安全，便慷慨解囊，捐资修建这座跨度十六米、宽十米的钢筋混凝土梁式大桥。桥两端四根桥桩固入石层，工程质量标准牢固；桥面栏杆为青草石浮雕石板，其雕刻之花鸟栩栩如生，充分体现了闽南传统古建筑之风格。本工程于二〇一七年六月动工，二〇一八年四月竣工。为纪念祖杭先生家族世代慈善之盛举，以祖杭先生之先严洪我于命名"我于桥"。

如今，承蒙祖杭先生之恩泽，修桥造路之壮举，使我村及来往客人如沐澍濡①。从此桥通、路通。我们坚信，祖杭先生为溪前的发展添上了腾飞的翅膀。为铭记祖杭先生对家乡的热爱和关怀，感恩、昭示后代，造福桑梓，功著丹青，勒石为铭，以励来兹。

溪前村建委会　立

二〇二一年六月

【说明】

碑刻立于龙湖镇溪前村我于桥西，独立基础，黑石为碑，两柱镌冠头联"我仁桥头思古往，于临道口看今朝"，斗檐覆顶。碑刻宽150厘米，高110厘米，碑文竖排。标题楷书，字径6厘米；正文隶书，计4段，字径3.8厘米×2.5厘米；落款字径3.8厘米×2.5厘米。

注释：
①澍濡：时雨滋润。多比喻承受恩泽。

洪溪大道碑志

　　盖闻修桥造路，乃仁行之本，积德之源，记取古训良箴，人龙自可毓也。吾乡旅菲巨贾、SM集团施至成老先生，岷山羁旅，无忘摇篮之地。置火电，一村不夜；兴学园，有口皆碑。慨解义囊，为偏僻山乡开阔视野，育才树人，活跃经济。三十年前实现北通苏坑乡之洪溪大道，尔后西贯福林之大道蓝图在抱。叹心愿未了，幸薪火相传。膝下子女为承先严遗志，于公元二零二零年岁次庚子菊月启动建设工程，绵延五佰米，于岁次辛丑冬月告竣，总耗资六佰万元。挥开大手笔，展现美画图，举步康衢何快哉！村貌皆生色，山容倍壮观；后贤存大爱，盛业等闲看。至成老先生及其家属造福一方，居功甚伟。为彰其善举，特勒兹贞珉[①]，永志千秋。

龙湖镇洪溪村委会　校董会　老人协会　立

里人撰书

公元二零二二年元旦大吉

【说明】

　　碑刻立于龙湖镇洪溪村洪溪大道一侧，白石为座，黑石为板，红石雕万字框镶边，上下雕吉祥花卉，左右两柱镌冠头联："至敬公心培令胤，成然大笔绘康庄。"碑宽 198 厘米，高 68 厘米，碑文行楷竖排。标题字径 5.3 厘米 ×7 厘米；正文计 25 行，字径 4.1 厘米 ×4.2 厘米。记施至成先生诸哲嗣捐建洪溪大道事。

注释：
①贞珉：石刻碑铭的美称。

侨英天桥建设碑志

晋江龙湖之境，后坑古村，衔古韵，咏新风，有英溪如锦带，滋养历史，有村民聚民慧，绘就新貌。有路龙英，居要道，成枢纽，商旅往来，车水马龙，络绎不绝。孩童求学，老幼出行，险象环生，牵肠挂肚；为铺筑安全之通道，修造无虞之桥梁，造福乡里，呵护百姓，实乃村民夙愿。戊戌岁末，海内外乡贤酝慈酿善，勠力①同心，献言建策，慷慨解囊，筹造"侨英天桥"。遂天桥如虹，通架南北，直抵人心，此福祉善行功德无量，当铭文永志，铸德传世！

——张百隐撰

中共龙湖镇后坑村总支部委员会

龙 湖 镇 后 坑 村 民 委 员 会

二零二二年八月

【说明】

碑刻立于龙英公路龙湖镇后坑村路段"侨英天桥"之下，独立基础，白石为座，束腰雕花；红石为碑，宽235厘米，高100厘米，厚14厘米。碑文隶书横排，标题字径8厘米×5厘米；正文计7行，字径5厘米×3.6厘米；落款字径4厘米×2.8厘米。

注释：

①勠力：勉力、并力。通力合作。

第四辑

社会事业

龙湖侨联大厦碑志

  龙湖乡地处我省东南沿海，面积陆拾贰平方公里，人口捌万多，侨眷属陆万肆仟余人，占总人口佰份之捌拾。海外华侨、港澳同胞拾贰万伍仟多人。他们素有爱国爱乡的光荣传统，为祖国和家乡建设作出积极的贡献，誉称全国著名侨乡。

  吾乡山明水秀，人杰地灵；俊彦之士，代有其人。旅外侨亲飞黄腾达，经济繁昌，盛况空前。而住居桑梓者，士农工商各称其职，各展其业，实不愧为文明繁华之侨乡。然吾乡侨联之旧会所适应不了当前形势之所求，年来侨港胞回乡旅游探亲者日益增添，夜宿无着，接待无处，诸多不便。为进一步繁荣侨乡事业，振兴龙湖，便利乡侨回乡停居有所，使龙湖真正成为名副其实之著名侨乡，故在上级有关部门及乡党委、政府的关怀领导下，在侨联全委的努力下，因据吾乡部分侨胞之倡导，发动兴建新型之侨联大厦。欣得广大华侨、港澳台同胞之热烈响应，慷慨捐资人民币　佰多万元，于壹玖捌捌年伍月兴工，壹玖玖零年伍月告竣，如今一座贰玖零柒平方米宏伟壮观之侨联大厦屹立于东海之滨龙湖大地。

  除将诸捐资芳名另勒石留念外，特立此碑鸣谢。祈望再接再励，于百尺竿头更进一步，共同为振兴中华、繁荣吾乡经济而继续努力！

龙湖乡归国华侨联合会
龙湖侨联大厦建委会　立
公元壹玖玖壹年柒月

碑刻嵌于龙湖镇侨联大厦逸云亭两柱间，花岗岩黑石，宽233厘米，高59厘米，碑文楷书竖排。标题字径4.2厘米×4.5厘米；正文计3段40行，字径3.3厘米×4厘米；落款字径3.3厘米×3.5厘米。

文中"慷慨捐资人民币"与"佰多万元"中间空一格，意指壹佰多万元。

捐建侨联大厦芳名碑

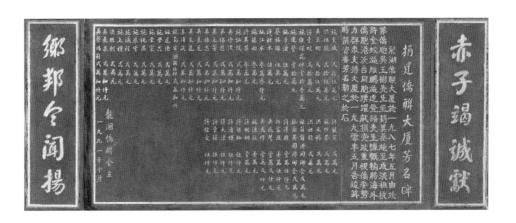

　　龙湖侨联大厦于一九八七年五月由旅菲侨胞吴玉树先生主持奠基，施至成、洪祖杭、许金蛟、施维鹏、施连登诸先生慷慨输将，海外侨胞、港澳台同胞踊跃献捐，党政重视，侨委努力，群众支持，大厦于一九九零年五月告竣。兹将捐资者芳名勒之于石。

施至成贰拾伍万元	洪祖杭贰拾伍万元
吴玉树贰拾伍万元	许金蛟贰拾万元
施维琛昆仲壹拾壹万元	施连登壹拾万元
施子清伍万元	蔡锡鐪伍万元
许秋水伍万元	施江水叁万叁仟元
施振南叁万元	许其昌叁万元
施灿悦贰万肆仟元	吴修流贰万肆仟元
吴绵趁贰万肆仟元	吴文芳贰万肆仟元
吴振忠贰万肆仟元	吴良元贰万肆仟元
吴文远贰万肆仟元	吴清流贰万肆仟元
吴长泉贰万肆仟元	旅菲古湖联络组贰万肆仟元
吴蔡玛莉贰万肆仟元	施建德贰万元
施学共贰万元	施荣宗贰万元

施纯昌贰万元	施展望贰万元
施议程贰万元	施文种贰万元
洪胜利贰万元	许龙宣贰万元
施性答贰万元	洪天锡贰万元
洪祖粒贰万元	旅菲前港同乡会贰万元
旅菲英园同乡会贰万元	何富强壹万伍仟元
许泽特壹万伍仟元	吴民声壹万贰仟元
吴民修壹万贰仟元	施涌铭壹万元
许树桐壹万元	许自灿伍仟元
许清辉伍仟元	许天津伍仟元
许金枪伍仟元	许经文伍仟元

龙湖侨联会立

一九九一年十月

【说明】

碑刻嵌于龙湖侨联大厦一楼玉树厅中墙，黑页岩质，宽208厘米，高85厘米，碑文竖排。标题行楷，字径5.1厘米×5.3厘米；序文隶书，字径4厘米×3.3厘米；落款行楷，字径3.2厘米。碑文两侧镌对联"赤子竭诚献，乡邦全闻扬"。捐资芳名分上下两列，计48笔。

岱阳朝晖楼碑铭

　　楼阁壮丽胜观，流芳启后昆，系由爱国爱乡旅港侨亲吴身树先生慷慨解囊捐建，于一九九二年二月动工，十二月七日竣工。

　　身树先生热心公益造福村民，精神可钦，谨勒此碑以作永志。

埭头村建委会　立

壬申年孟冬

【说明】

　　碑刻嵌于埭头村朝晖楼（即埭头村老人活动中心）戏台后墙，高89厘米，宽120厘米，碑文行楷竖排。标题字径7厘米×8厘米；正文计11行，字径6厘米×7厘米；落款字径7厘米×8厘米。现碑名为编者加拟。

　　朝晖楼坐北朝南，高二层，檐口覆砖红色琉璃，晒台嵌"岱阳朝晖"，檐外装"埭头村老人活动中心"钛金字一组。

龙园村委老协会新楼及菜市场兴造记

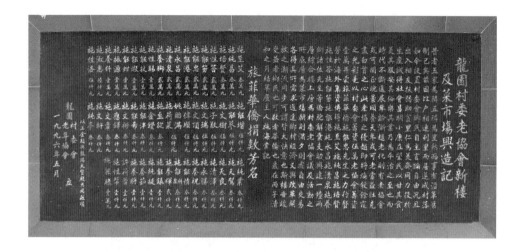

　　昔者五家为邻，五邻为里，然而事有沿革，旧制已矣。兹因比户相连，列里而居，遂成村落。如今设置村委会，乡邻自主，言论自由。况且出入相友，扶弱助贫，里仁为美齐同力。后于生产，诚得社会昌明，小康在望，民以甘其食、美其服，安其俗，乐其业，乃为平治之至也。而时代不断进展，年龄渐趋老化，则有老协会，或可闲正晚景，颐养天年，或可老当益壮，克尽白首之心，此老协之优越，即将焕发余霞之光彩。是以村委会筹资伍万，老协会筹资壹万，并蒙旅菲华侨施能忠先生之力行贤劳于海外集资，博得施至艾、施纯昌、施培贤、施性答、施能笃、施能港、施永昌、施清泉、施养狮诸位先生等侨胞解囊支助，兴建一幢两层综合楼。上层为村委、老协会议及活动之所，底层为菜市场。朝则满，夕则虚，自由交易，各得其所，需求通达乡村，经济又与改革开放之潮流同步，可谓皆大快意也。斯楼告竣，受益者乡民也，可敬者，华侨也。岁在丙子清和之月，结草庐主人施海棠记。

旅菲华侨捐款芳名

（以下捐资 52 笔略）

以上金额与龙瑞大宝殿为同款项

龙园　村 委 会　立
　　　老年协会
一九九六年五月

【说明】

碑刻嵌于龙湖镇龙园村菜市场架空层二层横梁，记龙园村旅菲乡贤捐资助建村委会、老协会综合楼事。

石龟经典淑柿楼碑志

　　缅怀乐为人群造福、美德堪彰、已故乡贤许经典先生，曾任旅菲石龟许厝同乡会常务顾问，一八九七年农历九月二十五日出生于福建省晋江市龙湖镇石龟许厝村看东份的农民家庭，于一九九一年农历正月十八日在菲逝世，终年九十四岁。夫人卢淑柿女士，一九零五年农历十一月十九日出生于福建省石狮市永宁镇沙美村，于一九八九年农历七月二十七日在菲辞世，终年八十五岁。故经典先生自幼聪敏，秉性善良，乐于助人。年方十四，于一九一一年南渡菲岛，在舅父吴泽探先生木材行当学徒，为人忠厚、正直，待人热情、亲切、有礼，行中事务一丝不苟，认真负责，经常博得亲友和行中同事人员称赞。一九二零年二十三岁旋里，由亲友介绍同沙美村名门闺秀卢淑柿女士结成佳偶，伉俪情笃，相敬如宾。未几返菲，在巴西市为舅父负责管理建筑部要职。他尽心筹备，经营有方，业务格外兴隆。一九三三年偕夫人卢淑柿女士与令长郎书业先生入菲团聚，便于互相关心生活。后在菲再育丽冷小姐、书勇先生、丽华小姐、书明先生、书敏先生，儿女共有六人，其抚育子女训勉有方，自幼均进入学校深造。一九五二年，因多年粒积，即自开创化学工厂，出品火酒，质量特优，畅销全菲，家庭因而致富。经典先生贤伉俪生前为人慈祥，急公好义，乐善好施，平易近人，敦宗睦族，为富不骄，热心桑梓教育公益事业，贡献巨大。如建震瑶小学新校舍、本村安电照明、建瑶林华苑、修祖祠及铺建石龟许厝大道等，均捐巨款，名列前茅。独自捐资建看东大道、宝月殿剧台、镇风塔、看东份古迹，修看东份农田水利，多次资助震瑶小学及幼儿园，添置课桌椅和教学用具。其哲嗣皆是杰出有为，长郎书业先生现任菲律宾许氏宗亲总会理事长及任众多侨团要职，曾任旅菲石龟许厝同乡会第十九届至二十二届理事长，其任职期间一九八七年欣逢震瑶小学建校七十周年泊石龟许厝同乡会成立二十周年，其出钱出力，出版特刊及组团回乡举行庆典活动外还为同乡会自置会所捐献巨款，并亲自东奔西走，发动乡侨资助，方得成功。次郎书勇先生现任旅菲石龟许厝同乡会第二十九届至三十届理事长，竭力推行会务，鼓励海内外乡亲同心协力，共为家乡公益事业多作贡献。

经典先生夫妇虽然与人间长辞，可是其孝子贤孙善能继承其遗志。一九九五年四月间，书业、书勇、书敏贤昆仲特拨空亲自同庆贺团回乡参加自业大道暨宝月路通车庆典，格外满意。应乡人商求，捐资人民币八十多万元兴建三层经典淑柿楼一座。同年十二月初，闻知震瑶小学无固定教师宿舍，再捐资建造两层教师宿舍楼，上下各十间。经典老先生家族身居异邦，心系祖国家乡，全家为故乡教育公益事业之建设，以及在海外资助宗族和乡侨福利事业之义举贡献巨大，其丰功伟绩堪为我村楷模。今要让后代子孙铭记其家族爱乡之美德，永远传芳，爰特树碑立传。

一九九六年五月

村委会

石龟　老人会　敬立

诸宗亲

【说明】

碑刻在龙湖镇石龟村老年人协会会所二楼，宽 220 厘米，高 80 厘米，楷书竖排。标题字径 6 厘米 ×7 厘米；正文计 2 段 42 行，字径 2 厘米 ×2.2 厘米；落款字径 2 厘米 ×2.2 厘米。记旅菲乡贤许经典、卢淑柿伉俪生平及其子女捐赠家乡公益事业事。

杭边村委会办公大楼碑志

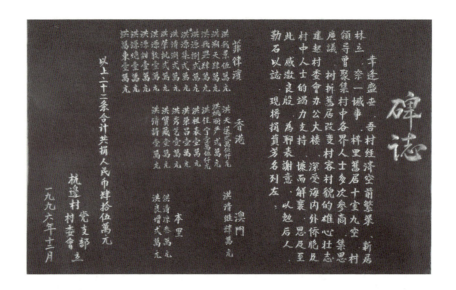

　　幸逢盛世，吾村经济空前繁荣，新居林立；奈一憾事，梓里旧居十室九空。村领导曾聚集村中各界人士多次参商，集思广议，树拆旧居改变村容村貌的雄心壮志，建起村委会办公大楼，深受海内外侨胞及村中人士的竭力支持，慷而解囊。思及至此，感激良殷。为聊表谢意，以勉后人，勒石以志。现将捐资芳名列左：

　　（以下捐资芳名略）

　　以上二十二条合计共捐人民币肆拾伍万元

杭边村　党支部
　　　　村委会　立
一九九六年十二月

【说明】

　　碑刻嵌于杭边村委会办公大楼一楼内墙，宽120厘米，高80厘米，碑文行书竖排。标题字径10厘米，正文字径3.5厘米×4厘米，落款字径3.5厘米×4厘米。

诚德楼碑记

　　许有可、施秀銮伉俪及子文雅、文准为回报故土恩育深情，慨然解囊。捐建诚德楼作为村政活动中心，今将交付使用，第①念创业艰难，守成亦不易。愿吾村乡人，本着爱护公物，继往开来，发扬光大，使草创楼台日臻完善，则侨胞光荣，乡人幸甚。

一九九七年五月十八日奠基

一九九八年五月九日竣工

龙湖镇檀林村委会　立

一九九八年五月九日

【说明】

　　碑刻嵌于龙湖镇福林村委会门口墙面，宽89厘米，高47厘米，碑文行书横排。碑刻无标题，现碑名为编者加拟。正文字径3厘米×3.4厘米，落款字径4厘米×4.4厘米。

注释：

①第：但。

衙口敬老协会会址碑志

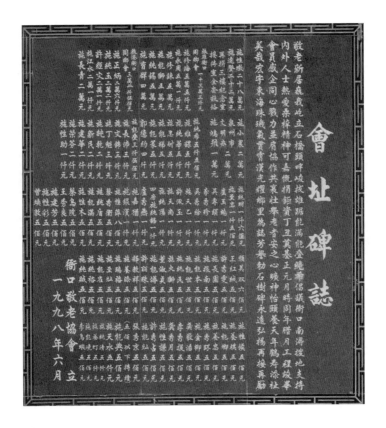

　　敬老新居，巍峨屹立。石桥头畔，峻拔雄踞。能满、能叠、纯希倡议，衙口、南浔拔地支持。内外人士，热爱桑梓。精神可嘉，慨捐巨资。丁丑奠基，正元月时。同年腊月，工程竣毕。会员感企，同心勠力。并肩协作，共襄壮举。老者安之，心旷神怡。颐养天年，鹤寿添祉。美哉宏宇，东海珠玑。气贯霄汉，光耀乡里。为志芳誉，勒石树碑。永远弘扬，再接再厉。

　　（以下捐资芳名及金额略）

衙口敬老协会　立

一九九八年六月

【说明】

  碑刻嵌于龙湖镇衙口敬老协会会所大楼，花岗岩质，宽162厘米，高180厘米，外镶万字花框，楷书竖排。标题字径13.7厘米×16厘米；序文计4行，字径4.2厘米；捐资芳名计5列。记海内外乡贤捐建敬老协会会址事。现碑名为编者加拟。

重光鸳鸯三池颂

施能狮先生捐款美化鸳鸯池、中池和外池

　　公元二零零三年，香港衔口同乡会会长施能狮先生踊捐巨资重修鸳鸯池、中池和外池诸三池。义举感人，为铭佩不忘，谨以诗讴颂。

　　将军七星池，碧水绕故居。悠悠岁月驶，茫茫风尘迷。

　　改革中兴时，春来发生机。重光鸳鸯美，广益集措施。

　　俊彦施能狮，慷慨乐捐资。美化名胜迹，奉献光宗师。

　　排污深清淤，彻底除积泥。一泓激滟水，溢彩荡涟漪。

　　沿岸砌石堤，古道变通衢。一条康庄道，坦荡心旷怡。

　　能工巧设施，雕栏绕水依。一脉情相系，长托故园思。

　　称道高义举，交口数佳绩。扶贫尚仁慈，奖学兴教育。

　　枌榆裹公益，疏财不遗力。时今又倾资，重葺侯府第。

男儿四方志，母教明哲理。秉性高节持，境界远意趣。
事迹不枚举，好事难以计。乡亲感念兹，勒石永佩志。

施 琅 纪 念 馆
南浔　　　　村两委会　　立
衙口

【说明】

碑刻立于龙湖镇衙口鸳鸯池畔，面对施琅广场；花岗岩质，白石为柱，青
石为板，碑板190厘米×54厘米。标题字径10.3厘米×7厘米，正文字径
5.5厘米×5厘米。两柱镌对联"明心扬祖德，笃志学前贤"，记旅港施能狮
先生捐资重修鸳鸯池、中池和外池诸三池事。

龙园村委会办公楼建造碑志

任何一个机构皆有其办公之地，村委会亦然。唯龙园村委会久而无一适宜之办公场所，故曾数度搬迁，直至借用恢斋中心小学旧校舍办公，尚有屋漏之麻烦。因办公之急需，二零零二年村两委会乃筹划办公楼之建造事宜，且于二零零三年岁次癸未之春奠基，同年中秋节竣工。办公楼之建成及配套设施，承蒙晋江市政府、龙湖镇政府之大力支持，更得海内外各界人士慷慨献囊。兹特勒碑刻铭，以颂善举，以勖后贤。

建造村委会办公楼捐资芳名（略）

龙园村两委会立于二〇〇三年八月十五日

【说明】

碑刻嵌于龙湖镇龙园村委会办公楼大厅，宽160厘米，高88厘米，碑文隶书竖排。标题字径5厘米×3.5厘米，正文字径3.8厘米×2.3厘米，落款字径3.3厘米×2厘米。

长兴楼序

　　天开化宇，共和有道。各行勋业已融于市集乡间，古集镇之衔口始于清乾，兴于民初。长房之昔更有十八行号通往台湾、福州、漳州、石码及桐城等地。市道繁荣，各行频裹，有握机丝经纬者不乏其人，实乃一时盛世。方延至今，尤为开放以来，海内外商贾互为缔结，竞相争辉。商海互通讯息，给予故土万方于阗。梓里当亦沾于其中，长房趋于大势之须，于公元九一年就欲筹建本厦，奈以兹事体大，倡导者自惭棉薄，有其心而无其力。致未曾及而行效。然本房海外儒英俎豆馨香，更欣幸旅居宝岛之宗长性墩先生悉后极为赞同此盛举。随即慨解仁囊，首捐人民币贰拾万以作购买地皮之资金，卑得早观厥成，建华厦而光仪，筑峨宇而宏观。虽众思成议，奈并非易举，筹思数载难成。于启建资金不足之情况下，再次鼎力资助，家族共襄。于性墩宗长七秩大寿里仁共贺之际，宗长性墩先生令郎荣华先生及次郎英俊先生深明大义，共襄壮举。本着节约精神宴请群仁欣饮桃酌之余，又再捐资贰拾万以助本厦之成建。昔时泉州晚报也曾特辑报道，盛赞性墩家族对家乡公益之热心，真谓口碑载道。诚然于其引领下，乡贤纷纷效犹①，长顺世家也无偿捐献地皮以促功成，而鄙人亦聊表棉薄捐资贰拾万，该倡扬者本房纯阳先生更为热心，节约其庆祝七秩大寿之资慨捐壹拾万元以备不足之需。总言之本厦今日之成，实系宗长性墩家族之丰功，里仁永日钦敬。为赞颂其慨施大惠，仰德仁人，特撰此文，勒石永志。

留声楼主　撰文

长房理事会　　立

岁次丙戌年②仲夏

【说明】

碑刻在南浔长兴楼，宽80厘米，高98厘米，碑文竖排。标题魏碑，字径5.7厘米×8厘米；正文楷书，计20行，字径1.8厘米×2.2厘米。

注释：

①效犹：指照着样子去做。

②丙戌年：2006年

兴建埔锦村政大楼洎灯光球场记

埔锦，俗谓火辉埔，缘地处埔陇遂名。其毗邻石狮服装城，而泉围省道与龙狮康衢则宛若二龙分别纵贯于东西两侧。交通得天独厚，企业随处开花，经济与日发展，为遐迩所称扬。

际值世泰物阜，旧村改造，里中贤达乃倡建村政大楼洎灯光球场，俾构筑一方和谐，推进健身炼魄，塑造乡间形象。于是村政领导即顺应民意，立足当今，面向未来，积极筹划。荷赖热心人士慨然输将，得蒙旅菲许君万里暨旅港许君清河之支持，工程乃择吉岁次丁亥仲秋启土，越年告竣，计糜资人民币壹佰捌拾余万元。

仰瞻斯楼宏伟大观，场上龙腾虎跃，众心振奋。尤承中国人民解放军上海警备区司令员江勤宏将军惠予"埔陇簇锦"之题词，以褒扬鞭策，洵弥足光彩。爰镌片碣昭垂。是为记。

埔锦村两委会　立
公元二千零八年岁次戊子菊月吉旦

【说明】

碑刻立于埔锦村政大楼对面灯光球场主席台，宽 91 厘米，高 82 厘米，碑文竖排。标题隶书，字径 8 厘米 ×4.5 厘米；正文楷书，计 3 段 15 行，字径 2.5 厘米 ×3 厘米；落款魏碑，字径 4 厘米 ×5 厘米。

杭边村老友会综合楼碑志

吾村乃晋南著名侨乡，如今在厝人口叁仟余人，随着老年人持续快速增长，我村老年甚多。而原旧老友会会所拥挤，没有会议厅及活动场地，诸事不便。经乡贤洪源凯先生提倡，兴建老友会综合楼，并带头首捐人民币壹拾伍万元，受到旅菲侨亲洪我景先生、本里贤达人士洪肇汀先生的钦佩，两位宗贤极力支持，发动海内外诸亲一呼百应，同心协力。应本届老友会会长洪我财先生的带动下，立即召开扩大会议，邀聘乡里人士，组织建委会，共商义举、集思广益、思谋良策，在杭边村公园内择地平整，开始规划蓝图。在老友会全体委员的共同努力和关心下，严格施工监督，保质保量，择于二〇一〇年十一月奠基，越年二〇一一年十一月告竣，新建老友会综合楼，占地面积肆佰余平方米，三楼层共计壹仟贰佰平方米，耗资人民币约壹佰伍拾万元左右。承蒙企业家洪清凉先生，对老年人关怀之际，特捐赠老友会商务车辆一部。深得提倡的是海内外乡亲一贯热心家乡公益事业，乐善好施，兴建老友会综合楼，必热情解囊，大力支持，对家乡未来远景，满怀无限祈望，其关怀桑梓的深情厚谊，溢于言表，新建老友会综合楼，环境优美、壮观雄伟。此乃吾村民精诚团结，齐心协力之功绩，功在当代、志在千秋、继往开来、发扬光大，特立此碑，永志昭彰。

杭边村建委会　谨立

二〇一一年十一月

【说明】

　　碑刻嵌于龙湖镇杭边村老友会综合楼一楼大厅，宽131厘米，高100厘米，碑文竖排。标题魏碑，字径6厘米×7厘米；正文楷书，字径2.5厘米；落款字径2.5厘米。现碑名为编者加拟。

古盈村新农村建设捐资碑志

兹二〇〇五年，我村在新农村建设以来，得到各级党政支持，全体村民积极配合，海外宗亲贤达鼎力资助，各项工程得以顺利完成，村容村貌焕然一新。为铭志诸贤达之功德，特勒碑表彰勋绩以启后昆。

古盈村 两委会 立
老协会

公元二零一四年

单位：人民币

按捐资时间先后列序

捐资启动基金列下

吴天赐　伍拾万元　　　　　旅港古盈同乡会　壹拾万元

本村慈佑宫　伍万元　　　　吴良民　肆万元

壹万元：吴天赞　吴加升　吴施秀幼　吴家耀　吴辉煌

伍仟元：吴连城　吴清滔　吴德龙

叁仟元：吴天赐（顶井份）吴金城　吴身长　吴明淳　吴清图

贰仟元：吴马庭　吴卫东　吴文坦　吴文宗　吴少雄　吴凤鸣

　　　　吴长灿　吴加权　吴再生　吴伟艺　吴明眉　吴身厝

　　　　吴建成　吴育捌　吴修焰　苏春园　吴海滨　吴维雄

　　　　吴清河　吴清湖　吴鸿棉

吴健南　壹佰陆拾万元（独建文化活动中心）

旅菲古盈同济社　拾万元（重建吴氏家庙）

吴良民　贰拾伍万元（全村自来水工程）

吴许淑箴　叁拾伍万元（营建盈福公园）

旅菲古盈同济社　肆万壹仟肆佰伍拾元

旅港古盈同乡会　肆万壹仟肆佰伍拾元（全球眼监控器）

旅菲古盈同济社　壹拾贰万伍仟元　重修五斗潭

吴许淑箴　壹拾陆万捌仟陆佰元（扩建盈福公园）

吴许淑箴　贰拾伍万柒仟柒佰元（八秩寿庆捐资）

【说明】

　　碑刻立于古盈村委会会所前埕，独立基础，花岗岩质，红石镌碑名，黑石为板身。碑板宽 352 厘米，高 90 厘米，碑文楷书竖排。标题字径 6 厘米，正文及落款字径 3 厘米。碑左留有空白待补，约二分之一空间。现碑名为编者加拟。

锡坑公益碑志

文滔路

文滔路东至引顶路口，西至观音路，北至修维路，南至顶尤路口，原系旅菲文滔先生令长郎振成先生承父遗训，于壹玖捌捌年独资捐建石路，全长壹仟柒佰米，耗费人民币贰拾陆万贰仟元。

自此，村间道路南北连达，东西贯通，利民生而畅商贸也。延至贰零壹贰年，村两委会、老人会联袂发起翻修水泥路，本里贤达、港澳同胞群起而应，集腋成裘，筹资陆拾伍万元，终成其事。为褒奖捐资善举，弘扬爱乡精神，凝聚族群合力，爰勒石以志之。

锡坑村自来水建设工程捐资芳名（略）

锡坑村自来水及水泥路建设工程捐资芳名（略）

锡坑村水泥路建设工程捐资芳名（略）

锡坑村水泥路建设工程献地芳名（略）

锡坑村太阳能路灯香港乡贤捐款芳名（略）

锡坑村　两委会
　　　　老友会
贰零壹伍年元月

【说明】

碑刻立于锡坑吴氏宗祠西围墙前，花岗岩质，红石为座，两柱夹碑，裙墙雕吉祥花卉，斗檐翘脊覆顶，柱体镌联"春风开大道，盛世感亲恩"。现碑名为编者加拟。碑板宽 197 厘米，高 70 厘米，碑文隶变竖排。标题字径 3 厘米×2.5 厘米，正文字径 2.3 厘米。碑刻内容包含五个建设项目。

龙埔老年协会大楼碑志

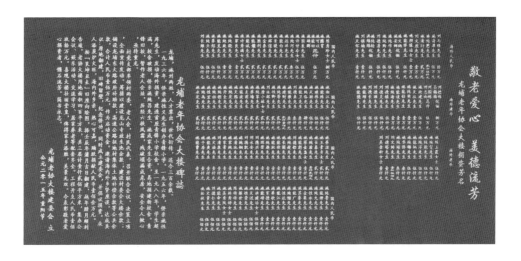

龙埔，施刘两姓，人才辈出，世代衍传，迄今三百余载。

一九三六年，侨亲施性义先生创办青锋小学。一九五六年，侨亲施性库先生，发动海外捐资，建造首座青锋小学校舍，至一九八八年，学生超满，校舍破损，侨亲施纯昌先生、施成家先生合资，易地捐建新校舍。青锋旧校，暂作老人会址，历经六秩风霜，残破塌漏成危房，安全令人揪心，亟待重光。

村党支部率领村两委、老人会、村民代表，召开联合会议，决策立项，全面宣传发动。筹措以建设龙山寺放生池余款，建设村委会大楼余款，铺设龙埔东大路政府补助款，高速公路征地村集体土地补偿余款等公共余款，合计人民币壹佰万元，作为启动资金。邀请海内外乡贤座谈，达成共识：原地翻建，旧碑留壁，纪念侨功。同时成立建委会，并倡议捐资。众人添炭炉火旺，海内外乡亲，热心可嘉，踊跃捐献人民币壹佰余万元。

按"艮坤丑未"旧坐向绘图，择壬辰年蒲月吉日翻建，越年腊月顺利告竣。老协大楼用地面积四百平方米，共三层计壹仟贰佰平方米，集办公、会议、娱乐活动、交流学习、居家养老等配套齐全。工程开支人民币壹佰玖拾万元。喜观大楼壮丽堂皇，俾得家乡添胜，美景无双。今表彰敬老爱心捐资者，镌石流芳。简书永志。

龙埔老协大楼建委会　立
公元二零一五年重阳节

【说明】

碑刻宽 450 厘米，高 126 厘米，5 列红石平行拼接，居中为《龙埔老年协会大楼碑志》。碑文竖排，标题魏碑，字径 5.6 厘米 ×5.7 厘米；正文楷书，计 4 段 17 行，字径 2.5 厘米 ×3.2 厘米。记龙埔老年协会大楼营建事。

乡愁龙埔　共同铭记

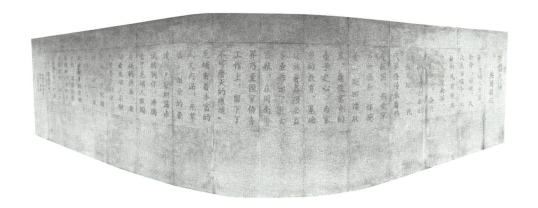

　　龙埔人智慧、勤劳。旧时，民众生活艰辛，不少村民背井离乡、远渡南洋。历经艰难，奋力拼搏，开创新的事业天地。一代代华侨传承着热爱故国、热爱家乡的精神，怀抱着一颗回馈故里、建设家乡的赤子之心，为家乡的教育、基础设施等各项公益事业作出了巨大贡献，在闽南侨界乃至国家侨务工作上，留下了不可磨灭的痕迹。龙埔有着丰富的人文内涵，先辈艰辛创业的豪情，乡贤坦荡赤诚的胸怀，沸腾着了龙埔人敢闯善拼的热血，激励着龙埔人承继先辈勇于创业、开拓奋发的精神，传承一份深厚的人文底蕴。龙埔朴素的农耕文化，浑厚的华侨精神，精致的乡韵质感，使后世子孙铭记村庄历史，留住乡愁。

龙埔村两委会　老年人协会

丁酉年冬　立

【说明】

　　碑刻立于龙埔村"龙腾家园"文化公园，钢筋混凝土结构，机砖砌墙，板材贴面，上镌碑文，系"龙腾家园"背面。碑刻宽870厘米，高220厘米，碑文楷书竖排。标题字径13厘米，正文字径10厘米，落款字径6.5厘米。

英杭恭迎六桂始祖碑志

古云：何以成事立业？天时、地利、人和也。

溯吾英杭，临虎岫，揽两湖①，青山碧水，鸢②飞鱼跃，钟灵毓秀，地利也。

岁次己亥金铢之年，蒙六桂宗功，始祖灵见，族人信杯，独占鳌头。恭迎始祖，百年一遇，天时也。

于是乎，吾村政贤达，顺天时而振臂再倡，应良机以公益得复。民心所向，一呼百应。南洋拳拳赤子心，港澳悠悠同胞情；乡邑众人，群贤望士，输财出力，聚沙成塔，人和也。

天时、地利、人和，万事成焉。恭迎始祖，功成圆满，空前盛况，饮誉四方，此其一也；其二，募数佰万，建英杭大道，南北通途，再置路灯，照亮乡民幸福路；其三，筹款逾百万，立杭边公益基金会，仁德善行，救急济困；其四，斥资贰佰余万，启英园教学楼重建工程，崇文重教，蔚然成风。

然也，大事斯成，泽被桑梓，功在千秋。故录其芳名，勒石纪之，继往开来，百世流芳，弘扬美德，昭示后人，同心同德，爱吾英杭，共营家园，再铸辉煌！

歌曰：

> 盛世洪福亲情长，宗亲相聚祖德扬。
> 继往开来怀远志，共襄盛举谱新章。

杭边村两委会

杭边村公益基金会

西元二零一九年二月二十二日

【说明】

碑刻立于龙湖镇杭边村老人会会所广场，花岗岩质，红石为座，黑石为板，板面规格 720 厘米 ×180 厘米。其中序言部分宽 91 厘米，高 170 厘米，碑文楷书竖排。标题字径 4.8 厘米 ×5.2 厘米；正文计 13 行，字径 2.7 厘米；文末七律字径 4.3 厘米。

注释：

①两湖：即龙湖和甿湖，系晋南两大淡水湖泊。杭边村东北接龙湖，南端连甿湖。

②鸢（yuān）：鸟纲，鹰科。上体暗褐杂棕白色，耳羽黑褐色。一类小型猛禽的通称。

南侨校区路段"玉华爱心温馨步行道"碑记

南侨校区位于龙永公路南北走向路段，自此向北，路面逼仄、飞砂壅塞、杂草丛生，行人举步维艰，深为校区安全和校区形象困扰。营造安谧清新、朝气蓬勃的文化教育氛围，乃海内外乡贤执着追求的信念。

旅港乡贤、福建省政协常委施能狮先生秉承令堂玉华老人家殷切教诲，居敬持志以施修国家族，施维雄、施维鹏昆仲……老前辈无私奉献桑梓为式范，继捐款美化鸳鸯池、重建敬老桥、玉成"英雄马"雕像，以及扶危济难、奖学励教诸公益慈善教育事业，今又一举捐建衙口滨海北区"爱心园地"和南侨校区路段"爱心步行道"。

时今，信步南侨校区路段"爱心步行道"，两侧坦途瓷砖平敷、碧树擎盖、绿意盎然，令人心旷神怡！

为黾勉[1]来兹再接再厉、发扬光大，爰以南侨校区路段"玉华爱心温馨步行道"称焉，是为记！

衙口村委会

衙口老人会

于公元二○二一年仲秋　立

【说明】

碑刻立于龙（湖）永（宁）公路南侨校区路段，花岗岩质，红石为板，顶覆碑檐，檐上镶花瓣纹状"福"字造型。碑刻板面宽190厘米，高124厘米，碑文隶书横排。标题字径8厘米×5.6厘米；正文计4段14行，字径4.7厘米×3.7厘米，落款字径4.7厘米×3.7厘米。记旅港乡贤施能狮先生捐建"玉华爱心温馨步行道"事。

注释：

①黾勉：勉力；努力。《诗·邶风·谷风》："伏乞黾勉，并候捷音。"

衙口滨海北区"玉华爱心园地"记

　　夫园地者，乃种植蔬果花木、催化百业新生、培养文化新知、传播时代新声以及展现社会新风貌其诸佳境胜地之总称是也。

　　旅港乡贤福建省政协常委施能狮先生，生小深蒙父老乡亲熏染溉泽，长大后谨遵令堂玉华老人家殷切教诲，继捐款美化鸳鸯池、重建敬老桥、玉成"英雄马雕像"以及扶贫济难、奖学励教诸多公益慈善教育事业，今又捐建聚滨海佳气、集遮风避雨、休闲游览、怡悦心志、陶冶心灵等多功能于一体之"爱心园地"。

　　为黾勉来兹弘扬爱家乡爱祖国之家国传统精神，爰以"玉华爱心园地"称焉，是为记。

衙口村委会

衙口老人会

于公元二〇二一年仲秋立

【说明】

　　碑刻立于龙湖镇衙口滨海北区，花岗岩质。碑刻板面宽190厘米，高124厘米，碑文隶书横排。标题字径7.2厘米×5.6厘米；正文计3段11行，字径5.2厘米×5厘米。记旅港乡贤施能狮先生捐建"玉华爱心园地"事。

内坑村老年协会新会址捐款芳名

（同款排名不分先后）

原恒山小学因撤校荒废多年，为合理利用资源，也为了丰富内坑村老年人的文体娱乐和健康晚年生活，海内外乡贤同心协力，慷慨解囊，将小学重修为老年人活动中心。原先由乡贤李文辉先生、吴自北先生、吴当登先生捐建的东大门、西大门、南大门因重修需要而整改，吃水不忘挖井人，感恩众海内外乡贤热心捐助，立碑铭志，以启后人，热爱桑梓。

伍万元

旅港内坑同乡会　旅菲内坑同乡会

内坑慈善基金会　李东阳

（以下捐资130笔，略）

内坑村老年协会

二零二二年六月

【说明】

碑刻立于内坑村恒山小学大门左侧，花岗岩质，红色为碑，宽132厘米，高80厘米，碑文隶书横排。标题字径4厘米×4.3厘米，正文字径2厘米×1.5厘米，落款字径1.5厘米。

第五辑

祠陵庙宇

英林洪氏大宗碑记

皇清

大宗碑记

　　吾始祖十四朝奉公自光州固始同武肃王①入闽，著籍英林，历今二十余世矣。从未有大宗之建。余自幼出游暹国②，慨然念祠宇以为重。岁丙子赋归，客羁羊城③，遣侄辈就仑山④小宗祠宇鼎建而维新之。然每以大宗未建为憾。自甲午假归，为余亲治窀穸，兼为营建大宗计。时叔兄弟侄议欲以大宗之建付余独力仔肩⑤。予念吾宗子孙繁衍者众，报本何敢专为己任。爰于乙未孟春集众鸠工，择余本房三才公昔时之小宗旧址充为大宗，命儿尚彬同诸叔兄侄共襄厥事，逮于康熙乙酉⑥冬始告成焉。自兹以还，庙貌聿新，前徽式廓，匪独慰于水源木本之思，尊祖敬宗之念，亦俾异日子孙瞻仰遗规，报本追远时，切春秋俎豆之感，忾闻愾见⑦之诚云尔，爰勒石而志于左。

　　吏部候选州同知二十一世孙⑧

【说明】

碑刻立于英林镇区洪氏大宗祠内，碑高179厘米、宽66厘米。碑额刻

"皇清"篆书竖排，字径 8 厘米；碑文楷书竖排 12 行，字径 3.5 厘米。碑为 1993 年重刻。现碑名为编者加拟。

注释：

①武肃王：指唐末从光州固始入闽，建立政权的王氏三兄弟之王审邽。任泉州刺史，在政十二年，卒谥武肃王。

②暹国：暹罗，即今泰国。

③羊城：今广州。

④仑山：现晋江市龙湖镇仑上村。

⑤独力仔肩：独自担任。

⑥康熙乙酉：清康熙四十四年，公元 1705 年。

⑦忾闻僾见：忾闻，出自《礼记·祭义》："出户而听，忾然必有闻乎其叹息之声。"僾见，出自《礼记·祭义》："僾然必有见乎其位。"指祭祀祖宗若有所闻，若有所见，事死如事生的态度。

⑧二十一世孙：这里应指英林洪氏二十一世居住仑上村的洪朝弼。他自幼往暹罗经营，积资金至百余万，敦善仗义，除独建本乡小宗外，还捐银千余两，倡建英林洪氏大宗祠。

重修瑶林许氏大宗记

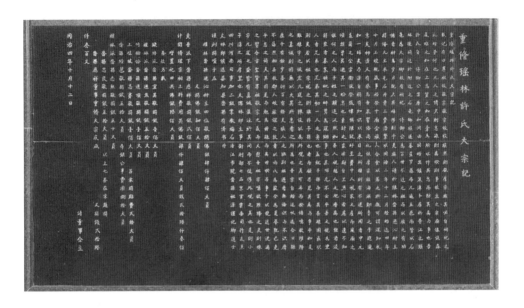

戴记^①有曰：尊祖故敬宗，敬宗故收族。然则欲厚宗族，其必自祠祀之礼始乎！何也？凡人之情，久则怠，疏则离，暌则争^②，故立之宗庙，像设森严，临之如在上焉，质之如在旁焉^③。所以作其怠而防其离与争也。吾许氏自侍御公^④当唐中和间由固始出镇泉漳，卜居于晋江之瑶林，后稍迁于附近之石龟，乡族遂蕃，星罗棋布，几遍五邑，而皆以石龟为大宗。乡故有祠祀侍御公，为百世不迁之祖，而以族之有功德者祔焉。岁月既久，梁楠哆剥，于是族人请于陈林裔孙逊沁祔主捐修^⑤。凡土木瓦石、丹青工费浩繁，以同治二年十二月经始，迄四年十月工竣。既蕆事，祫祭于庙，会族人合食以落之^⑥。于戏！可谓深知礼意矣。抑涝^⑦又有感焉，吾泉习俗尚礼让，厚宗族，海滨邹鲁之号遐迩如一辞矣。乃涝自稍有知识以来，目之所接，则有不逮所闻者。中元盂兰之会，当衢设祭，张帏幪，陈玩好，至费中人数家之产，而寝庙之倾颓曾莫邀其一盼^⑧，怠也。素封之家，用财自卫，焦心苦虑，以遗不知谁何之人，而子姓之颠连，漠然如秦人视越人之肥瘠⑨，离也。强者凌弱，众者暴寡，睚眦之衅，剪为寇仇⑩，争也。苏明允⑪不云乎："吾之视为涂人者，兄弟也。兄弟其初一人之身也。"盖就子孙而言，其亲疏固区以别矣，若以祖宗视之，则谁非子孙也者？而顾忍见其离与争乎？如是，虽栋宇之恢宏，几筵之陈设，以为外观之美可耳，而揆诸噫歆陟降⑫之真诚，则固无以大异于怠者之所为也。吾宗自始迁以迄今日，绵历千有余岁，繁衍百有余支，族人之班荆⑬祖遇者，无论识与不识，靡不蔼然相亲。故郡人数族谊之敦者，以许氏为最。今为是举，既已免乎怠之诮矣，其因是而勉焉毋疏而离毋睽而争干。以挽近世浇漓之习，合古圣贤尊祖敬宗之义，而大慰吾祖宗噫歆陟降之灵，则栋宇几筵之盛皆有真诚灌注于其间，而不徒侈外观之美也。是则小子涝之所厚望也夫。

儒林郎主事衔刑部七品京官、云南司行走兼四川河南司事、加二级、掌教梅石浯江书院、裔孙祖涝谨记

　　　　　　乡进士文林郎候选县知县、裔孙有济⑭书丹

谨列捐项于左：

檀林裔孙逊沁祔主四位，敬捐佛银肆仟肆佰大员，又捐佛银肆佰大员；

奕吾派下裔孙应祥敬捐银贰佰员；

计开修理宗祠工料费用共捐佛银肆仟肆佰大员，钱贰拾陆仟叁百（条款另载）。

增置祀田共佛银陆佰大员。

钱塘派裔孙宜其敬捐银壹百大员。

檀林派裔孙逊焦敬捐银伍拾大员。

竹树份裔孙逊顶敬捐银壹百大员。

上埕坡裔孙志赛敬捐银壹百大员，吕宋捐贴费贰拾大员，裔孙经琶敬捐银伍拾大员，存银公事费用捌拾大员。

檀林派裔孙志熊敬捐银伍拾大员，裔孙志艮敬捐银伍拾大员。（以上七条在宋题捐）

裔孙应祥董事重修大宗，庆成又捐钱贰拾陆仟叁百文。

　　　　　　　　　　　　诸董事仝立

　　　　　　　　　同治四年⑮十月十二日

【说明】

碑为黑色花岗岩质，嵌于龙湖镇石龟村许氏大宗祠右壁，居《重建许氏家庙记》碑之下。宽 114 厘米，高 54 厘米，碑文楷书竖排 44 行，字径 1.2 厘米。记瑶林许氏族人请于陈林（檀林村）旅菲裔孙许逊沁祔主捐修许氏大宗祠事。

注释：

①戴记：指西汉戴德编的《大戴礼记》。

②久则怠，疏则离，睽则争：离开久了，互相就不那么在意；疏远久了就形成隔离；由不相亲形成纷争。

③临之如在上焉，质之如在旁焉：（祖像庄严）看到了就如祖宗在上头，敬奉时就觉得如在一旁。

④侍御公：许氏一世祖许爱，相传唐中和年间（882—885 年）由固始来闽，镇守漳泉，官侍御。先居瑶林，后迁石龟，家族繁衍，遍及闽南。墓在龙湖苏坑，为市级文物保护单位。

⑤请于陈林裔孙逊沁祔主捐修：陈林，又称檀林、福林，在龙湖镇；许逊沁（1808—1870 年），字乃仁，檀林村人，往菲经商致富，为晋江早期华侨实业家。对家乡公益事业多有贡献。例授征仕郎詹事府主簿、翰林院主簿。句意为请许逊沁捐钱修大宗祠，并让他把父祖的神主进入其中祔祭。

⑥合食以落之：一起举行落成宴会。

⑦涝：许祖涝，一名祖淳，晋江人，清咸丰元年（1851 年）举人，曾任刑部七品官员掌教梅石、浯江书院。光禄寺卿许邦光之子。

⑧而寝庙之倾颓曾莫邀其一盼：对祠堂的损坏，一点也不看顾。

⑨漠然如秦人视越人之肥瘠：感情冷淡，就像秦地人对越地人的肥瘦不在意一样。

⑩睚眦之衅，剪为寇仇：像相互瞪了一眼那样的小事，也吵得如同仇敌。

⑪苏明允：苏洵（1009—1066 年）北宋散文家，字明允，四川眉山人，与其子轼、辙合称"三苏"。

⑫噫歆陟降：祭祀祖灵。

⑬班荆：布荆于地而坐，相遇之意。

⑭有济：许有济，晋江人，清咸丰九年（1859 年）举人，候选知县。

⑮同治四年：1865 年。

檀林移溪并起福林堂记

　　事有关于一乡之祸福利害，而汲汲焉为之除害远祸，使乡之人之受其利于无穷，享其福于靡既①。此非功德之及人者大乎！檀林之乡，溪环三面，溪高半屋而近不过数十武②。当水潦骤至，被患者不知几家，往往家人妇子中夜彷徨，卧不安席者。吾以为溪之为祸且害于是乡匪朝伊夕③矣。

　　宗兄乃仁君④为一劳永逸之举，属耆老议移而远，舒乡之困，于同治甲子年兴工，数月告竣。向之罹⑤水患者，不啻起涂泥而衽席之⑥，乡之人其谁不受其利与福哉？既又哗然曰：溪之上旧有福林堂，虽废为墟基，苟能别置其所，以为吾乡利与福者益多。乃仁君亦诺之，以外出不能久居也，属其役于长郎志岚君。乡之好义者复相与鼎力，遂于丙寅年九月经始，十一月落成，于以妥神灵而兴恪敬。其福且利于是乡何如？是又功德之大而足以立不朽之名者也。爰为之记。钦加员外郎衔刑部七品京官、辛亥恩科举人许祖涝撰；例授文林郎、己未恩科并补戊午举人许有济书。

新盖福林堂计开佛银壹仟叁佰肆拾伍圆

许读裁捐银贰佰圆

许依观捐银壹佰贰拾伍圆

许亘观捐银陆拾圆

许恬观捐银贰拾伍圆

许燮观捐银壹拾贰圆

许脘观捐银□□圆

许向观捐银□□圆

许蟳观捐银肆圆

许刑观捐银肆圆

许拈观捐银贰圆

许标观捐银贰圆

许顺观捐银贰圆

许帕观捐银壹圆

许元观捐银壹圆

以上扣贴水□拾圆零伍角实收银肆佰壹拾圆零伍角

翰林院主簿许观海捐银玖佰叁拾肆圆零伍角

同治五年丙寅十一月吉旦

董事许德芳、许志岚、许观国、许从云　仝立石

【说明】

碑刻现存于龙湖镇福林寺，清同治五年（1866年）立。黑页岩质，宽66厘米，高36厘米。碑文楷书竖排30行，字径1.5厘米。记檀林村旅菲华侨先贤许逊沁先移溪后建堂事。

注释：

①靡既：靡，没有；既，完尽。

②武：古以六尺为步，半步为武。

③匪朝伊夕：不是一朝一夕之事。

④乃仁君：即许逊沁，乃仁是他的字。见《重修瑶林许氏大宗记》注。

⑤罹：遭遇。

⑥起涂泥而衽席之：意为排除水患使人可以安睡。衽，寝卧之席。

瑶厝三房祖厝重建序志

　　本祖厝壹落五间张两榉头，系祖联公字怡壁号弘刚奠基落建，兴建时间年久失传，至近年来现状东畔及南面榉头大门均已倒塌，厅中亦已坍塌不堪，基本上已成废墟。适本祖厝后裔回国省亲，见此情景，感慨怨惜，回菲后集合旅菲诸宗亲相议，决定复建，即鸠集菲币转汇人民币壹万柒仟壹佰玖拾元，对原始祖分到各户之间格。经集会讨论，各户慷慨自愿将其原料收回，将其空基捐献归房份重新翻建，永远归公有，对本祖厝之子孙以十八岁起六十岁止，每人献工叁工。特立碑石，以铭志之。

　　现将旅菲捐款芳名如下

　　（以下捐款 21 条略）

　　旅菲蔡庆隆先生捐铺面前石埕

　　捐献空基地芳名如下

　　（以下姓名 10 位略）

公元一九八四年岁次甲子花月

三房建委会　立

【说明】

碑刻嵌于瑶厝三房祖厝，花岗岩红石，宽115.5厘米，高60厘米，碑文隶书竖排。标题字径5厘米×3.4厘米，正文字径2.1厘米×1.8厘米。现碑名为编者加拟。

瑶厝蔡氏家庙重建序志

本庙坐甲向庚兼卯①酉，始建于远祖，年代失传。历久破塌不堪。幸本里锡鑪宗先生于一九八四年甲子孟夏由菲回国省亲，鉴于家庙颓废，遂慷慨乐举，独负巨资重新奠基翻建，使庙貌焕然，祖德重光，特勒石铭志。

瑶里阖②村宗人　立

【说明】

碑刻嵌于龙湖镇瑶厝村蔡氏家庙"塌寿"墙堵，青石质，宽53.5厘米，高64.5厘米，楷书竖排。标题字径3.9厘米；正文计7行，字径宽3.9厘米。记旅菲乡贤蔡锡鑪捐建瑶厝蔡氏家庙事。

注释：
①夘：同"卯"。
②阖：全；总共。

福林寺一音圃弘一亭记

　　福林古地昔年先尊许公经梨倡建本寺后殿，幸得一代高僧弘一大师住锡修持其间。佛说因缘，爰立斯亭，纪念三宝弟子。慧堂许梅畦谨识。

戊辰年^①冬月吉旦

戊辰年①冬月吉旦

【说明】

　　福林寺弘一亭由檀林村旅菲乡侨许文坛先生捐建，1988 年竣工。碑刻嵌于弘一亭两柱间，宽 164 厘米，高 53 厘米；居中镌碑文，两侧雕吉祥花鸟。碑刻行楷竖排，标题字径 7.7 厘米；正文计 9 行，字径 4.5 厘米。记建亭前缘。现碑名为编者加拟。

注释：
①戊辰年：1988 年。

海山宫碑记

　　吾乡介于深沪湾与梅林澳之间，海域所被相去数十里，为沿海往来必由之处，居民业于滨海者亦多从此出入，以前交通不便，渡船南北货运，亦每停靠于此，飓风季节且为避泊之所，只因偏处海隅，人烟稀少，为防患未然，寓劝善儆顽之意，特建立此宫，俾附近奉祀，并供商旅行人作避雨憩歇之需，续有建货栈营灰窑者，渐改荒僻现象，年代久远，群以海山宫名是地，所谓地以神显神因地灵也，晚近倾圮失修，乡人有见于此，乃发动侨亲乐输共策修复，被益群众，殊堪嘉许，爰为之记。

公元一九八九年夏日

重修海山宫建委会　立

【说明】

碑刻立于沿海大通道龙湖镇杆柄村路段海山宫前，独立基座，整石为碑，宽80厘米，高140厘米，碑文行书。标题横排，字径6厘米×8厘米；正文计11行，字径5厘米×5.5厘米；落款字径5厘米×5.5厘米。

重修定光庵记

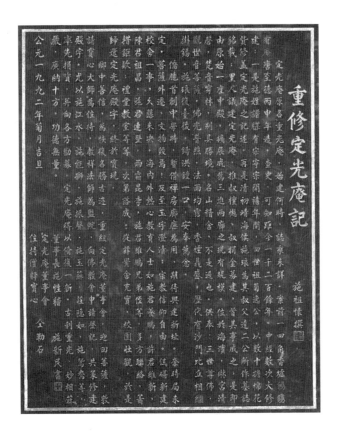

施祖怀撰

定光庵原名重光庵，始建何时，志乘未详。案前一四角香炉镌重光庵唐至德丙申年造。查史，可知距今一千二百余年。中经数次大修建：一是施姓谱牒有宋宁宗开禧年间，四世祖菊逸公，以数十担棉花赀修盖定光庵之记述。再是清初靖海侯施琅为其叔父达二公所作墓志铭载：里人议建定光庵，推叔檀樾，叔捐金募建，首其事成之。是即由原始一座中殿，扩展成为三进两廊之现有规模。位于海滨，琳宫清磬，梵音穿林，别具胜境。名山精舍，不是过也。供奉：三世尊佛，观世音菩萨，佛光普照。法雨均霑，香烟鼎盛。历代有沙门比丘相继挂锡。施琅复台后，铸洪钟一口，安奉为念。

　　侨胞首创中学时，暂借禅房廊庑为用，期待兴建新址。奈时局未定，菩萨外迁，文物毁焉！及至玉宇澄清，宗教信仰自由。但碍新建校舍一事，久悬未决。海内外热心教育人士如施君养鹏，许君维新，陈君祖昌，施君连登、雨霜昆季，施君维鹏兄弟侄等，多方联络，筹措巨款；礼堂教室等等，次第落成。从此黉舍充实，校园壮观，于是归还定光庵殿宇，终于实现。

　　乡中善信，为恢复名胜古迹，重组定光庵董事会。迎回菩萨，敦请宝心大师为住持，教祥法师为监院，向佛教会申请登记，共策修建殿宇。尤以施江水、施能狮，施振声、施玉苏、庄隐如、施鸳鸯等，率先捐资，并向各方劝募，定光庵得以修复一新。古刹重光，妙相庄严，广纳十方，功德无量。

施新民　书

董事长施性稽

定光庵董事会　仝勒石

住持僧释宝心

公元一九九二年菊月吉旦

【说明】

　　碑刻在龙湖镇衙口定光庵，花岗岩质，宽140厘米，高180厘米，楷书竖排。标题字径9厘米×10.5厘米；正文计3段20行，字径4.5厘米×5厘米。记收回南侨中学用作教室的禅房廊庑之后，旅外侨亲捐资重建定光庵事。

岱阳古盈吴氏宗祠重修记

　　夫木有本故不枯，水有源故不竭。追本溯源，孝子之心也。昔人建宗庙、祭祖先、扬先德、勖子孙，子孙慕贤思齐，继承而光大之，奕祀①延绵于无穷，是谓不枯不竭也。是故，古之君子将营宫室宗庙为先。十六世祖琴亭公，同治辛未登科之翌年，一经重修厥，后日月更迭，楠橡渐腐，续缮之举未逢其时，未遇其人者。甲子两度週②矣，遂日趋坍塌。今值宇内升平，海外孝思裔孙：旅菲同济社复兴第十一届理事长良元、副理事长永周、常务顾问贻谋、名誉理事长身樵为光宗耀祖，慷慨解囊，发动捐资，遂得峰呼谷应③，集腋成裘。更赖在里裔孙协力匡成，爰经始于共和壬申季夏，历时六匝月④，腊冬告竣。于是宗祠重光，轮矣奂矣，厥功甚大，永垂云礽⑤。是为记。

古盈重修宗祠建委会　立

公元一九九二年岁次壬申腊月　日

【说明】

碑刻嵌于古盈吴氏宗祠左庑廊，花岗岩质，宽140厘米，高70厘米，碑文楷书竖排。标题及正文字径3.5厘米，落款字径3.3厘米。

右庑廊嵌同一规格碑刻一方，分上下两部分，上部为《重建宗祠捐资芳名录》，下部为《重修宗祠建委会成员》，碑文如下：

重建宗祠捐资芳名录（人民币）

良元	壹拾万元	永周	陆万元	贻谋	陆万元
身樵	陆万元	修勤	贰万元	嘉种	贰万元
起鸽	贰万元	家参	贰万元	桂瀛	贰万元
金钟	贰万元	慎真	贰万元	起毬（家属）贰万元	
起坎	壹万元	起午	壹万元	文远（枫林）壹万元	
修河（古湖）壹万元		清辉	陆仟元	桂林	陆仟元
哲谋	伍仟元	嘉禾	伍仟元	仁泽	伍仟元
振煌	伍仟元	玉平	伍仟元	起滨	伍仟元
文斌	伍仟元	长耀	伍仟元	联发（古湖）伍仟元	
起追（家属）伍仟元		长立（家属）伍仟元		起仁	伍仟元
起着	伍仟元				

重修宗祠建委会成员

菲律宾

主任：良元

委员：永周　贻谋　身樵　修勤　嘉种　哲谋　起着　文品　起鸽
　　　两秀　起敏　金钟　慎真　清辉

驻乡干事部

主任：连锦

委员：身谋　修庭　明眉　谨班　云灿　天津　起捆　起蛤　天急
　　　修拐　维桑　修乞

公元一九九三年元月　　日

注释：

①奕祀：世代祭祀。

②週："周"的异体字。指一个循环的时间。

③峰呼谷应：形容回音响亮，也比喻此鸣彼应，互相配合。

④匝月：满一个月。

⑤云礽（yún réng）：亦作"云仍"，比喻后继者。

重建仁寿堂记

仁寿堂系鲁东村护境之庙宇。始建年代已难查详，经三次修葺。因久经岁月风雨侵袭，壁栋颠危，几近坍塌。承蒙旅港本村金姑蔡施秀珍之子蔡型杰先生，虔诚捐资重建，扩展庙基，增筑拜亭，庙周环以围墙，琢雕精珉，顿使庙貌焕然，绚丽壮观，乃勒石以铭其功，其德诚无量哉。

岁次癸酉桐月吉旦
（一九九三年三月）
仁寿堂建委会　立

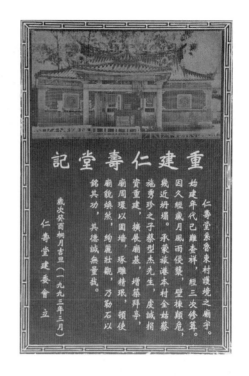

【说明】

碑刻宽 79 厘米，高 120 厘米，上部影雕仁寿堂正面景。碑文魏碑。标题横排，字径 7 厘米 ×7.5 厘米；正文竖排 9 行，字径 2 厘米 ×2.8 厘米。

古盈怀乡亭志

　　故乡之思恋，今古皆然，以其摇篮迹血脉缘也。李太白飘逸旷世，犹且举头望明月，低头思故乡。天子以四海之内为家，于故乡亦未尝不牵情。是以汉高祖宴沛歌风①，太公思枌念旧，古人已多，今人更不胜枚举矣。况古盈乃系延陵季子苗裔之乡，是乡也，礼乐传家，诗书继世，仁风美俗，礼让温良，宜乎是乡之人怀恋之甚也。欲出则依依离别，侨居则眷眷怀思。追本缘支，敦亲睦族，重光宗祠，乐输公益，足明其心矣。祠堂既修，建亭其侧，名之曰怀乡。属②予记之，予谓斯亭，不特避雨蔽日，其义更深也。后之憩亭读碑者，虽千百代将必遐思遥想，与心合契，临文兴叹，启迪无穷也。

　　铭曰：

址傍祠堂瞻古貌

人披襟衽接新风

旅菲古盈同济社驻乡干事部

龙湖镇古盈村民委员会　立

公元一九九三年岁次癸酉四月吉旦

【说明】

　　碑刻嵌于龙湖镇古盈村怀乡亭石柱之上，高57厘米，宽174厘米。黑色大理石，实物字迹漫漶，楷书竖排。标题及正文字径3.6厘米×3.5厘米，落款字径3厘米。

注释：

①汉高祖宴沛歌风：汉高祖在沛县（家乡）宴饮，唱《大风歌》。典出"汉祖歌风"。汉高祖过沛县，召集乡村故人父老开怀畅饮，击筑（古代的一种乐器）自歌"大风起兮云飞扬，威加海内兮归故乡，安得猛士兮守四方"，并由120个儿童伴唱，他们自己欣然起舞。后来这首歌收入"乐府"。史称《大风歌》。

②属：通"嘱"。

锡里吴氏宗祠史志简介

吾岱阳族始祖肇基公字观志，出生于元顺帝丙戌年（一三四六年）。娶坤德施孺人，生三子，长曰兴石，次曰镜山，三曰浔阳。原居福建泉州南安县二都黄龙，分居乌石村，再暂住深沪东山，明洪武元年戊申（一三六八年）由东山卜居岱阳。观志公之五世孙续琪公，号毅斋，娶尤氏，谥嘉德，继娶王氏，谥淑范，于明天顺年间（约一四六八年）分派繁衍锡里，原名薛坑，又名锡坑，复改锡里。之始祖生五子，长文光号明斋，次文景号瞻斋，三文宰号质斋，四文周号郁斋，五文助字东斗号希斋。派下移居菲国、台湾省等人丁数万人。其八世孙现龙公字重天，号振海，官清诰授荣禄大夫加功左都督。明万历年间兴起此宗祠，续后，清康熙七年庚戌首次修缮，清宣统二年庚戌续修建。一九四八年民国卅七年旅菲侨胞关怀故里，庙宇破塌，集巨款重修，使栋宇焕然一新。岂料临竣之时，值国内解放战争之际，诸侨胞急于返菲国，故庙宇未达完善，惜哉！未能安奉吾祖，春秋祭祀。近年来，庙之中厅遭白蚁侵蚀严重，似有倒塌之危。为子孙者，何能心安？吾各房族亲报本心切，急与旅菲公益所共襄其事。幸旅菲、港、澳、台众侨胞俱怀崇祖敬宗诚心，敦伦睦族之义。有鉴及此，筹集巨资，于一九九二年破土，九三年兴工，并复建左右燕翼、两廊。内外齐心协力，是年十月告竣，使庙堂华丽壮观，眩目胜过旧观。一九九四年春，祖先祔祧安灵，俾世代子孙永遵祖训，蒸尝祭祀，千秋勿替。是以为志矣。

锡里宗祠建委会　立

旅菲港澳锡里公益所宗祠重建委员会（名单略）

住村宗祠建委芳名（略）

一九九三年共和癸酉阳月　立

【说明】

碑刻嵌于龙湖镇锡坑村锡里吴氏宗祠左墙，花岗岩质，宽142厘米，高108厘米，碑文楷书竖排。标题字径3.7厘米×4.8厘米；序文17行，字径3厘米×3.2厘米；落款字径3.6厘米。叙锡里吴氏源流、宗祠缘起暨重建事。

萧妃村许氏宗祠重建碑记

兼村史简概 许东汉撰文

许氏定居萧妃村，始自元初，乃侍御公十一世孙贡元公之子孙、十二世孙元荣公先后自石龟与湖厝村分支至此，已历六百余载。族人崇文尚礼，仕宦辈出，文风鼎盛，有翰墨之乡美称。

一九四七年，许君刚芜来吾村执教，办农民夜校，开展地下活动，培养革命骨干，建立党支部，为解放战争作出贡献，荣获基点村称呼。村中许、洪两姓聚居，世代和睦相处。萧妃乃一侨村，村民富有开拓精神，为谋生而侨居海外有两百余年历史。开放改革以来，在海外侨亲支持下，大办工业企业，形成一加工区，获利丰厚，又称为亿元村。全村新建房屋多于旧建三倍，宛然如一新村。

许氏宗祠始建于明代，屡有修葺，近又见破损。海内外族人本尊祖敬宗之义，倡议重建，组成重建董事会，执董其事，由旅菲港澳台宗亲及族人捐资重建。公元一九九三年择二月十五日破土兴工，同年十一月完竣，堂庙门庞焕然一新。虽无轮奂之饰，然亦足壮观，瞻嗣后岁时祭祀，儿孙得知其祖，思其源，缅怀先世创业之艰，益增亲睦奋进之思，不亦善乎。是为记。

萧妃村许氏裔孙　立

一九九三　癸酉年葭月

【说明】

碑刻嵌于龙湖镇烧灰村（旧名萧妃村）许氏宗祠，宽153厘米，高120厘米，碑文楷书竖排。标题字径5.1厘米×5.3厘米；正文计3段22行，字径3.3厘米×4.3厘米；落款字径4.5厘米×4.7厘米。两侧镶边白石镌对联："太岳传芳家声远，瑶林衍派世泽长。"

重建祇园楼简记

  癸酉（一九三二）年间，由乡贤许经梨与开山祖师转伴和尚倡建祇园楼。一九四一年三月，幸得一代高僧弘一大师住锡修持其间；我国著名画家丰子恺先生来此朝拜恩师，并为大师速写人像留念。

  祇园楼由于年久水土流失，地基变形、龟裂，为确保古刹历史风貌，与工程同时在本寺东侧建一条溪闸。在筹建之中，承蒙海内外善男信女鼎力支持，乐善捐款重建，经一年之久，业已竣工。爰立简记，名留千秋。

福林禅寺重建祇园楼筹委会

一九九五年荔月

【说明】

  碑刻嵌于福林寺祇园楼前墙，宽200厘米，高100厘米，碑文楷书竖排。标题字径 4.5 厘米 ×5.5 厘米，正文字径 2.5 厘米 ×3.5 厘米，落款字径 2.5 厘米 ×3.5 厘米。

萧妃洪氏宗祠重建碑志

溯吾萧妃洪氏一世始祖英溪公，系出南安康龙上京，衍自晋江英林。元末明初，肇基萧里，于斯六百余载矣。

萧里洪氏，上承昊天佑福；下沾祖宗德泽枝繁叶茂，英才辈出。文武有成兮德操备至。列祖配享①之祠，祺襀②之第，宏而且馨。岁至雍正辛亥（1731）年堂构重修，又宣统辛亥（1911）年再次葺缮更新。

际兹盛世天时，民俗方兴；是处人杰地灵，丁财炽昌。洪氏子弟敬祖尊宗之心，溯本思源之情油然而生。核拟重建宗祠。经一呼而百诺，并侨农于同心，捐资逾百万之巨。遂择于共和癸酉（1993）年花月吉辰动土，同年葭月定磉③越乙亥（1995）年桂月告竣。宗庙重光，雕梁画栋，琉瓦镜壁，美轮美奂！

斯是兮伟哉！恢先绪④，洪许同气，咏紫荆而勃发；绍箕裘，子孙连心，颂蒸尝⑤于亘绵！谨此勒石立碑以志焉。

萧妃洪氏裔孙立

乙亥年葭月

【说明】

碑刻嵌于龙湖镇烧灰村洪氏宗祠，宽 160 厘米，高 128 厘米，碑文楷书竖排。标题字径 10.6 厘米；正文计 4 段 18 行，字径 3.6 厘米 ×4.1 厘米；落款字径 3.2 厘米 ×3.7 厘米。现碑名为编者加拟。

注释：

①配享：合祭，袝祀。

②祺禳：指祷告神明以求平息灾祸、福庆延长。

③定磉：意为着平建基，固定石磉。

④先绪：祖先的功业。

⑤蒸尝：本指秋冬二祭，后泛指祭祀。

古盈圆通殿兴建记

  柔潮古地自重修以来，香火鼎盛，信徒益众，尼僧渐多，更得晋江市佛教协会及宗教事务部门等承认与支持，使古刹胜地重现光辉，然欲拓展景观，更具规模尚需仁人信士努力实现。

  吾里旅港信士吴建南先生承前辈之善念，植福田于莲邦，慨然独捐人民币捌拾万元兴建圆通殿，以成善举。经建委诸君共同努力，于甲戌荔月奠基兴建，至乙亥葭月告竣，达成民众信徒盼望多年之意愿。建南先生事亲至孝，堪称后秀。令祖母丽珍许信女淑德仁慈，生前持斋礼佛，至为虔诚；令尊令堂一心诚敬，乐善好施，祖孙三代植德仁里，共祈纳福于桑梓。

  观乎大殿落成，庄严清净，蔚为大观。古地增辉，同造七级浮屠，真堪扬善。是为记。

柔潮古地建委会
古盈村老友会 仝立
公元一九九五年岁次乙亥葭月吉旦

【说明】

  碑刻嵌于古盈村柔潮庵大雄宝殿后墙，宽150厘米，高78厘米，碑文楷书竖排。标题字径3.5厘米；正文计3行，字径3.5厘米；落款字径2厘米。

溪前二三房重建祖厝公厅碑志

兹本祖厝公厅，距今六百余载，年湮代远。遭受风雨侵袭，虽有数次修建，仍不牢固。今本柱诸裔孙有念尊宗敬祖之心，在共和岁次癸卯一九六三年亦曾修建，三房份旅菲华侨源那、源雷、源蚕、源錸、源帛、我切、我于、我嶢等人捐资乐助。因西畔大房榉头失修，故倒塌数年。因此，诸裔孙倡议重建。幸本份旅菲、旅港华侨赞同，热心支持，暨本份裔孙慷慨解囊，捐资兴建。在本年季秋之月告竣，使祖厝公厅面貌焕然一新，灿烂辉煌。是以为志。

二
三　房裔孙　立

共和岁次丙子一九九六年九月十九日

【说明】

碑刻嵌于溪前二三房祖厝公厅墙上，现碑名为编者加拟，碑文楷书竖排。标题字径3.7厘米×4.2厘米；正文16行，字径2.3厘米×2.7厘米。落款处"二"与"三"并列。记海内外堂亲捐建祖厝公厅事。

岱阳吴氏始祖肇基公陵重修碑志

溯吾祖观志公大明洪武元年卜宅于岱山，生于元顺帝至正丙戌年，辛于明宣宗宣德庚戌年元月十二日，享年八十有五，姚坤德施太孺人卒于七月十五日吉时，合葬于古婆庄之西赤土埔，陵坐乙辛兼辰戌。

为了弘扬始祖之美德，永垂不朽，启迪后昆，世代流传，经岱阳族裔孙埭头、古盈、锡坑、洋埯、古湖、枫林六村海内外宗亲磋商，多方集资重修，谨择于共和一九九六年古历十月廿五日辰时动土，同年十二月初八日竣工。光复逾昔，既镌捐资芳名合勒此碑文以志盛。

捐资芳名录

旅菲埭头同乡会捐壹万伍仟元　旅菲锡里公益所捐壹万伍仟元

旅菲古盈同济社捐壹万元　枫林村陆仟元　埭头村贰仟壹佰元

旅菲古湖吴联发先生伍仟元　吴修河先生贰仟伍佰元

旅港吴春芳先生捐贰仟伍佰元　洋埯吴天来先生捐壹仟元

洋埯吴身清　玉树　身评　谨华先生合捐壹仟元

岱阳吴氏祖陵重修小组　立

公元一九九七年花月

【说明】

碑刻嵌于埭头村岱阳吴氏宗祠左墙，宽79厘米，高120厘米，碑文行楷竖排。标题字径4厘米，正文字径3厘米，落款字径3.5厘米。

溪前洪氏宗祠重建碑志

　　吾十三世祖宗远公约于元至正年间由英林宅角徙居溪前村，成为本支派肇基祖。传至十六世，再分支"三前"（溪前、庵前、营前），从此世代蕃衍，瓜瓞绵延，人丁兴旺，现已传至三十八世"里"字辈。

　　溪前洪氏宗祠兴建于何年，乏史可稽，奈因年湮代远，遭风雨侵蚀，致屋漏墙坍。迨公元一九五四年由旅菲宗亲倡议重修，并捐资人民币肆仟元作为启动基金，梓里裔孙踊跃献工，宗祠获得重修。历经四十余春秋，祠宇又显陈旧破损。本村旅外侨亲素怀尊祖敬宗之心，期盼祖祠重光，即由祖杭等宗长带头解囊，海内外诸宗亲热烈响应，旋乃成立建委会，着手筹措。于公元一九九九年荔月动土，千禧之年端月竣工，造价人民币肆拾壹万元。重建过程中，既遵循古建筑规律，又在结构上加以革新，扩建"下落"，拓宽门庭，为先贤及乡贤树匾，使宗祠焕然一新，雄伟壮观。

　　溪前洪氏宗祠的重建，标志着吾族和睦团结，繁荣昌盛。冀望子孙后代弘扬祖德，继往开来，创造辉煌业绩，建设美好家园，以慰列祖列宗在天之灵！谨此为志。

溪前洪氏宗祠重建理事会　立

公元二〇〇〇年岁次庚辰仲春吉旦

【说明】

　　碑刻嵌于龙湖镇溪前洪氏宗祠内墙，碑志两侧雕吉祥花鸟图案，碑刻整体宽 240 厘米，高 100 厘米，碑文楷书竖排。标题字径 6.8 厘米；正文计 3 段 20 行，字径 3.1 厘米 ×3.3 厘米。现碑名为编者加拟，记海内外族亲捐资重建溪前洪氏宗祠事。

溪前长房祖厝重建碑志

本祖厝由廿二世祖兴英公派分长房，即"引下"，距今三百七十余载。祖厝始建于何年代，无史可稽。古建筑年湮代远，坍塌不堪，虽经一九四七年本份洪源城独资修建一次，迨至一九八四年，我荣、我咁昆仲合捐二

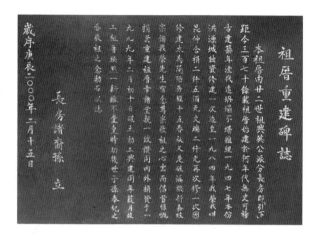

仟五佰元，文瑞二仟元，再次修一次。因修建太为简陋，历经十五春秋，又是破漏。旅新嘉坡宗侨我荣先生有念尊宗敬祖之心，出而倡首①，慷慨捐资重建祖厝。幸诸堂亲一致赞同，内外捐资，于一九九九年二月初十日破土动工兴建，同年葭月竣工。祖厝焕然一新，虽不堂皇，时切后世子孙奉祀之感，敬祖之念。勒石以志。

长房诸裔孙　立

岁序庚辰二〇〇〇年二月十五日

【说明】

碑刻嵌于溪前长房祖厝内墙，宽90厘米，高63厘米，碑文行书竖排。标题字径4.3厘米×4.7厘米；正文计11行，字径2.4厘米×2.7厘米。记海内外族亲捐资重建溪前长房祖厝事。现碑名为编者加拟。

注释：

①倡首：领先；提倡。

重建古山宫碑志

　　我乡古山宫由来历史悠久，旧志中有系统记载，首次于公元一九二一年民国辛酉重建，至一九二八年民国戊辰立碑志。第二次一九三四年民国甲戌重修宫之前落及中亭部分，第三次一九八二年共和壬戌重修。

　　虽经多次修葺，奈宫中椽柱长期受白蚁损坏。尤其潭中年久泥沙淤积所忧虑。为修建古庙，建筑宫潭，幸菲岛香港澳门等侨胞，同乡中众弟子信女俱热忱关怀，内外齐心协力，踊跃乐捐巨款。择吉日破土兴工，双管齐下，深挖潭泥近五千立方，环潭周围砌石墙。庙宇画栋雕梁，焕新古地环境之艰巨复杂工程告竣。诸弟子俱有爱乡公德，此义举盛事，值得自豪，简书数语以志。

　　　　　　　　　　　　古湖建委会　立
　　公元二零零一年共和辛巳六月　日

【说明】

　　碑刻在古湖村古山宫内墙，花岗石质，宽74厘米，高144厘米；碑文魏碑竖排。标题字径5.7厘米×5.9厘米；正文计2段10行，字径4.2厘米；落款字径2.7厘米×3厘米。

复建泉南钱江真如殿工程碑志

　　真如殿由钱江施氏五世祖亮公愿公始建，于宋徽宗宣和六年甲辰一一二四年九月，据查《泉州府志》记载由钱江施氏八世祖梦悦公依旧增新有诗在真如。迨嘉靖四十年壬戌（一五六二年）二月初八日被倭寇焚毁，明末清初全毁于天灾（已有四百多年），沧桑之变成为农地。复建真如殿是历来海内外乡亲期盼已久的一件大事，后经热心乡人四处奔驰，大量宣传大造声势，热烈响应。于一九九三年成立筹建组，一九九五年桂月动土。乡贤族亲组织数人先后二度往港，旅港宗贤施家宗、教焕、教永等热情接待；旅港侨亲慷慨捐资三十余万元。此后开始征地八千多平方米，数度市府陈情始获市文管局重视下，一九九八年三月批准为市级文物保护单位并亲临现场举行隆重奠基揭碑仪式，是日施氏宗亲善男信女数千人参加，记者采访，《泉州晚报》《厦门日报》先后刊登记载当日盛况。后又再渡菲律宾得到侨领施家万先生和家挺夫人等热心捐款，台湾星加坡等地侨亲齐声响应。一九九八年四月兴建，完成施工项目如下：风水挡土墙，墙围基础数百米，开井，筑工房，膳厅，后殿地基，中殿拜台卧龙石，中殿后门，四面墙壁，东西后半墙群，中殿竖柱四十支及面前堂石雕构件安装到顶。工程规模庞大，资金不足，前往漳州承施学顺先生其捐资十万元，乡贤施连开先生捐资六万元，共捐资八十五万多元。事出有因未竟全功，诸君参与，奋斗十年，不图名不为利，为复建钱江真如殿雄伟工程奠定基础，增添钱江族史谱下光辉一页。

晋江市钱江真如殿　文物管委会
　　　　　　　　　复建委员会

【说明】

碑刻嵌于龙湖镇前港村真如殿山门内侧墙面，上覆硬山顶燕尾翘脊四柱亭，前立晋江市级文物保护碑，碑板宽426厘米，高120厘米，自右至左列碑志、捐资芳名录。碑志部分楷书竖排，标题字径5厘米；正文计15行，字径2.3厘米；落款字径2厘米。捐资芳名录后的落款日期为二〇〇三年，字径3厘米。记真如殿历史沿革暨1993年至2003年复建真如殿事。

重建许氏家庙记

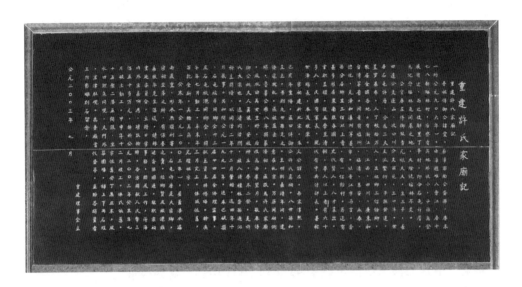

　　吾祖侍御公讳爱，系漳南陶公裔孙，唐末（约公元九〇六年）由漳避难入晋江，居十七八都瑶林村。后察看其地形狭小，子孙无发展前途，而迁徙邻里丁亭村，即今石龟许厝，为纪念瑶林是开基之地，大灯号瑶林不变。

　　公官唐左侍御银青元禄大夫，生三子，长曰达分支蓬山，次曰川分支西花，三曰泮，世居石龟许厝，分为三大支派繁衍，子孙发达，星罗棋布，人丁数拾万人。出祖乡三佰余乡，散居全国各地。有浙江、江西、四川、广东和台湾等省。闽省有福州、福清、惠安、永春、德化、光泽和漳州等县市。以晋江市而言，裔孙分居乡里三佰以上者，有一佰余村。另还有甚多移居东南亚各国。史代贤人，人才辈出，官职显耀，从五季至清朝，举人以上者有六十多人，民国有军长，现代有中央副部长。堪称世泽绵长，本茂枝荣。

　　宗祠建于北宋，朱文公馆左，南宋淳熙己亥年重修。匾曰侍御公许氏真祠。八世孙如圭立，书则九世孙先之。至明朝嘉靖年间，遭倭寇扰乱。匾被盗去，意在乱宗。万历间祠倒塌，鲁峰公用八年捐募修祠，匾改为许氏家庙，风水曰美女坐杼，后改为西犀望月，敬奉侍御公姚夫人真像，安放神主，春冬二祭，是许氏大宗也。迄清同治间，族人请檀林裔孙逊沁祔主捐修，以同治二年十二月肇始，迄四年十月葳事。共和间公元一九九一年，迩来已破损，石龟旅菲同乡会廿三届廿四届全体理监事，及石龟旅港同乡会，捐献巨资主持修缮。择庚午年七月动工，辛未年三月完工。体式依旧，面貌全新，美轮美奂，光耀祖宗。

癸未年（公元二〇〇三年），屋盖渗水漏雨严重，杉木热损厉害，石龟许厝是大宗乡，宗祠坐落之所，有保养之责，经乡贤及旅港族亲振华先生倡议，请林边裔孙国通，组织宗祠重建委员会，主持日常事务，开展工作，得海内外宗亲响应，踊跃输将，各方捐献人民币三佰五十多万元，择于公元二〇〇三年癸未年七月破土动工。甲申年十二月竣工，体式依旧。十五架二落五间张，坐字依旧癸丁兼丑未，风水曰鲤鱼同观，大门外筑围墙，铺上下两石埕，宏伟壮观。为吾族当代盛举，并将各捐资者玉照影雕刻石留念。

重建理事会　立

公元二〇〇三年七月

【说明】

碑为黑色花岗岩质，嵌于龙湖镇石龟村许氏大宗祠右壁，居《重修瑶林许氏大宗记》碑之上。宽 114 厘米，高 54 厘米，楷书竖排，标题大、小各一，正文 4 段 43 行，字径 1.2 厘米。记 1991 年、2003 年两度重建瑶林许氏大宗祠事。

重新修建钱江施氏家庙碑志

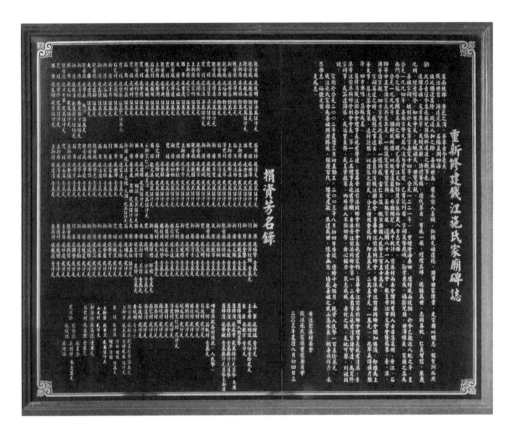

泉南故郡，晋邑之滨，荟萃古今豪杰。

钱江世胄，源远流长，名播五洲四海。

值此国运昌隆、政通人和之际，吾族世裔，膺承[1]前人善愿，弘扬先祖遗德，踵事世家伟业，光宗庙以明志，铭圣训而共勖。此乃古往今来施族儿孙慎终追远之职事也。

追维吾祖，文章其芳，武绩其赫。诗礼簪缨[2]，历代辈出。有施一族，煌煌其烨。德昭万世，志同春秋。仁义智信，誉载九州。经古纬今，如日中天，克绳祖武[3]，世览鸿猷。

吾祖宗祠，始创于大宋宁宗嘉定十四年（公元一二二一年）。曾经沧海桑田，历经风雨侵蚀，于今已数近八纪之年。至公元一九九四年，吾族宗贤先后八次斥资葺建，已有记列右。宗祠气势巍峨，勋业鼎盛，福荫儿孙，世泽绵长。家庙之高为南门外之冠，有闽泉名祠之称。现已属晋江文物保护单位而载入方志史册。

公元一九九九年，因飓风所摧，以致壁道裂痕，外墙倾圮。为千秋计，前港村两委会偕同有关人士召集泉州、晋江、石狮等廿五里诸宗长共襄其是，一致议定需重塑家庙，丕振宗风。遂阁八十一人建委会，报呈晋江市文管会暨旅菲、［中国］台、港、澳等诸宗亲。四方宗贤悉此义举，一怀同感，当仁不让，慨然乐捐人民币三百五十万元。

宗祠筹建之时，感慰之事迭出。吾菲律宾钱江联合会，菲华晋江前港同乡会，香港晋江前港同乡会闻知倡议，即推为上等大事，屡次集会商策，逐行认捐（以挂像之形式，分三种捐金施行：即五万元，二万五千元，一万元）。此举赢得族彦推许，四方乐唱，集腋成裘。

菲律宾钱江联合会理事长施君学连；菲华晋江前港同乡会创会会长施君家约；菲华晋江前港同乡会理事长施君清溪；香港晋江前港同乡会创会会长，第一、二届理事长施君学顺；香港晋江前港同乡会第一、二届监事长施君清辇诸贤达，为葺修宗祠事，或函达询导，或返里襄务，或呈资献策。内外族人不辞劬劳，齐心协力，众志成城。赤忱之识，天地可鉴，列祖同欣！

家庙于公元二〇〇二年农历三月初五动工，二〇〇三年八月初四日告竣。历时十七个月，耗资人民币一佰五拾万元。

钱江施氏家庙为吾祖渊源胜迹，弥历百代，备受虔敬。恭逢盛世，怀古幽思，倍感吾祖之风山高水长。愿吾族群彦，承恩启志，裕后光前。

是为志。

晋江前港村委会
钱江施氏家庙重建委员会
二〇〇三年农历八月初四日立

捐资芳名录（略）

【说明】

碑刻嵌于龙湖镇前港村钱江施氏家庙二进走廊左墙，宽233厘米，高184厘米，碑文楷书竖排。标题字径4.5厘米×4.8厘米，正文字径2厘米，落款字径3.5厘米×2.2厘米。序文之左列《捐资芳名录》。

注释：

①膺承：接受，承当。

②簪缨：古代官吏的冠饰。比喻显贵。

③克绳祖武：继承祖先的功业。

觉海庵大雄宝殿碑记

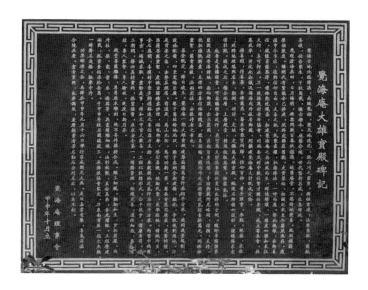

　　觉海古地北临阳溪，南瞰龙湖，聚天地造化，抱山川之灵秀。佛祖宝迹，法乘常驻，慈航善渡，佑吾众生，千秋万载，旷古烁今。庇荫合境，世代繁衍昌盛，生息绵延。

　　几经沧海桑田，日月晦明，倏忽间数百春秋掠过。故旧庵堂，不堪时地变易，风雨摧扰，历劫数度。虽则代有贤能舍己修建，然终究难复旧貌。史实蒙垢，相关记载至今荡然无存。适值申令乍出，复兴信仰自由，大喜之讯，民众雀跃，弘扬佛法，一呼而应。际此机缘，吾乡善信，感怀菩萨恩泽，礼佛热忱炽甚，拓建觉海庵之念油然而生。群情踊跃，一缕虔心犹如长江大河，未可抑止。乃一致推选村老年协会、村两委及村中数位贤才担任要职，成立筹委会，共襄盛举。并就此公议迅传海内外旅居乡亲，则扩建觉海庵大计既成定论。

　　种善因，得善果，吾佛慈悲。筹委会众望所归，信心百倍，着手理事，参观、视察、求教，延聘地理堪舆名士，勘测、研讨、定址，定称为大雄宝殿。甄选名师精心设计，规模务求宏伟壮观。图成之后，构分两层，上层殿堂，檐角级级高耸，极尽气派。

底层是为讲经堂，可容听经者近千，更可为大型法事提供宽裕良好的空间。随即率团携带蓝图远赴香港诸地，面向乡亲，出示蓝图，述叙旨要造价，幸诸乡亲所见略同，信赖，支持，竞相慷慨解囊，且俾四方善信络绎随喜，欢喜捐输，国内外先后捐资近贰佰壹拾万元。则佛祖灵圣，慈云广被，法雨宏沾，亦敬神者之幸也。

基金既定，择日破土。觉海庵一期大雄宝殿建筑面积为壹仟叁佰平方米。连同远景规划，设施配备，四至宽幅巨广。鉴于旧址余地局促，难于容纳全新建构，顾此，争取规划用地，乃是首要之急，亦势在燃眉。有道是：为山九仞，焉可功亏一篑。筹委会集思广益，运筹帷幄，凭藉菩萨灵圣，虔诚宣扬佛家妙理，游说乡邻，启引善机，鼓励民众，义举捐地。精诚所至，金石为开，喜获村中众多胸襟豁达之善信鼎力支持，奉献耕地近贰仟柒佰平方米。而当中偶尔事宜，竭诚求取，灵动处事，祥和之中皆大欢喜。工程以投标形式，公平竞争，价廉者得。施工期间，务必真材实料，保质保量，且求安全第一。场务管理，组织完善，运作细致，专人考核，专人监督，专人验收，进度日新月异。

殿堂菩萨雕像，尊尊原木雕刻，绝不异件搭拼合成。雕工细腻，栩栩如生，宝相庄严。内外柱、梁、龛、案、桌、佛器等，具尽精雕细琢，油彩鲜艳，美轮美奂，金光耀眼。工程历建两载，耗资壹佰柒拾余万。于甲申年桂月圆满竣工。承佛教协会鉴定，乃泉南首届一指之杰构。一时声名远播，驰誉中外。

功果辉煌之余，再择于甲申年九月十六日举行落成开光大典。是日嘉宾云集，喜气洋溢，合境共庆。宝寺重兴，良非偶然，爰将捐资者芳名勒石分列左右，以志不朽。

觉海庵理事会

甲申年①十月立

【说明】

碑刻立于锡坑村觉海庵大雄宝殿前埕，高114厘米，宽180厘米，外镶万字框纹，碑文魏碑竖排。标题字径6厘米；正文计29行，字径2.5厘米；落款字径3.2厘米×3.5厘米。左右分列捐资芳名碑各一组。

注释：

①甲申年：2004年。

古湖七柱份重建祖厅碑志

重建祖廳碑誌

本里基祖益瑜公，派衍同寅、同連、同雲公。派下原屬本廳供奉者，迄今已歷二百多歲月。鑒於年久失修，導致傾頹難堪，中廳檁橼動搖欲墜。每逢家祭倉皇不安，實有損諸親聲譽。

緬懷祖德宗功，於是配合大厝份諸親共同倡導，興起報本之心，深明本堂乃發祥吉地，不忍坍塌，勢必及時修葺。幸各間業主踴躍獻基地。內外眾親慷慨解囊鳩資。組織建委，細議部署，分工輪流協助基建，困厄叢生，排憂解紛，克服困難。於同年七月動土，工程給予建築者承包，面前壁青石浮雕人物花鳥，氣勢雄偉；內棟壁影雕廿四孝圖，栩栩如生，悅目勝觀。歷時五個月而告竣。宅坐丑未兼艮坤，欣逢乙酉年大利，臘月十七日舉行落成典禮。

喜見宇貌金碧輝煌，神龕珠光閃爍，先祖安靈，春秋祭祀，俎豆時饈，尊祖敬宗義舉盛事，象徵闔廳宗支俊秀，人文薈萃，旅菲港澳百業騰飛。俾得祖德昭彰，流芳後世。簡書幾語鐫碑以誌。

公元二零零五年農曆臘月十七日　建委會立

本里基祖益瑜公，派衍同寅、同连、同云公。派下原属本厅供奉者，迄今已历二百多岁月。鉴于年久失修，导致倾颓难堪，中厅檩橼动摇欲坠。每逢家祭仓皇不安，实有损诸亲声誉。

缅怀祖德宗功，于是配合大厝份诸亲共同倡导，兴起报本之心，深明本堂乃发祥吉地，不忍坍塌，势必及时修葺。幸各间业主踊跃献基地。内外众亲慷慨解囊鸠资。组织建委，细议部署，分工轮流协助基建，困厄丛生，排忧解纷，克服困难。于同年七月动土，工程给予建筑者承包，面前壁青石浮雕人物花鸟，气势雄伟；内栋壁影雕廿四孝图，栩栩如生，悦目胜观。历时五个月而告竣。宅坐丑未兼艮坤，欣逢乙酉年大利，腊月十七日举行落成典礼。

喜见宇貌金碧辉煌，神龛珠光闪烁，先祖安灵，春秋祭祀，俎豆时馐，尊祖敬宗义举盛事，象征阖厅宗支俊秀，人文荟萃，旅菲港澳百业腾飞。俾得祖德昭彰，流芳后世。简书几语镌碑以志。

建委会　立
公元二零零五年农历腊月十七日

碑刻嵌于古湖村七柱份祖厅内墙，花岗岩黑石为板，雕花红石镶边，碑文楷体竖排。碑板宽120厘米，高62厘米。标题字径3.8厘米×4.2厘米；正文计3段28行，字径2.5厘米；落款字径2.5厘米。原碑名为"重建祖厅碑志"，现碑名为编者加拟。

钱江真如殿重光记

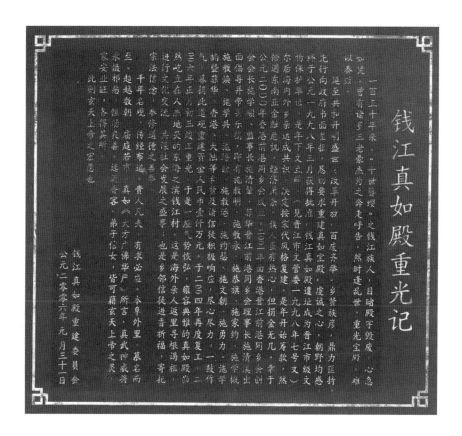

一百五十年来，"十世簪缨"之钱江族人，目睹殿宇毁废，心急如焚。曾有诸多三老豪杰为之奔走呼告，然时逢乱世，重光宝殿，难以奏效。

延至共和开明盛世，改革开放，百废齐举。乡贤族彦，鼎力匡持。先行向政府书面呈报，恳切要求重建真如宝殿，虔诚之心，朝野均感。终于公元一九九八年三月获得批准，钱江真如殿遗址成为晋江市级文物保护单位，是年下文立碑（见晋江市文管委一九九八年七号文），尔后海内外乡亲达成共识，决定按宋代风格复建。是年开始筹款，然恰遇东南亚金融危机，经济萧条，族人虽有热心，但捐金无几。幸于公元二〇〇〇年香港前港同乡会成立，二〇〇一年由香港晋江前港同乡会创会会长施学顺、监事长施清辇、菲华晋江前港同乡会理事长施清溪出面倡导并带头乐捐，即有施教明、施教永、施恭旗、施家约、施学概、施教焕、施学共、施培铨、施教港、施约瑟、施文朝、施勇力、施学楠暨菲华、香港、大陆等乡贤及诸信徒积极响应，尽心尽力，一鼓作气，募捐此道观重建资金人民币壹仟万元。于二〇〇四年再度复工，二〇〇六年正月初三竣工重光。于是一座气势恢弘，雍容典雅的真如殿岿然屹立在人杰地灵的东海之滨钱江村。这是海外亲人返里寻根谒祖，进行文化交流，共谋社会发展之盛事；也是乡邻信徒进香祈福，寄托宗法信念，参修道德之善举。

千年名观，传经布道。贵人凡夫，有求必应。本埠外里，慕名而至。趋越数朝，庙庭若市。真如《大方广佛华严》所言，真武神威将永慑邪恶，恒助良善。远近香客、弟子信女，皆可藉玄天上帝之灵，家安业旺，各得其所。

此则玄天上帝之宏愿也！

钱江真如殿重建委员会
公元二零零六年元月三十一日

【说明】

碑刻嵌于前港村真如殿，宽 130 厘米，高 120 厘米，楷书竖排。标题字径 2.5 厘米 ×3 厘米；正文计 4 段 24 行，字径 1 厘米。记前港村海外侨胞、港澳台同胞捐资重建真如殿事。

石厦关圣夫子庙建设碑记

威震华夏　名垂竹帛

德被神州　誉满乾坤

　　关圣夫子公原奉祀在森罗殿内，随着宗教活动日趋活跃，关圣夫子的香烟亦日趋鼎盛，信奉者和崇拜者日益增多，原奉祀关圣夫子之场所已远远不能适应善男信女尊崇朝拜之需要。旅港同胞施涌铭先生以发展的眼光和改革的精神，率先提出新建关圣夫子庙的建议，并慷慨解囊带头捐资人民币伍万元作为启动资金。经里人贤达多次聚会商讨，达成广泛共识，决定予以重建。即组织关圣夫子庙董事会，着手酝酿发动及筹建事宜。旋并获得旅菲旅港同乡会及石厦宫委会的鼎力支持。经过一年之努力，四方善信、海外侨胞和港澳台同胞悉此义举，一怀同感，当仁不让，慨然乐捐人民币六十万元。业经筹措就绪，关圣夫子庙即审慎□择地阎君公宫东北侧，座甲向庚兼卯酉，占地七百多平方米，建筑面积一百六十七平方米，为一落一拜亭之杉木石结构的仿古建筑，并于二〇〇五年岁次乙酉年荔月破土动工，翌年仲春告竣。共耗资人民币伍拾陆点伍万元。庙宇建成后，不愧为闽东南一座雕梁画栋、金碧辉煌、典雅壮观、富丽堂皇之古刹，且有增添瑞气之泰运也，势必为世人尊崇之道教圣地矣。尚望后人诚心维护，发扬光大。值此建成之际，聊作数语，叙其缘由，感其捐献者及主持者之功，爰立碑记，永铭千秋。

石厦关圣夫子庙董事会　立
二〇〇六丙戌年仲春

【说明】

碑刻立于龙湖镇石厦村阎君公宫侧畔关圣夫子庙（帝爷宫）埕，花岗岩质，白石为座、为柱、为梁，三柱落地，斗檐翘脊覆顶，左右两碑板对称。右侧碑记文字楷书竖排。标题字径6.6厘米×8.2厘米，正文字径3.4厘米，落款字径2.8厘米×3.1厘米。

兴建福林禅寺一音圃洎香港福林禅苑观世音首度谒祖晋香记

　　福林禅寺奉祀观世音菩萨，系泉南之名刹，列文物保护单位。其地碧溪萦回，环境清净。斯寺肇自清季，拓于民国，茸之当代，历史蕴涵深厚，香篆①鼎盛，誉称遐迩。尤以南山律宗弘一法师尝结缘驻锡，尚遗存多处手迹石刻，乃弥足珍贵，为世所瞩目。

　　时维二千零二年仲春，旅港檀林同乡会第三届连第四届理事长许成沛先生率诸同仁恭迎菩萨分炉往香江，旋成福林禅苑以供。从兹莲华璀璨，璎珞纷披②，灵应广敷。

　　今岁孟夏，旅港檀林同乡会第五届连第六届理事长许蔚萱先生，有感于弘一法师与福林禅寺之胜缘洎菩萨分炉香江五载，遂慨然输将，筑砌寺西南侧之溪堤石坡，辅以雕栏，

莳③植花木，竖立法师诗碑，蔚为园圃。翎以法师之释号，颜其额④曰一音圃，而引为纪念。事功告竣，俾梵宇另辟幽雅，令闾里增添景观。游人香客莅此，每以载欣载誉。

　　季秋之吉，许蔚萱先生乃领旅港善信奉福林禅苑菩萨金尊首度前来谒祖晋香，且举行慈善结缘大会，仪式隆重，人天咸祝。感故园与

客地之卓尔神庥，仰新景与古迹之交相辉映，将膺⑤福祉于无疆。爰镌贞珉，以志其盛，以彰其功。是为记。

福 林 村 两 委 会

檀 林 老 人 协 会　仝立

旅 港 檀 林 同 乡 会

公元二千零七年岁次丁亥九月十九日

【说明】

碑刻立于福林村福林寺前一音圃，白石为座，青石为板。板面宽80厘米，高175厘米。碑额篆书横排2行，字径8.3厘米×3.5厘米；正文楷书竖排，计4段12行，字径3.5厘米×3.5厘米。记旅港檀林同乡会捐建一音圃暨香港福林禅苑菩萨金尊首度回乡谒祖晋香事。

注释：

①香篆：指焚香时所起的烟缕。

②璎珞纷披：像璎珞那样缤纷夺目。璎珞，古代女子用的装饰品。

③莳：移栽。如：莳秧。引申为栽种，种植。

④颜其额：题其额。额：牌匾。

⑤膺：接受，承当。相济。

法济寺（清和宫）重修碑志

法济寺，又名清和宫，位于后坑古榕树旁。奉祀安海龙山寺观音佛祖，故名：龙山别院。考其史，明永乐十二年甲子孟春（一四一四），龙山寺二十八传主持释泉脉命门徒眇漫缘化而立，初为简构，香火鼎盛。今存有明永乐学究洪盛概撰题楹联："法脉从龙山分来，览一路烟霞；庙宇自明朝始建，看诸天菩萨。"弘治十七年甲子仲春（一五〇四），龙山祖庭知寺悉照上人命高足真如募化扩大鼎新。真如法师精拳艺，擅轻功，飞檐走壁，来往无踪，故僧俗弟子皈依者多。先后垦殖禅田七、八十亩，以桑麻蔬果植之。万历十三年乙酉季春（一五八五），龙山祖庭释虚怀大德首倡重修，后坑乡绅襄助毕工。清顺治辛丑年（一六六一），海氛迁界，斯寺悉遭焚毁。延至康熙三十七年戊寅孟秋（一六九八）乡绅请龙山祖庭主持释浮生禅师董乃事重兴，乾隆二十五年庚辰仲秋（一七六〇）又修。至此其寺依次有照墙（九龙壁）、山门、钟鼓二楼、天王殿、圆通宝殿、大雄宝殿等构造，两侧廊庑互对，四周有护墙，占地二十五亩有奇。寺成，时清乾隆进士体仁阁大学士曾毓瑮题名曰："法济寺"。嗣后兵革饥荒相随，人多流移，复修未果。于咸丰三年癸丑六月（一八五三），狂风暴雨，淋漓十余天，斯寺倒塌，后又遭劫圮废。同治三年甲子仲春（一八六四），旅次菲律宾及徙居台湾省乡胞捐题简修，遂成歇山式五间张四榉头。民国十三年甲子（一九二四）募修，增西护屋三楹。至共和四十年己巳年（一九八九），寺又作全面修缮。

时光流逝，已是二十一世纪；构建和谐，奔向小康盛世。生活虽然富裕，更需精神依倚；寺庙宗教文化，宣导人心仁慈。简陋寺观，容纳不下四方善男信女；狭窄场地，更难弘扬普施佛法真谛。有识之士，倡议重修；本里子民，热心赞许。经老友会、慈善会配合本寺董事会及社会贤达，组成了法济寺重修筹备会。海内外善信踊跃捐资，寺周围业主无私供地。多方奔走，条件已备。筹备会升格为建委会，聘请热心人士加入。于共和五十七年丁亥年榴月（二〇〇七）动工整地，各项建筑措施同步开始。建委诸人员劳碌奔波，本里众乡民鼎力支持，用了一年多时间，耗资近三百万元人民币，于共和五十八年戊子桂月（二〇〇八）落成，重塑诸佛金身入寺奉祀，并礼聘龙山寺祖庭开慈大法师膺任本寺永远主持。

落成庆典之时，四方徒信云集，寺貌辉煌金碧，往古难与伦比。前后两佛殿，雕梁画壁；南侧建斋堂，兼容中西。佛殿中奉祀东西诸佛众神，斋堂里恭迎各地善男信女。两殿中天井宽敞明亮，四周边护墙壁莹瓦绿；古榕树为寺增辉，放生池劝人善举。正殿观音低眉释善意，偏座护法怒目警恶鄙；脊梁上雕龙塑兽，灯火星月映碧池；禅堂里诵经念佛，黄卷青灯伴木鱼。登堂入殿，虔诚默祈；观音菩萨，仁爱慈悲。保我境民，惠泽众庶；香火绵延，传承永世。

龙湖后坑法济寺董事会
公元二〇〇八年九月农历戊子年桂月

【说明】

碑刻立于后坑村法济寺东围墙前，花岗岩黑石，宽133厘米，高173厘米。碑文魏碑竖排，标题字径8厘米；正文计3段25行，字径3厘米；落款字径4.5厘米。叙法济寺沿革暨重修事。

"元辰太岁坛"碑志

《元辰太歲壇》碑誌

何爲道？一陰一陽謂之道。道教爲中華民族固有的傳統宗教，它歷史悠久，影響深遠。正如魯迅先生所講："中國的根柢全在道教。"

在前港施姓族群中，對道教有研究者不少，然而能同時付諸行動者不多。施教煥（字少文）鄉賢在家族成員多年禮奉太歲獲得庇佑過程中領略到主宰人生禍福的六十本命元辰的神奇力量，於是萌起在《錢江真如殿》三清殿內增設《元辰太歲壇》之念頭。他的想法一傳開，立即得到各地鄉親的支持與響應。經過一年多醞釀，"香港前港同鄉會道教研究小組"於二〇〇八年七月十五日成立，成員包括教煥、清標、學業、世澤、家棋五人。宗旨是："振興中華文化，弘揚道教聖德，祈求國泰民安，人民生活富裕，推動慈善福利，增強身心健康，構建和諧社會，促進世界和平"。在他們推動下，"晉江市道教協會錢江真如殿道教研究會"相繼成立。於是《元辰太歲壇》的籌建工作順利展開了。

古云：天有風雲不測，人有禍福難料，一切潛在冥冥之中。人生有其密碼，這個密碼就是由天干、地支組成的八字，即元辰。爲了人生旅途順暢，我們必須在人生的源頭去祈福禳災。道教對六十本命元辰的禮奉就是當今流行的拜太歲習俗。看似玄妙，實則有道。

《元辰太歲壇》乃施教煥先生的子女獨資創設。它設計完美，布局嚴謹，規模壯觀。《元辰太歲壇》豐富了三清殿內容，增添了《錢江真如殿》之神威。

《元辰太歲壇》於二〇〇八年正月初七日舉行開光大典、正月初八日正式對外開放。願玄天上帝、六十太歲之神力永遠庇護著眾生；願道教精神世代相傳。

晉江市錢江真如殿董事會
晉江市道教協會錢江真如殿道教研究會 立
二〇〇九年元月

何为道？一阴一阳谓之道。道教为中华民族固有的传统宗教，它历史悠久，影响深远。正如鲁迅先生所讲："中国的根柢全在道教。"

在前港施姓族群中，对道教有研究者不少，然而能同时付诸行动者不多。施教焕（字少文）乡贤在家族成员多年礼奉太岁获得庇佑过程中领略到主宰人生祸福的六十本命元辰的神奇力量，于是萌起在钱江真如殿三清殿内增设"元辰太岁坛"之念头。他的想法一传开，立即得到各地乡亲的支持与响应。经过一年多酝酿，"香港前港同乡会道教研究小组"于二〇〇八年七月十五日成立，成员包括教焕、清标、学业、世泽、家棋五人。宗旨是："振兴中华文化，弘扬道教圣德，祈求国泰民安，人民生活富裕，推动慈善福利，增强身心健康，构建和谐社会，促进世界和平"。在他们推动下，"晋江市道教协会钱江真如殿道教研究会"相继成立。于是"元辰太岁坛"的筹建工作顺利展开了。

古云：天有风云不测，人有祸福难料，一切潜在冥冥之中。人生有其密码，这个密码就是由天干、地支组成的八字，即元辰。为了人生旅途顺畅，我们必须在人生的源头去祈福禳灾。道教对六十本命元辰的礼奉，就是当今流行的拜太岁习俗。看似玄妙，实则有道。

"元辰太岁坛"乃施教焕先生的子女独资创设。它设计完美，布局严谨，规模壮观。"元辰太岁坛"丰富了三清殿内容，增添了钱江真如殿之神威。

"元辰太岁坛"于二〇〇九年正月初七日举行开光大典，正月初八日正式对外开放。愿玄天上帝、六十太岁之神力永远庇护着众生，愿道教精神世代相传。

晋 江 市 钱 江 真 如 殿 董 事 会
晋江市道教协会钱江真如殿道教研究会　立
二〇〇九年元月

【说明】

碑刻嵌于前港村真如殿，宽122厘米，高122厘米，楷书横排。标题字径4.5厘米；正文计5段22行，字径3.1厘米。记香港前港同乡会道教研究小组创建"元辰太岁坛"事。

施教焕，字少文，香港成美集团主席，系福建省政协原委员，历任全港各工业区工商业联会永远名誉会长、香港台湾工商协会荣誉会长、香港台北经贸合作委员会执委、香港福建同乡会永远名誉会长等职。

洪溪村上帝公庙碑志

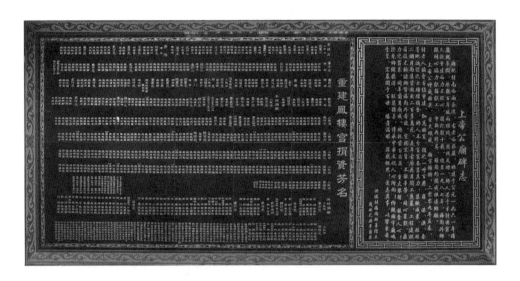

　　庙枕村南而面长溪，古老而庄严。始建于公元一六六一年清康熙年间，历数百年风雨摧残，几成瓦砾。乡人苦于生计困窘，久欲重建而力不从心，蹉跎数十载，迨至一九八七年，海内外乡亲同心协力献捐献工，重新再修葺，虽简约构成但遂乡愿。

　　上帝公神威赫奕，香火炽盛，庙宇拥挤。二零零九年孟春，村老人协会首倡重建，加高扩宽，随之一呼百应，菲，[中国] 港、澳、台等地诚信之士踊跃捐金，乡人不分贫富各尽其力，集腋成裘，短短二个月内集资超出二百多万元。是年古历花月开工奠基，工程建设前后尤赖诸乡贤海内外奔波，宣扬宗旨，不辞辛劳，同心策划，鼎力之赞裹，同年菊月庙成。总耗资百余万，重大举措，振奋人心！证见乡关德泽，贬恶扬善，传承中华文化人心所向！仰观庙宇巍峨堂皇、宏基开于百世，胜景满眼，深感慨然！爰志其事，以鉴来兹。

洪溪村海内外善信　立

岁次己丑年菊月[1]

【说明】

碑刻在洪溪村凤栖宫（上帝公庙），宽457厘米，高230厘米。碑右为志，碑左镌"重建凤栖宫捐资芳名"，上文楷书竖排，标题字径8厘米×10厘米；正文计2段12行，字径4.6厘米×5.4厘米。记海内外乡亲（善信）捐资重建凤栖宫事。

注释：

①己丑年菊月：2009年农历九月。

栖梧村三房祠堂埕碑铭

本房份贰落仔旅菲侨胞吴祺永、吴祺生昆仲，为纪念其先严吴长渥先生，今年回乡省亲，独资捐建铺设此埕二千平方、灯光球场、运动器材等设施。此善行义举广受乡亲赞扬。为志旅菲贤哲之热心，特勒此石以铭之。

栖吴村三房份　立

公元贰零壹零年十贰月

【说明】

碑刻立于西吴村三房份祠堂埕，花岗岩两柱落地，斗檐覆顶，黑石为碑，宽 120 厘米，高 60 厘米，标题隶书横排，字径 8 厘米 ×5 厘米；正文隶书竖排，字径 5.8 厘米 ×4.2 厘米；落款隶书竖排，字径 4 厘米 ×3 厘米。

始祖爱公陵兴建碑记

始祖讳爱，官居唐左侍御，特晋银青光禄大夫兼金吾卫大将军。唐僖宗中和年间882—885年，自河南光州固始入闽，镇守漳泉二州，德政善行，功勋卓著，先卜居瑶林，后迁石龟，晋江史志称为"晋江许氏一世祖"，为纪念初居之地，灯号"瑶林"。祖妣孙、姚二氏，诰封正一品夫人。祖有子三，长达公分居蓬山大房，次川公分居西花浯坑，三泮公居祖地石龟瑶林，三公均曾出仕。祖之一脉传衍至今，历四十世千余年，仅泉郡之地，则有三百余乡数十万人，更遍布海内外诸方，尤以东南亚各国，港澳台之地为盛。堂堂望族，影响至深且远，浓浓亲情，继世不断，薪火以传，而炽而昌，兴盛如是，皆祖之德。祖生年待考，其墓地原称西王场、蔡口，

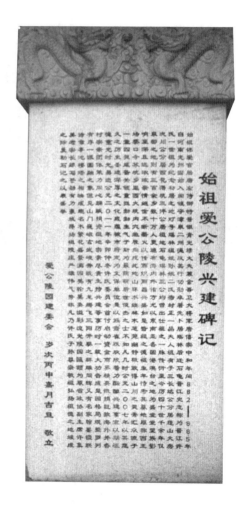

今苏坑乡里西大坑内，穴坐辰向戌，此地山环水绕、林木葱茏，幽静极致，得山川之灵秀，汇众流于一堂，四灵咸备，关锁重栏，勃勃生气，于斯为最，荫萌后世俊杰之士不知凡几。时公元二〇〇七年，以其悠久之历史圣迹，深厚之文化底蕴，被市府定为文保单位，是以族裔雀跃欢欣，着力酝酿兴建事宜，以期祖德重光。时光易逝，公元

二〇一一年辛卯仲冬，许氏委员会首付启动资金，商界精英慨捐巨款，海外并各村宗亲、团体，策力同心，踊跃捐资，祖地宗亲尽责主持兴建等事，历时一载，大功告成。是园格局规整，罗列有序，一派圆融之象，但见山门巍峨，玄武峻秀，既有九龙腾飞、三阳开泰之群雕同辉，又有名家翰墨、楹联诗章、亭池楼塔之相映成趣，名木繁花，盛景满园，美轮美奂、溢彩流光。陵园匾额为原省政协原副主席许集美老宗长题写，苍劲有力，豪放昂扬。祖陵庄严雄伟，气势非凡，乃许氏子孙尊宗敬祖、弘扬祖德之地，竣成之际，爱勒石记之，以表盛举。

爱公陵园建委会　岁次丙申①嘉月②吉旦　敬立

【说明】

碑刻立于苏坑村爱公陵园。碑额雕双龙戏珠，碑身宽 108 厘米，高 202 厘米，厚 20 厘米；赑屃作驮负碑础，宽 162 厘米，长 201 厘米。碑通高 318 厘米。碑文隶书竖排，标题字径 10.5 厘米 ×6.8 厘米，正文字径 4 厘米 ×2.8 厘米，落款字径 5 厘米 ×3.3 厘米。撰文许良桓、许永新。

爱公陵墓在 2007 年被晋江市人民政府批准公布为文物保护单位，该陵墓也称泉郡许氏一世祖墓。

注释：
①丙申：2016 年
②嘉月：美好的月份。

浔海施氏大宗祠树德堂重修
暨首届董事会成立捐资芳名

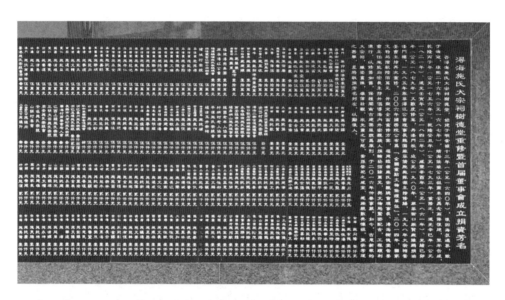

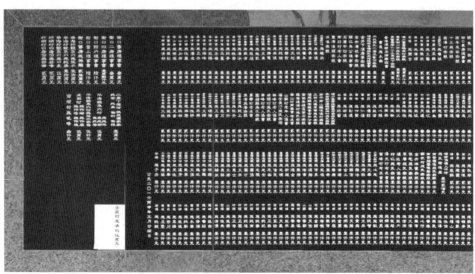

晋浔海施氏大宗祠树德堂，始建于明崇祯十三年（公元一六四〇年），后因海氛迁界，毁于海寇，康熙二十六年（公元一六八七年），靖海侯琅公以祖灵未妥为念而俸复建，翌年告成，乾隆丙子年（公元一七五六年）、乾隆癸丑年（公元一七九三年）重修之，道光辛巳年（公元一八二一年）、道光壬寅年（公元一八四二年）、咸丰辛酉年（公元一八六一年）、光绪己卯年（公元一八七九年）又数度修茸，丹漆门柱。迨公元一九八〇年，旅菲衙口族贤施维鹏捐油漆门楼。一九八五年旅菲浔江公会理事长龙园旅菲侨胞施振源主持修缮，一九九八年大宗祠管委会主持再次重修。二〇〇六年国务院公布为"全国重点文物保护单位"，二〇一四年国家文物局拨款陆佰万元，并拟定全面重修方案，福建临濮施氏宗亲总会理事长、浔海树德堂管委会主任施能向宗长主持并倡导海内外宗亲族人捐输柒佰余万元，与文物局紧密配合，工程顺利进行，以修旧如旧，保护闽南古建筑风貌为原则，于二〇一六年仲春事蒇。如今，古意新装的大宗祠，雕梁画栋，雄伟壮观，欣先灵之可慰，裔孙祭祀之咸宜，感族亲数典怀祖，敦宗孝道之善举，爰将敬捐芳名列左，以励后人。

（以下捐资芳名略）

公元二〇一六丙申年三月廿四日

【说明】

碑刻嵌于龙湖镇衙口浔海施氏大宗祠树德堂内壁，花岗岩质，宽 600 厘米，高 140 厘米，碑文隶书竖排。标题字径 7 厘米 ×4.2 厘米；正文字径 3.5 厘米 ×2.4 厘米。碑文序言居右 12 行，捐资芳名居左，分 4 列。记浔海施氏大宗祠树德堂始建重修历程暨 2014 年族贤捐资茸修事。

奇山公祖厅新建碑志

我上新厝奇山公，系素毅公三子也。派下繁衍，子孙昌盛。昔分祀后、新二厅。后厅重建于丁卯年桂月，由施家籍、施恭旗、施家挺、施文华、施清标、施家图、施学秦、施学新、施家星，诸君联袂捐资。新厅重建于共和己巳年孟秋吉旦，系施家宗先生独资。

随光阴之流逝，鉴世事之更迭，诸裔孙继承勤劳奋斗之高风，囊橐^①渐丰，生计充实，遂萌新建祖宇事宜，用以感戴祖宗之恩泽。

策划伊始，堂亲阁头君之令哲嗣恭旗先生，厚道豪爽，率先响应。慨解义囊，捐输巨资。带动堂亲，踊跃投入，共襄盛举。其时，广征众议，取得共识，爰将后、新二厅，合而为一。自此，祖庙重光，旧制拓展，雄伟壮观。斯乃同气连枝，堂亲一心，秉受宗功祖德，弘扬善事之壮举，千秋万代，永焕光芒。

兹勒石记之，以勖后曹，勉旃②，勉旃！

奇山公祖厅建委会　立

公元二零一六年十一月下浣③

【说明】

碑刻嵌于龙湖镇前港村奇山公祖厅左墙，宽130厘米，高134厘米，原文宋体竖排。标题字径9.5厘米；正文计4段，字径4.5厘米；落款字径4.5厘米。

注释：

①囊橐（náng tuó）：袋子。借指粮仓、粮库。

②勉旃（miǎn zhān）：努力。多于劝勉时用之。

③下浣：亦作"下澣"。指为官逢下旬的休息日。亦指农历每月的下旬。

兴建典公纪念楼碑志

　　我国历史长河，源远流长，五千年文明史孕育着中华民族的灿烂文化，施姓家族在此长河里遨游，领略到人类进步的无限风光。钱江始祖唐秘中书丞讳典公源系河南光州固始县，于唐昭宗（公元903年）偕祖姚许氏夫人携子宣教郎、宣义郎迁徙南渡入闽，择址牙水之右风水宝地（今前港）为起源，定名为"钱江"，以古地轴钟灵、绵长瓜瓞、千支之盛、祖宗种德、十世簪缨之荣誉。子孙繁衍遍布五大洲，人丁达数百万之多，多数侨居东南亚各国，［中国］港、澳、台及各大省市等地，居住本地区有石厦、前港、埔头、后宅、钞厝、南庄、福田、炉灶、杏坑、山尾、前港新乡、坑尾、洋霞、苏坑、东厝、瑶林、林蒲内、石狮、西岑、永宁浯沙、内坑、塔石、沙美、泉州后坂、华州、安溪、东石、安海、惠安施厝、南安英都、东田、岭后、翔云等村镇。

始祖典公仙逝之后长眠于后宅青石山风水宝地，迄今已千余年，在这漫长的岁月里，钱江族人始终秉承祖先之伦理道德观念，艰苦奋斗，奋发图强，成就斐然。这追本溯源，探寻祖先之历史精华，发扬祖先之丰功伟绩，使之千古流芳，发扬光大，故拟建典公纪念大楼已成为吾几代族人梦寐以求之企盼。但由于多方原因，人地分散未能如愿促成，公元二零一五年十二月十八日欣逢福建临濮施氏宗亲总会第七届理监事就职典礼及泉州师范学院附属尊道小学综合楼落成庆典，海内外宗亲云集，欢庆盛会之良机，由钱江典公第六届理事会牵头，历届理监事积极响应共同发起兴建典公纪念大楼之倡议，深受海内外族亲之共鸣与鼎力支持，盛会现场盛况空前，踊跃捐资人民币叁佰余万元，会同第五届理事会移交捐资库金贰佰肆拾余万元，累计金额达伍佰余万元。与会族亲深受感动，群情激扬，随即组建纪念大楼筹建会，着手兴工基建，理事会管理人员通力合作，群策群力，精打细算，以厉行节约、保质保量、无私奉献为己任，恪尽职守，全心义务投入工程建设管理工作。该义举得到广大族人感激、支持、拥护及钦佩、爱戴，使之促成捐资热潮在不断延续，集体资金不断雄厚壮大。

纪念大楼集商业、办公、缅怀展示为一体，设施功能齐全，一至三楼为商业层，四楼为展示厅，五楼为办公厅，六楼为大礼堂，七楼为缅怀厅，总建筑面积为贰仟叁佰贰拾平方米。经多方积极努力，共同配合，该纪念大楼工程于公元二零一六年十二月竣工落成。

纪念大楼之建成，凝聚着海内外族人的智慧和力量，它将成为海内外宗亲开展各项活动、促进联谊、文化交流、寻根访祖共襄盛事之重要场所。它的建成是标志着钱江族人千年来的一大创举，和具有重大历史意义的里程碑，它将启迪激励后人铭记历史，不忘祖训缅怀祖德、敬仰先贤、弘扬和继承先辈精神，薪火传承、继往开来更好地为祖国、为家乡繁荣昌盛作出更大之贡献。

感念始祖之庇佑，钟青石山之灵气，喜看今朝春风得意展宏图，众志成城兴伟业，七层纪念大楼矗立在龙湖镇区，繁华中心，千秋基业，雄伟壮观，配套设施赏心悦目，遂使夙愿得偿，深感族人之同心协力，守望相助，诸位贤达慷慨解囊，热衷族事。为激励后人，光前裕后，发扬光大，特立此碑，以志不忘。

钱江施氏典公理事会　立
公元二零一六年岁次丙申十二月

【说明】

碑刻嵌于后宅村典公纪念楼一楼大厅，宽 129 厘米，高 160 厘米，碑文列左，右上影雕"唐秘中书丞典公绣像"，右下影雕"唐秘中书丞典公陵园"。碑文标题隶书竖排，字径 7 厘米 ×5 厘米；正文计 5 段，字径 2.8 厘米 ×1.7 厘米；落款字径 3 厘米 ×2.2 厘米。

重建法济寺（又名龙山别院）碑记

法济寺，位于后坑村北，奉安海龙山寺观音佛祖，故名"龙山别院"。考其史，明永乐十二年（一四一四年）甲子孟春，龙山寺二十八传住持释泉脉，命门徒眇漫缘化而立，初为简构，然香火鼎盛。弘治十七年（一五零四年）甲子仲春，龙山祖庭知寺悉照上人命高足真如募化扩大鼎新。故今存有明永乐学究洪盛概撰题楹联："法脉从龙山分来，览一路烟霞；庙宇自明朝始建，看诸天菩萨。"真如法师精拳艺，擅轻功、飞檐走壁，来往无踪，故僧俗弟子皈依者多。先后垦殖禅田七、八十亩，以桑麻蔬果植之。故有明万历教谕洪启允楹联："法取上乘同

怀恩泽，济难扶危仰德荫"。明万历十三年（一五八五年）乙酉季春，龙山祖庭释虚怀大德首倡重修，后坑乡绅襄助毕工。万历举人曾闻衷题有："吼水东渐，英坑一带横秋色；紫气西来，清和几度醉春风。"更值一提的是，明嘉靖进士，陈埭屿头村的洪氏先祖，清官洪富题有楹联："古寺对英山，看翠巘扑人眉宇；长桥开坑道，放吼湖入我胸襟。"为本寺增辉。清顺治辛丑年（一六六一年）海氛迁界，斯寺悉遭焚毁。延至康熙三十七年（一六九八年）戊寅孟秋，乡绅请龙山祖

庭住持释浮生禅师董乃事重兴，乾隆二十五年（一七六零年）庚辰仲秋再修。至此其寺依次有照墙（九龙壁）、山门、钟鼓二楼，天王殿、圆通宝殿、大雄宝殿等构造，两侧廊庑互对，四周有护墙，占地二十五亩，时清乾隆进士、体仁阁大学士曾毓奖题额"法济寺"。嗣后兵革饥荒相继，人多流离，复修未果。咸丰十三年[①]（一八五三年）癸丑六月，狂风暴雨，淋漓十多天，斯寺倒塌，后又遭劫坯废。同治三年（一八六四年）甲子仲春，旅次菲律宾及徙居我国台湾省乡胞捐题简修，遂成歇山式三间张四榉头。民国十三年（一九二四年）甲子募修，增西护屋三楹。共和四十年（一九八九年），又作全面修缮。

时光荏苒，转眼已是二十一世纪。构建和谐社会，奔向小康盛世，生计丰满富裕，更需精神依倚；寺庙阐扬佛理，劝导人心仁慈。寺观简陋，难与六百多年前相比媲；场地狭窄，容纳不了四方善男信女。有识之士，倡议重建；全体乡民，倾心赞许。共和五十八年（二零零七年），重建正式启动。以本寺董事长洪新智先生，慈善会理事长洪得时先生为核心，结合董事会成员及社会贤达，成立了筹建小组，规划建寺蓝图。工程巨大，所需资金不菲，拟分阶段进行。海内外乡亲、善信，踊跃捐资，业主无私供地，历经一年多的紧迫施工，第一阶段项目于共和五十九年（二零零八年）竣工落成，耗资三佰多万元，完成了天王殿、圆通宝殿，重塑诸佛金身入寺奉祀，礼聘安海龙山寺祖庭开慈大法师膺任本寺永远住持。

第二阶段于共和六十七年（二零一六年）启动。工程更为艰巨，耗资估计上千万元。董事长洪新智先生感到期限紧迫，压力重大。除本人斥巨资带头捐助善款，抛砖引玉，发动热心人士、善信乡民，各尽所能，慷慨解囊，并偕同洪得时先生远赴菲律宾等华侨聚居地，鼓动海外热心家乡公益事业人士，倾力助建，募得可观善款，为重建的顺利进行增强了信心。历经前后近三年的协力拼搏，于共和六十九年（二零一八年）完成了全部建筑项目，前后阶段花费巨资人民币壹仟多万元，至此，经过了前后十年的不懈努力，完成了包括天王殿、圆通宝殿、大雄宝殿等主体建筑，并配有奉祀本土神祇的清和殿，斋堂、钟鼓二楼，以及其他配套设施，占地二十多亩，建筑面积五亩，并准备于共和六十九年（二零一八年）举行庆典法会，奉祀佛陀、菩萨入位。遗憾的是安海龙山寺大法师，本寺永远住持开慈却已作古，不能亲临本次庆典法会仪式。

重兴法济禅寺，仰赖众心一致；更有拔萃人士，为此劳体损肌。吾村旅港乡贤洪得时先生，为公益事业前赴后继，件件业绩，罄竹难书。仅法济寺重建伟业，更是耗尽先生精力。筹组机构，领头捐款鼓气；不辞辛劳，远涉重洋集资。内行外动，多种措施并举。前后逶迤十数载，累劳而体虚；夜里少寝日忘餐，因公岂念私。日升月落，第一现身建寺场地；首段后期，亲自调配掌控全局。已届工程尾期，竣工近在咫尺。风云变幻，天有不测，先生遭遇坎坷，身体显现不适。但他罔顾自身安危，初心不移；为法济寺早日竣工，尽瘁不已。赢得众口人心，同声褒奖赞誉。看巍峨屹立的法济禅寺，金碧宏伟；是先生凝就的丰功伟绩，永久标志。千秋万代，彪炳桑梓。

竣工落成可期，四方善信云集；寺貌辉煌金碧，往古难以伦比。佛殿中奉祀东西诸佛神祇，斋堂内恭迎各地善男信女。殿中天井宽敞明亮，周边护墙壁莹瓦绿。古榕树为寺增辉，放生池劝人善举。如来肃穆传法旨，观音低眉释慈悲。脊梁上雕龙塑兽，灯火星月映碧池；禅堂里诵经念佛，黄卷青灯伴木鱼。登堂入殿，虔诚默祈；佛陀菩萨，大爱仁慈。保我境民，惠泽众庶；香火绵延，传承永世。

晋江市龙湖后坑法济寺董事会

农历戊戌年端月　公元二零一八年三月

【说明】

碑刻立于后坑村法济寺。青石为座，黑石为碑，青石双龙戏珠压顶。碑板宽 125 厘米，高 200 厘米。碑文魏碑竖排，标题字径 6 厘米 ×7.1 厘米；正文计 5 段 30 行，字径 1.9 厘米 ×2.1 厘米；落款字径 2.5 厘米。叙法济寺沿革暨重建事。

注释：

①咸丰十三年：应为咸丰三年。

辟土扩建仁寿堂碑志

仁寿堂坐拥鲁东古澳，前衔青山，后濒碧海。是乃仁山知水，寿国寿民之佳脉胜迹，历史上的鲁东誉满泉郡。

仁寿堂奉祀观音佛祖，香火经世缭绕，代有修葺。现于仅存的一方石碑"重修仁寿堂"得知："大清光绪八年"由众善信捐银重修。缘年湮代久，始建年代乏史可稽。

时，新历一九九三年，本里贤甥，石狮古坑后村善男蔡型杰秉承慈亲施氏秀珍老人弘愿，输诚重建仁寿堂，且增筑拜堂、堂涂及围墙……香火日盛，气象日新。

际此世泰年丰之春，众生知恩敬佛，佛祖慈悲济世。是故辟土扩建仁寿堂乃正当其时矣。

佩感菲律宾鲁东同乡会会长施纯衷耆老率先垂范，一举诚兑巨资，奠定了众善信扩建仁寿堂的信心，并不遗余力地倡导众善信虔心重光仁寿堂！

铭感香港鲁东同乡会永远名誉会长施志远硕老以身作则，慷慨解囊，尤其是临老时仍延揽各乡贤踊跃输诚！

感慨吾海内外耆老、乡贤和信众虔诚之心，"仁寿堂建委会"旋即统筹规划各司其职。

爰詹涓于岁次丙申年三月十八日吉时辟土扩址兴工。

庀工经始悉遵古制，协传统民俗之规制，洽时新材料以装饰。谨择岁次己亥年三月十三日吉时隆重庆成。

试观今日之仁寿堂：

大殿中央，主祀观音佛祖神龛之前上方，网目藻井层层出挑，层层斗拱，重重叠叠交相鼎立向上，直托天穹之明镜，犹是大彻大悟之佛境；而鎏金溢彩的闪闪金光，宛若侍神三王爷、注胎夫人妈或威严或慈祥的目光。

大殿两侧，左有僧房客舍，右有膳堂仓储。堂涂通径连后院前庭广场，更有雕栏玉阶环合院墙以护。

远眺仁寿堂，歇山顶正脊之宝塔法轮双龙护峙；庑殿顶四导水悬空出挑而起，层楼上下辉映叠翠，巍峨龙楗挺拔崛起矗立。于是乎，飞燕盘龙蜿蜒直上云天。

美哉轮焉，美哉奂焉！

为纪盛事，谨勒石志之。

仁　寿　堂　建　委　会
于岁次己亥年仲春吉旦立
（新历二零一九年春）

【说明】

碑刻嵌于鲁东村仁寿堂，宽561厘米，高156厘米。序文列右，隶书横排；标题字径7厘米×5厘米，正文字径3厘米×2.3厘米，落款字径3厘米×2.3厘米。碑刻左方列捐款者芳名。

东吴廻龙公墓园重修志

東吳廻龍公墓園重修誌

　　六百多年来祖墓未曾葺修过，旅菲东吴历届理事会，虽有意重修，但鉴于家乡一系列公益事务缠身，而无暇顾及。公元二零零一年前故理事长泽由先哲，受永远荣誉理事长似锦先生的委托，要笔者造出祖墓扩建规划设计图，惜因其它事务而中止。公元二零一九年初，由建委会多方考察，组织提议，报请菲地侨亲审议。同年正月，适逢本乡恭送玉皇大帝，旅菲东吴同乡会第十八届理事长远程先生刚好返乡参加庆典，见祖墓四周芒草横生，墓园破烂不堪，目不忍睹。返菲后六月份，适逢旅菲同乡会举行就职典礼，远程先生随即携手似锦先生率先牵头，发动修墓计划，带动本届全体理监事发动筹款活动，并汇集家乡、香港、澳门、台湾懦亲暨侨居世界各地海内海外一切廻龙公派下及分支院东、倒石埔、官桥等地贤裔共商葺修事宜，大家皆踊跃捐资。随后家乡立刻成立建委会，同时延聘多位风水先生对祖墓风水坐字进行认真反复勘察，并择吉于二零一九年三月份动土，旋于同年十二月圆满竣工。斯祖墓扩修的成功，也是完成了先哲天德、荷劝伉俪，泽镖、绵趁、泽由等先贤未竟之事业，相信他们定含笑九泉。祖墓卜于公元二零二零年九元月卅日吉时，举行隆重谢土奠安仪式。始祖考姚灵爽，子孙孝思之心堪慰。始祖考姚定灵佑海内海外全体裔孙，丁财双进，万事遂意，既是为记。

东吴廻龙公祖墓建委会
立于公元二零二零年共和岁次己亥正月初六日吉时

旅菲东吴同乡会第十八届理事会

（以下职务及姓名 12 行，略）

【说明】

碑刻嵌于吴厝村东吴廻龙公墓园石构六角"顾祖亭"柱上，宽 190 厘米，高 80 厘米，碑文楷书竖排。标题字径 3.4 厘米 ×4.2 厘米，正文字径 2.5 厘米。

栖梧保灵殿重建碑记

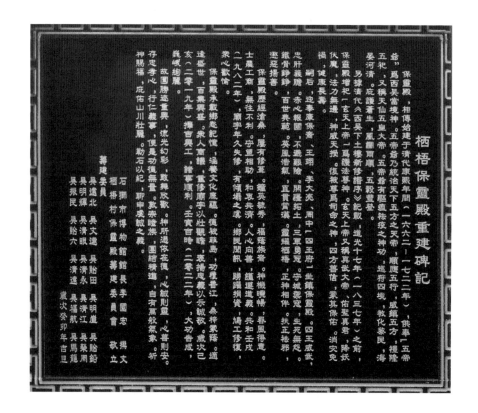

保灵殿，相传始建于清代康熙年间（一六六二—一七二二年），供奉"五帝爷"为西吴当境神。五帝爷乃统治天下五方之天帝，顺应五行，威镇五方，礼隆五祀，又称天仙五皇大帝。五帝爷有驱瘟祛疫之神功，巡狩四境，教化黎民，海晏河清。庇护苍生，风调雨顺，五谷丰登。

另据清代《西吴下土楼新修谱序》记载，道光十七年（一八三七年）之前，保灵殿增祀"玄天上帝"为护法尊神。玄天上帝又称真武大帝、佑圣真君，降妖伏魔，法力无边，神威天授。后被尊为司命之神，四方善信，蒙其保佑。消灾免祸，健康长寿。

嗣后，迎奉康保裔、王翊、李大亮、周中"四王府"坐镇保灵殿。四王威武，忠肝义胆。赤心报国，不避艰险。开疆拓土，三军勇冠。守城御寇，生死无怨。铁骨铮铮，百世典范。英风浩气，直贯霄汉①。灵耀栖梧，正神相伴。扶正祛邪，惩恶扬善。

保灵殿历经沧桑，屡有修葺。钟英毓秀，福荫族裔。神机晓畅，春风得意。士农工商，无往不利。守望相助，和衷共济。人心向善，谨遵道义。共和壬戌（一九八二年），庙宇年久失修，有倾塌之虞。乡民闻讯，踊跃捐资，鸠工修复，众心欢愉。

保灵殿承载乡愁记忆，涵养文化底蕴。德被菲岛，功覆香江，桑梓蒙荫。适逢盛世，百业兴盛。众人商议，重修庙宇以壮观瞻，褒扬忠义以示诚敬。岁次己亥（二零一九年）择吉兴工，诸事顺利。壬寅吉时（二零二二年），大功告成，巍峨绚丽。

故园胜迹重兴，流光幻彩，鼓舞欣欢。神所凭依在德，心诚则灵，心善则安。存忠孝心，行仁义事，便是功德无量。敦宗睦族，团结精进，自有万般气象。祈神赐福，庇佑山川壮丽。勒石以纪，聊申虔诚之义。

石狮市博物馆馆长李国宏　撰文

栖梧村保灵殿筹建委员会　敬立

筹建委员

吴远北	吴文达	吴贻田	吴明崖	吴贻铅
吴明辉	吴清眼	吴清永	吴清江	吴荣周
吴振民	吴贻六	吴清远	吴福航	吴马龙

岁次癸卯年②吉旦

【说明】

碑刻立于西吴村保灵殿石埕之右，宽 147 厘米，高 109 厘米，碑文隶书竖排。标题字径 5.5 厘米 ×3.5 厘米，正文字径 3.5 厘米 ×2.3 厘米，落款字径 3.5 厘米 ×2.3 厘米。

注释：

①霄汉：天河。借指天空。

②癸卯年：2023 年。

第六辑

慈善公益

游子吟

炎黄儿孙多，足迹遍五洲。临濮家声远，浔江世泽流。
先严讳修国，菲域勤绸缪。生育八男女，克绳绍箕裘。
哺乌谒慈爱，雏黄日啁啾。兄铰偕弟登，托养姨与舅。
余少奉父命，南渡维生求。磨砺徒工始，大同莫鸿猷。
二次世界战，菲华沦日手。屠杀吾同胞，敌忾且同仇。

中菲齐抗倭，三弟戎盔就。吾事后援责，热血壮志酬。

椰岛正当复，鬼子不甘休。暴行烧杀抢，血雨腥风臭。

山弟殉壮烈，登为通缉囚。九命妻儿女，人财尽乌有。

战乱平息后，悲恨愁交忧。兄弟同奋志，发愤重运筹。

家国未敢忘，摇篮心上留。乙丑两度归，山川喜聚秀。

中华方崛起，振兴我神州。富强有希望，亿众乐悠悠。

兴邦民有责，解囊何踌躇。欣荣堪策励，游子共推舟。

春晖寸草报，乡情铭座右。绵力修路亭，四化添一锹。

愿卜尧舜天，国泰民殷优。泐志相鉴勉，政明祝千秋。

施连登率弟	施雨露 施雨水 施雨霜 施雨良	偕侄	施竹林 施性震 施永芳 施明权	同立

公元一九八六年岁次丙寅桐月十五谷旦

【说明】

碑刻立于龙湖镇衙口村"李埭亭"。宽100厘米，高180厘米，碑文楷书竖排。标题字径8厘米×9厘米；正文计10行，字径3.2厘米×3.8厘米，五言诗体裁。

碑铭叙立碑者施连登暨昆仲家世，洋溢着其对祖国的拳拳赤子之情。

许经格先生赞词

许经格先生系我宗亲与吾里德高望重之贤哲。童年天资聪颖好学，震瑶小学第一届毕业高才生。十九岁南渡菲岛谋生，初寄人篱下，廿四岁回乡完婚，婚后偕夫人郭金针女士再渡菲岛。后与友人合营烟厂，出品精良，风行全菲而发财致富。其为人爽直，急公好义，乐善好施，以公益教育事业为己任，热心兴办慈善福利事业，出钱又出力，赢得族内外及吾乡侨爱戴。

经格先生曾任我旅菲石龟许厝同乡会第三、四届理事长，对同乡会一向关心爱护，会所用具无不慷慨捐助购置、鼎力支持。每开会必出席，现年逾八旬，亦无间断。而有乡侨不幸身故，则躬临慰唁及襄理丧事，数十年如一日。乡侨感其热诚，特敦聘为同乡会永远名誉理事长。曾任菲许氏宗亲总会理事长、忠义堂总堂理事长、洪门进步党总部付理事长、近南学校董事长、烈山五姓联宗总会付理事长及监事长，历任菲洪门进步党总部常务顾问、烈山五姓联宗总会咨询委员、忠义堂总堂常务顾问兼仲裁委员会主任、许氏宗亲总会咨询委员及众乡侨要职。

　　经格先生对桑梓教育公益事业一贯热情，积极解囊，创办震瑶小学，建新校舍与全村装电照明，自捐巨款又出力奔走。发动一九八二年组团回乡捐款给震瑶小学添置教具，带头捐建华苑一室。每次回乡均有捐助石龟老人会经费，捐建东溪水库二层抽水机站，建机房及购置整套抽水设备。玉湖本角三个生产队农田水利基本建设及公益事业皆鼎力资助，方得成功。前年独资捐铺山海路，然后各殷实乡侨纷纷响应，捐铺石路。目下乡中交通要道四通八达，其首倡之功，逾于岱岳，里人沐恩匪浅。

　　经格先生虽事业卓然有成，家道丰隆，但清心寡欲，无不良嗜好，惟急公尚义，已足为乡人模范。欣逢钻禧①之年，膝下儿孙满堂。由于教育有方，其后裔也是出类拔萃之辈，堪称荣幸。

　　经格先生爱国、爱乡、爱侨社精神，值得颂扬立碑。

石龟许厝玉湖份诸宗亲　敬立

公元一九八七年十一月吉日

【说明】

　　碑刻立于龙湖镇石龟村玉湖份，花岗岩质，白石两柱，黑石为板，上饰书卷，镌"流芳千秋"四字。碑文宽120厘米，高68厘米，行书横排。正文计5段18行，字径3.4厘米×3.8厘米。记旅菲乡贤许经格先生简历暨捐赠家乡公益事业事。现碑名为编者加拟。

注释：

①钻禧：指结婚60周年。

施教锯烈士

一八八九年一月三十日——一九四二年四月十五日

施教锯先生，福建省晋江县龙湖乡石厦村人。早年南渡菲岛求学经商，毕生献身于人民解放和教育事业。曾任菲律宾马尼拉华侨烛厂同业公会首届主席、华侨善举公所董事兼外交委员、华侨教育会委员、旅菲钱江联合会理事长、溪亚婆中西学校董事长、南洋中学等学校董事。先生身居海外，心怀祖国，关心家乡公益事业，建惠济桥，创办石厦光夏学校，造福桑梓，惠及万民。

一九三七年卢沟桥事变后，任菲律宾华侨抗敌后援会委员，爱国护侨，抵制日货，集资支援祖国抗日战争，勋业卓著。一九四一年冬，菲岛沦陷，先生不幸被捕，受尽酷刑，仍坚贞不屈。一九四二年四月十五日英勇就义。施教锯烈士为国为民，赤胆忠心，与天地共存，与日月同辉。

【说明】

碑在华侨大学"教锯纪念楼"（政治与公共管理学院）一楼大厅，系施教锯烈士铜像基座，铸铜腐蚀牌，宽35.5厘米，高28.3厘米。

1988年12月，石厦村旅菲乡侨施文种（施教锯烈士次子）捐建华侨大学建筑系馆"教锯纪念楼"，该馆是为纪念其先父——旅菲抗日烈士施教锯而得名，并立铜像铭志烈士的英雄事迹。

洪祖杭先生碑记

全心兴德业，国事善担当。政务勤参议，协商献妙方。
常通金保利，委获紫荆章。香阜回归喜，港津雪耻长。
太金丰盛广，平任稳安康。绅特区推委，士谦敢搏行。
洪敦煌衍派，氏共瑞传芳。祖德山立志，杭仁国朝阳。
乡关丝路月，贤达海涛光。情满培才望，怀圆国梦强。
桑溪前景远，梓里颂声扬。

晋江市龙湖镇人民政府　立
原建于一九九零年七月
重建二零二二年十月

【说明】

　　碑刻立于龙英公路龙湖镇后坑段"侨英天桥"侧凉亭中，独立基础，白石束腰雕吉祥花卉，红石为碑。宽235厘米，高100厘米，厚14厘米。原标题为"全国政协委员香港太平绅士洪祖杭先生碑记"，现碑名为编者缩拟。碑文楷书竖排，标题字径5厘米，正文字径8厘米，落款字径4厘米。

　　碑文五言22句，冠头"全国政协委员香港太平绅士洪氏祖杭乡贤情怀桑梓"。

文种先生家世赞

　　吾乡硕彦学齿前哲，系文种先生尊祖，侨居菲岛，善心济世，关怀家乡公益。一九二五年首建大桥，位在今之上游，原石木结构，历以十余载，为洪水冲垮。令尊教锯乡贤，爱国爱乡，承先启后，三十年代中叶，二次重建，未几亦付东流。其兄猛猛先生奉祖母懿愿，集资万元，于一九七一年三建六跨拱桥，移位于小溪下游。十载冲刷，破裂坍塌。文种先生挺身而出，四建三跨拱桥。奈天演物移，民众取沙建屋，迁降六尺，基础暴露，虽建议加固，惜未及时处理，遂为特大洪水所坏。先生继鼓其勇，五建今桥，耗资肆拾余万元。桥面加宽至六米，为钢筋混凝土结构，一派雄姿。统计在六十六年间，祖孙三代五建本桥，为古今凤毛麟角。其家世之善，清芬爱祖国、为人民，一脉相承，殊堪敬佩。爰歌一律，永垂纪念：

　　　　　　晋邑山川锦绣多，鸿门世代出英豪。

　　　　　　三重祖训皆行善，五建今桥德业高。

　　　　　　玉带东奔邹鲁地，长虹北枕延陵埠。

　　　　　　往来车马称方便，行客同声颂赞歌。

　　　　　　　　　　　　　　　石厦村委员会　立

　　　　　　　　　　一九九一年八月　松坡撰文并书

碑刻嵌于龙湖镇石厦村惠济桥中段桥栏，与《三代惠济桥五建碑记》相对；宽 229 厘米，高 68 厘米，碑文竖排。标题篆书，字径 6 厘米 ×7 厘米；正文隶书，字径 4 厘米 ×5 厘米；落款隶书，字径 5 厘米 ×4 厘米。叙三代五建惠济桥缘起，并赋诗以赞。

为至成先生而题

大凡慧眼独具、高瞻远瞩者，无不以修桥造路、兴学施教义举之先。盖前者所以济民利世，后者乃以育才兴邦。吾市龙湖镇洪溪村旅菲乡侨施至成先生，于此是为卓识远见之士也。至成先生早年随父南渡，栉风沐雨数十载而宏图大展，素享亚洲巨贾盛誉。他山立业，不忘故园荣茂。至成先生秉太翁遗训，鼎力故乡公益事业，于一九九一年捐资贰佰万元，兴建苏坑至石厦普济桥水泥路，裨益桑梓，造福一方，襟怀足式，义举可嘉。值于公路纪念亭落成之际，特为文勒石以志。

晋江市市长何锦龙

岁次壬申年仲夏

【说明】

碑刻嵌于龙湖镇洪溪村环村路六角亭两柱间，立于 1992 年仲夏。该碑宽 182 厘米，高 62 厘米，碑文魏碑竖排。标题字径 4.8 厘米 ×5.3 厘米；正文计 19 行，字径 3.8 厘米 ×4.8 厘米。记施至成先生捐建苏坑村路口至石厦村普济桥水泥路事。

何锦龙，惠安人，岁次壬申年（即 1992 年）任中共晋江市委副书记、市长，市人民政府党组书记。

至万亭碑记

施君性祥，出生岷市。先父徙菲，失所居离。
先兄繁劳，依然寒饥。令老先慈，重洋团聚。
战后①复苏，洞察市肆。通宵达旦，粒储累积。
励志创业，小本营企。乔木倒倾，梓木幼里。
令老先慈，当男作女。抚儿成才，克尽慈意。
率领儿侄，继承遗志。善理勤营，商贾云集。
内助贤惠，和睦妯娌。母教长铭，勇为重义。
不忘故园，为人舍己。团结乡侨，举办教育。
修桥造路，输资公益。美德高风，启迪后士。
造福桑梓，民众赞誉。乡人敬之，留念立碑。

【说明】

碑刻嵌于杆柄村东北"至万亭"两柱间，宽211厘米，高62厘米，碑文为四言诗体，楷书竖排；两侧嵌行书冠头联"性蔼行谦让，祥晖焕彩光"。正文字径5.5厘米。碑刻无落款、日期，现碑名为编者加拟。记杆柄村旅菲乡贤施性祥捐建家乡公益事业事。

注释：

①战后：太平洋战争结束后。

石厦怀乡亭碑志

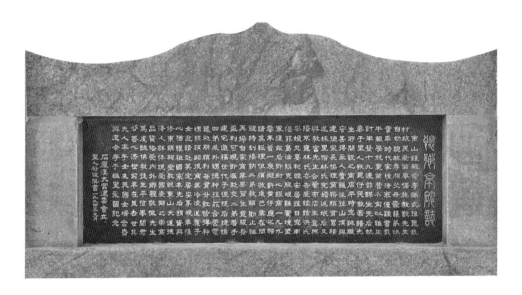

  东山钟毓秀，孝悌式①后昆。我村旅美爱国华侨施教说先生自幼聪敏，孝顺父母，爱护弟妹。童年时代，家境清寒，仅读书载半，辍学就农，兼营小商，以维生计。年登十九，渡菲谋生，先后就业于里人教恩、仔民、教套诸先生所开设之商店。平时忠诚职守，甚得主人赏识，派往山顶与建德宗长协理商务，颇有累积。遂来里偕林氏完婚。返岷后，又与教富先生合营布店，生意兴隆。不意林氏去世，爰续弦洪氏枣娘，夫妻和睦安居。后日寇南侵，菲岛沦陷，克服艰难处境，盟军复菲后即耐心经商。一九九零年曾一度拟许黄仔应之聘请为经理，但须收成己业。在关键时刻，接纳二弟教颢劝止，继再操自家商业。果尔生意骏发，盈利可观，即汇款交二弟着手建宅，造福世代子侄。随后提携四弟及外甥德种往菲，合营电器。初期顺利，每有分红，皆得种甥照顾。嗣后商业冷淡，遂应子女迎请，赴美定居，安享晚年。唯心犹怀祖国宗本，先后捐资兴修东头祠堂，敷设东山大道，德泽人群，体现爱国爱乡之崇高品质，备受内外乡亲敬佩。先生为虔诚佛教徒，生平信仰阎君公，善心济世。前年在美去世，其夫人率子女及美国女婿合资兴建今亭于祖里，永留纪念。

石厦溪大宫建委会　立

里人松坡撰书　一九九四年元月

【说明】

碑刻立于龙湖镇石厦村阎君公宫埕前左方，花岗岩质，两印斗柱落地，四方石为底部栏杆，压顶梁作波浪状。黑石为板，宽140厘米，高47.5厘米，碑面文字竖排。标题篆书，字径4厘米×6.5厘米；正文隶书，字径2.7厘米×1.9厘米；落款字径2.6厘米×2.2厘米。记石厦村旅美乡贤施教说先生履历暨捐赠家乡公益事业事。

注释：
①式：式范。模范，楷模。

垂范流芳

乡侨志品先生，出身贫寒，童年痛失怙恃①，备尝人间辛酸，饱经尘世磨炼，遂养成勤劳俭朴品德，树立坚强勇毅意志，怀存立德立业抱负。

远渡菲国后，自信自强，学习制皂等治生技艺，由店伙计至开设小炭店，购置雪文②厂，风风雨雨，历十余春秋，老天不负苦心人，素志竟成。

营运计盈有术，蓄积渐丰，深情维系家乡之先生，首倡建造村小学，率先捐献投建金半数，引电照明等公益事业亦慨然解囊。村民至今赞誉有加。

晚年屡嘱子女牢记家乡多舛③酸楚史，告诫彻悟创业维艰，并期箕裘克绍，继续造福梓桑，后昆谨遵遗训，事业善绩均可称许。

今勒石以垂范流芳，亦藉以策励后来者发愤思齐。

梧坑村委会　立
启文校董会
一九九五年九月十八日

【说明】

碑刻嵌于梧坑村启文小学旧校址礼堂大门口，花岗岩质，宽110厘米，高60厘米，碑文楷书竖排。标题字径3.8厘米×5.4厘米，正文字径3厘米×3.4厘米。记梧坑村旅菲乡贤许志品先生奋斗履历暨捐建启文小学、梧坑村电力设施事。

注释：

①怙恃（hù shì）：1.依靠；凭借。2.父母的合称。

②雪文：即肥皂（音译）。

③多舛（duō chuǎn）：命运充满不顺。指一生坎坷，屡受挫折。舛：不顺，不幸。

志品先父辛酸奋斗经历

先父一九零四年岁次甲辰七月十七日生于晋江梧坑乡一贫农家。父名逊准，母蔡魁。无伯叔兄弟，一姊名亚香。五岁母殁，借贷理后事。越年惨遭回禄①，家成废墟。七岁，父忧劳过度见背，鬻②田廿元以治丧，自此与祖母三人相依为命。

为生活，拾柴，种田，为佣工。一次佣资一铜币，奔劳不辞。十二岁挑粪，肩皮磨破，咬牙坚持。虽备受苦楚，仍挨饥寒，苦熬岁月。姊年十六，嫁石狮大仑蔡姓者，聘金剩数十元，聊获滋润。十三岁入村私塾，因师去世，就读十月便辍学。后一度卖碗糕，记一月夜，误天将亮，闯两处荒冢，经一常有人溺毙水池，抵石狮天未明，糕店交口赞扬：年少勇敢勤奋，后必有成。

十四岁时，祖母欠安，既要劳作，又要侍候汤食。夜深，每闻咳嗽呻吟，急爬起为之端茶捶背。缘窘迫困顿，无力延医，遂成痼疾，翌年农历十月廿二日，祖母西归。卖后房四十元为安葬。出殡日，送丧者唯先父及其姊、姊夫，四位棺夫等，悲怆凄凉，肝胆欲断，毕生难忘。

悟应化哀伤为振奋，十六岁为乡小店雇用。石狮补货，百斤压肩，气喘腿酸，犹勉力撑持。有小错即遭辱骂，唯隐忍顺受，学擀面条酿酒等谋生术。是年工资廿四元，苦水凝佳果。

年十七，堂亲志偶寄来大字③，提携往菲，进逊轩雪文厂当厨司兼做雪文及杂务。两年辛苦还清"大字"账三百元。后到描柳沃社④当雪文厂经理兼制雪文师傅，历时年余，因车行不慎伤脚，糜烂七月，延医买药，近二仟积蓄几乎花光。伤愈，营售炭小生意，起早摸黑，恪守信誉。经两年，拓展业务，颇有起色。年廿八归国结婚，内子⑤叶雪治。卅二岁携妻来菲。一九四零年购菲国武六干省仙下其厘雪文店，一九四二年又另置店屋。

先父致富不忘乡关，兴建启文小学，亲临奠基，承担投建金额半数。引电照明等公益事业，亦颇多奉献。至今，乡人口碑赞誉。

先父伶仃孤苦辛酸奋斗经历，遗模垂范，后昆缵绪⑥承志，发扬光大。

次男许钟鑫　叩立
一九九五年九月十八日

【说明】

碑刻嵌于龙湖镇梧坑村启文小学旧校址礼堂二楼厅，花岗岩质，宽140厘米，高100厘米，碑文行书竖排。标题字径5.2厘米×5.7厘米，正文字径2.3厘米×3厘米，落款字径2.7厘米×3厘米。碑刻之上影雕许志品、叶雪治伉俪半身像。碑刻叙梧坑村旅菲乡贤许志品先生奋斗履历暨捐建家乡学校、电力设施事。

许钟鑫，历任菲律宾华侨善举总会副董事长、菲律宾许氏宗亲总会名誉理事长、菲律宾中华总商会理事长、菲律宾洪门进步党总部理事长、菲律宾洪门联合总会理事长。对家乡公益事业贡献良多，2017年独资捐建启文小学体育馆。

注释：

①回禄：指的是传说中的火神，引申指火灾。

②鬻（yù）：卖。如：卖官鬻爵。

③大字：指出国护照。

④描柳沃社：菲律宾地名。

⑤内子：即内人，妻子的谦称。

⑥缵绪：继承世业。

许君经秦平生^①事略

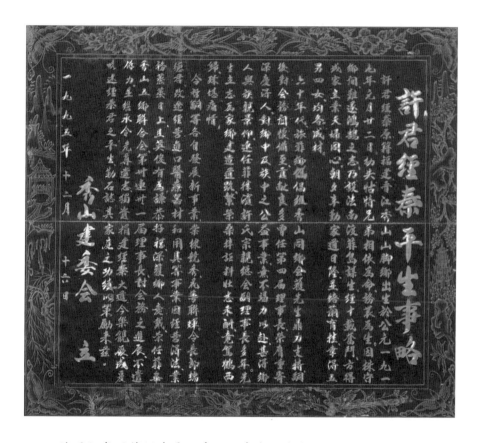

  许君经秦原籍福建晋江秀山山脚乡，出生于公元一九一九年元月廿二日。幼失怙恃，兄弟相依为命，务农为生。因株守乡间，难遂鸿鹄之志，乃设法南渡菲岛谋生。经十载奋斗，方得成家立业。夫妇同心，朝夕辛勤，家道日隆，并培兰育桂，幸得五男四女，均各成材。

  六十年代，旅菲乡侨倡组秀山同乡会，获先生鼎力支持，嗣后对会务关怀备至，贡献良多。曾任第四届理事长，荣膺重寄，深庆得人。对乡中及族中之公益事业，无不竭力以赴，甚得乡人与族亲景仰，连任菲律宾许氏宗亲总会副理事长多年。先生立志为家乡建造道路，繁荣桑梓，讵^②料壮志未酬竟驾鹤西归，殊堪痛惜！

今哲嗣等各自发展新事业，棠棣竞秀，花萼联辉。令长郎瑞德君，改途经营进口医疗器材和用具等，事业因经营得法，业务蒸蒸日上；且英俊有为，谦恭好礼，深获乡人爱戴，荣任菲华秀山五乡联合会第卅连卅一届理事长，对会务之进展不遗余力，并继承令先尊遗志，独资捐建经秦大道。今乐观厥成，爰略述经秦君之平生，勒石志其家庭之功绩，以策励来兹。

秀山建委会　立

一九九五年十二月十六日

【说明】

碑刻嵌于秀山村经秦大道临门门柱之上，宽110厘米，高100厘米，碑文行书竖排。标题字径6.5厘米×7厘米；正文计3段，字径3.2厘米；落款字径5.5厘米×6厘米。

注释：

①平生：一生；此生；有生以来。

②讵：同"岂"。

龙枫亭碑记

党和人民的优秀儿女，无产阶级的忠诚战士许良枫（许龙枫），晋江龙湖亭村人，生于公历1921年，卒于1994年，系许会玉和洪乌汝之三子。少年时侨居菲律宾，1938年投身抗日反法西斯战争，成为当地华侨领袖，担任抗日游击区特委、工委书记，市委书记，菲共华委常委，新中国成立前，奉党和国家之命回国，曾任中共对外联络部党办副主任，福建省侨委副主任，省政府外事办副主任，省旅游局局长，省侨办主任党组书记，省五届、六届人大代表，全国侨联委员和福建省委顾委。一生光明磊落，无私无畏，为国际反法西斯斗争呕心沥血，为国家建设和人民福祉鞠躬尽瘁。许热心家乡事业，为归侨纠正冤案，发动华侨创办泉州市农业工程学校，兴建水电、交通基础设施，深受乡亲爱戴，永志怀念。

施韵琴（施瑛），公历1926年出生于晋江衔口乡，系辛亥革命志士施文普和龚乌花之四女。1940年投身抗日战争，历任菲律宾地下抗日妇女领导人，中共对外联络部科长，福州市委统战部副部长，福

州市副市长和福建省委台湾工作办副主任。许良枫与施韵琴于 1946
年结为伴侣，追求共同理想，奉献青春历尽风雨，恩爱终生。

晋江市龙湖镇龙玉党支部、村委会撰文

儿女许卓霜　许卓扬　许卓桦

敬立于 1996 年秋

【说明】

碑刻立于龙湖镇龙玉村西北"龙枫亭"，独立雕花基座，白石为碑，宽
106 厘米，高 172 厘米，厚 15 厘米。标题字径 6 厘米，正文字径 4 厘米，落
款字径 2.5 厘米。现碑名为编者加拟。

许自业施荷英夫妻纪念亭记

本乡先贤许自业，自幼聪颖，胸怀大志。弱冠南渡菲岛，初时任职于其亲戚之碾米厂。克勤克俭，甚为其亲戚所器重。后自营什货店，颇有积蓄，乃返乡娶衙口淑女施荷英为妻。伉俪情笃，未几再渡菲岛，悉心经营，生意日渐起色，即携眷往菲团聚。夫妇同心，业务益加发达，并育有子女八人，男子有启、有利、有土、有林、有彬、有权、有墙，女子淑卿等。太平洋战事结束后，衣锦还乡，兴建楼屋，并为其先人做大功德。因慷慨豪爽，遐迩闻名。嗣后复往菲岛，事业日益发达。举凡侨居地及家乡之慈善、公益、教育事业，无不鼎力支持，在菲岛及家乡皆享有崇高之声誉。其夫人荷英女士亦宅心仁慈，乐善好施，贫寒孤寡得其周济者甚多，蜚声闾里，有口皆碑。自业乡长不幸于一九六六年修文赴召，享寿七十高龄。

令哲嗣等，皆英俊有为，克绍箕裘，益拓宏规，并增设多所工厂，产品畅销菲岛及欧、美诸国，成为菲岛名商。为报答父母之恩，曾先后在家乡建造自业路及许自业水泥大道。今又兴建许自业施荷英夫妇纪念亭，家乡固山明水秀，择地建亭，为娇美之山川，增添秀色，而农夫樵叟，工余之暇，得稍事休息于其间，往来商贩，亦可藉以歇息，兼避风雨，是故斯亭之筑，非仅报答父母深恩，亦可点缀风景，并嘉惠往来行人，是继造路之后，又一贡献也。兹乐观厥成，爰缀数语，是为记。

石龟基金建设委员会　立

公元一九九七年八月

【说明】

　　碑刻嵌于龙湖镇石龟村许自业施荷英夫妻纪念亭，花岗岩质，楷书竖排，宽 154 厘米，高 62 厘米。标题字径 3.1 厘米 ×3.3 厘米；正文计 2 段 30 行，字径 2.3 厘米 ×2.5 厘米。记旅菲乡贤许自业、施荷英伉俪简历及其哲裔捐赠家乡公益事业事。

施能岩先生简历概略

　　施能岩先生，一九一七年农历三月出生于晋江龙湖大埔村，旅菲乡贤施性堤老先生之三男，施氏浔江公会理事长、旅菲大埔同乡会永远名誉理事长施能坤先生之胞弟。

　　施能岩先生于一九二六年随父兄离别家乡，前往菲律宾国谋生兼继续学业，一九三六年返回故乡，同蔡明星女士结成伉俪。夫妻两人相敬如宾，携手协力，培育子女，勤于商务，致予大成。夫妇相偕，钻婚纪念，世间罕有。

　　施能岩先生一生遵循古训，克勤克俭，以诚待人，胸襟宽广，克己奉公。故乡情谊尤为爱戴，于一九七二年偕同胞兄施能坤等人排除困难，合力组建旅菲大埔同乡会，给予大埔乡诸旅菲乡侨树立爱国爱乡之美德，首功非能岩先生莫属。

一九七八年，正当祖国大陆在中共中央领导下，对外采取开放，对内搞活经济，科教兴国等一系列大变革之时，能岩先生曾先后四次亲自返乡同故乡诸人士共同商谈捐资建校办学之事。经能岩先生在海内外奔波努力，终于在一九八一年新建大坡小学教学楼。一九八二年，能岩先生又为大埔故乡架电照明，创下不可磨灭的功勋。一九八四年至一九九三年间，能岩先生曾多次慷慨捐资，重修学校围墙，建筑池畔，修桥造路，翻修宗祠，倡议组建大埔老人协会，捐巨资赞助教育基金、老人协会活动资金。特别在就任旅菲大埔同乡会第八任理事长时，更为故乡的公益事业贡献巨大，一九九四年初春，在能岩先生的倡导和支持下，大坡小学新礼堂和新教学楼又屹立在大埔村，为大埔的教育事业又创下一大功勋。

一九九七年，能岩先生虽已年届八秩，但是爱国爱乡之心更加剧烈，在能岩先生的极力支持和倡导下，并无偿捐献祖上留下厝宅基地扩宽道路，亲任督促施工，给故乡的交通事业创下无可比拟的功绩。

贤哉能岩，义哉能岩！大埔村各界村民，如今正以高昂的意志在开创事业，如此美好的环境，没有能岩先生的无私奉献是不可能达到的。饮水资源，追溯贤达，众乡人均异口同声，咱村的一切公益事业，能岩先生之功不可忘却。经全体乡人建议，同意撰文立碑以志纪念，并且给予后人树立光辉榜样，以勉嘉绩。

大埔校董会　两委会　老协会暨各界人士

岁次戊寅年蒲月　公元一九九八年七月　立

【说明】

碑刻嵌于新丰村益梓亭两柱间，宽152厘米，高87厘米，碑文楷书竖排。标题字径3.5厘米×4.3厘米；正文字径2.5厘米×2.7厘米。叙大埔村旅菲乡贤施能岩先生捐赠家乡公益事业事。

侨界之旗帜、家乡之乡贤旅菲许龙宣生平碑志

龙宣号洋川，晋江龙玉村人，初随父母南渡菲埠，受环境限制，只毕业初小，后靠其勤奋自修，更能著书立说，成为无师自通学者，诚难可贵。

先生思想开明，热爱祖国，心怀家邦，凡事诺守①原则，抱乐善好施、急公好义之心，报效家乡，阙②维③公元一九六〇年代新中国成立后④，因怀念家中老母及其亲人，潜渡归省，但见村人，生活困

苦，难够温饱，荷捐资号召两村群众，填湖园田发展生产，由于当时风水灾害冲击，后继乏人，不善治理，造成功败垂成，留有大片荒地。

龙宣具有远大眼光，当国家开放后，想美化龙湖的理想建设，配合热心之乡侨，利用现成荒地，建设初具规模的侨乡旅游区，期望有热心桑梓者，再加点缀扩展。

他一生最注重教育，早年代头⑤发动乡侨兴建晓新小学，勉励其子文顶，捐建学校，水、电，修桥造路，捐资教育基金，为村中学子造就基层教育。进一步赴省请准在吾村滨湖之区，创建规模颇巨的泉州市农业工程学校，系民建官办，为国家培养高等人才，成绩斐然，其功不可泯矣。

先生并在侨居地曾作有益于社会人群，诸如修桥造路，组织志愿消防队，以保居民安全，最受各界好评。并先后撰编《龙湖特辑》和续辑。又在泉州刊印《晋江地方掌故》及《闽南谚语选》誉称为民俗学专家。龙宣一生所做善事虽予尽述，现届耄耋之年，且身疾体衰，仍念念不忘故乡未竟报效之志愿。

特此略志其生平事迹，勒石滨湖，以励来兹，冀望乡侨及事业有成的企业家，厚德载福其报，树立楷模，是为志。

旅菲龙玉同乡会

龙玉村支部　村委会　老人会　立

校董会　宫管会⑥

公元一九九八年岁次戊寅十一月

【说明】

碑刻立于龙湖西岸湖滨公园、龙王庙之南。独立基座，高 39 厘米；碑身宽 155 厘米，高 227 厘米，厚 18 厘米，碑文竖排。标题行书，计 2 行，字径 7 厘米 ×7.5 厘米；正文隶书，计 6 段 14 行，字径 4 厘米 ×3 厘米；落款隶书，字径 4 厘米 ×3.2 厘米。顶端居中嵌许龙宣先生影雕玉照。

注释：

①诺守：疑为"恪守"：恭谨遵守。

②阙：有怀疑的事情暂时不下断语，留待查考。

③维：语助，用于句首或句中。

④公元一九六〇年代新中国成立后：新中国成立后的 1960 年代。

⑤代头：带头，指首先行动起来带动别人。

⑥宫管会：龙宫管理委员会。龙王庙俗称"龙宫"。

施教敏公益善举碑志

　　本里先贤施教敏，别号施春敏，生于一九一六年，籍居菲国，身系中菲血缘，乃吾炎黄子孙，终年享有七十六。先生年少随眷旋梓谒祖，遂入读泉州晋中，汲取中华文化，民族精神。后从命辍学返菲协理商务，再缵承先业。致志孜孜，智睿过人，秉刚不阿，故国乡情根深。二十世纪中叶，冲破重障，携资回乡投办砖瓦制造，伊始二十秋，所得红利均馈村宗滋享。斯业开盛五年后，独资首建吾村小学，黉宇巍立，莘莘学子相继入读者累有数百之众。尚且连续创下重修宝山宫殿宇，铺筑通衢水泥大道，参建钱江先祖典公陵园管理所，首举兴建便利村宗陇亩劳作避雨凉暑亭，抚老恤贫……等诸善举。历经风雨几十载。甚而贱价典售产业，慷慨亲襄捐下数拾万巨。

先生爱国爱乡，福祉公益，堪称耗尽半生精力，似倾身家积蓄。年迈高龄仍乡心不泯，幸藉哲嗣继以风范慰之。誉播毗邻迩逖，声腾远达于海外。荣膺本省、市、县政府颁授褒彰。斯人逝矣！功垂青史，业存昭天。爰立碑志镌永缅怀。

后宅村 撰立

公元二零零零年四月

【说明】

碑刻立于旧泉围公路龙湖镇后宅村路口，花岗岩质，两柱落地，斗檐翘脊覆顶。碑身宽117厘米，高70厘米，碑文楷书竖排。标题字径5厘米×6厘米；正文计23行，字径2.7厘米×3厘米；落款字径2.2厘米×3厘米。碑文中影雕施教敏伉俪半身像。现碑名为编者加拟。

施能坤能岩昆仲简历概略

  旅菲先贤施性提先生，早年由晋江十九都大埔乡旅居菲律宾，膝下三男三女，尽皆人中龙凤，男长能壹，次能坤，三能岩，三女尽皆适望族世家，子孙满堂。

  施能坤先生，一九一三年出生在家乡大埔村，一九二二年随父母前往菲律宾国，一九三二年返回故乡同许明亮女士结成伉俪，钻石婚纪念，膝下有六男三女，皆人中俊杰，学历高超，为菲华社会作出杰出贡献。

  施能岩先生，一九一七年出生在家乡大埔村，一九二六年随父母兄长前往菲律宾国，一九三六年返回故乡同蔡明星女士结成伉俪，钻石婚纪念，膝下有三男三女，尽皆社会贤达、商界翘楚。

能坤、能岩昆仲幼年时就随父兄往菲律宾国谋生兼继续学业，均受中华儒家文化熏陶，乡土情怀极其浓厚，爱国爱乡之心极其强烈。一九四一年太平洋战争爆发，日本法西斯匪徒侵略菲律宾，菲岛沦陷，杀戮无辜，华侨生活极其困难。能坤先生毅然弃商从戎，退居山林，参加华侨游击队，投入抗日战争的烽火之中，被编入太平洋联军第六军四十三师，收复尼刹省依布大水坝，配合美军光复菲律宾，战功显赫，荣立殊勋。一九四五年八月日本无条件投降，然而菲埠岷市已成焦土，满目疮痍。能坤先生解甲复商，同胞弟能岩先生赤手空拳，在破碎的废墟上重建家园，维持旧业，经过数十年的艰辛努力，能坤、能岩昆仲事业有成，能坤先生由于战功和声望被推选为太平洋盟军菲华退伍军人联合总会连任十二届会长，能岩先生长期担任财政部长。

　　一九四九年，中华人民共和国成立后，在中国共产党的领导下，百业待兴，能坤、能岩昆仲在菲律宾组织广大爱国侨胞，尽力支持祖国的建设大业。一九七二年，能坤、能岩昆仲克服重重困难，团结旅菲乡亲，组织创立旅菲晋江大埔同乡会，能坤先生荣任首届会长，连任六届；能岩先生荣任第八届会长。能坤先生荣任世界临濮堂副理事长，能岩先生荣任财政主任。一九九二年，能坤先生荣任浔江公会会长，能岩先生荣任副会长。一九八零年，祖国家乡进行改革开放、科教兴国、搞活经济等一系列大变革的关键时刻，能岩先生数次返乡，实地勘察，同家乡贤达商谈建设大埔小学新校舍事宜。在能岩先生的努力下，能坤、能岩昆仲带动旅菲乡亲慷慨解囊，终于在一九八一年完成大埔小学新校舍建设。一九八四年仲夏，能坤、能岩昆仲联袂返回故乡省亲，极力倡议组织大埔老年人协会，并捐巨资作为老年人协会活动资金。

　　一九八零年至一九九九年期间，能坤、能岩昆仲尽责尽力，为家乡的公益事业呕心沥血，捐资献策。架公电，造道路，翻修宫、祠，扩建大埔小学大礼堂，新教学楼，捐赠教学基金，扶助贫困学子，昆仲二位对家乡的深情和厚爱是任何人都无可比拟的。

　　一九九九年十月，能坤、能岩昆仲相偕返乡参加施琅将军平台三百一十六周年纪念大会，经众乡人提议，能坤、能岩昆仲合资捐建大埔老年人协会新会址，给予乡中众多老年人能有安享晚年、憩息娱乐的场所。回想能坤、能岩昆仲的种种对家乡公益事业的无私奉献和种种义举，家乡的乡亲无不矢口交赞，称颂吾乡的公益事业，能坤、能岩昆仲贡献最巨，上至耄耋下至稚童，均异口同声。能坤、能岩昆仲对于祖国家乡的无私奉献和慷慨精神，饮水思源，追溯贤达，启蒙后辈，应该为其昆仲二位热心桑梓，造福家乡，功德无量，财子寿仕，儿孙满堂，声望和功勋无出其右的乡贤俊杰树碑立传，以勉佳绩，启示后人，留芳千秋。

校董　侨委

晋江龙湖大埔村　两　　委　　会暨各界人士　立

老协　妇联

公元二零零零年六月

夏历庚辰年端午

【说明】

碑刻嵌于新丰村老人会会所内墙，宽 223 厘米，高 142 厘米，碑文竖排。标题行楷，字径 4.2 厘米 ×5.3 厘米；正文楷书，字径 2.4 厘米 ×2.7 厘米；落款字径 2.3 厘米 ×2.4 厘米。叙大埔村旅菲乡贤施能坤、能岩昆仲履历暨捐赠家乡公益事业事。

施灿悦捐建南庄小学礼堂碑铭

乡贤施灿悦宗长，一九一五年四月二日出生于本村农家，二〇〇一年十月二十日卒于马尼拉。

十二岁开始在家乡读书，十六岁赴菲律宾谋生。初为店员，继当小商贩，后经营各种行业。因经营有方，事业有成。

抗日战争期间，积极参加抵制日货，募捐支持抗日救亡运动。

一九七五年中菲建交，致力于促进菲中友好事业。

先生为人敦厚豪爽，待人以诚，德高望重，乐善好施，对各种社会公益事业，无论是救灾施赈，文化教育，社会治安，皆慷慨捐输。历任菲华重要社团要职。

中国改革开放后，积极参与侨乡投资建设，对家乡教育、基建，建树良多。本南庄小学礼堂即为先生捐建。

【说明】

碑刻嵌于龙湖镇南庄小学礼堂，花岗岩质，宽 178 厘米，高 140 厘米。碑铭分为上下两部分，上部居中影雕施灿悦先生半身正面像，左镌关登明题词："热爱祖国赤子情，关怀梓桑敦亲心"。右镌黄炳辉诗书："施子人品五岳倾，灿如日月万山晴。悦心尽览春烂漫，好与圣贤结伴行"。下部碑文行书竖排，字径 3.7 厘米 ×4.3 厘米。现碑名为编者加拟。

关登明，男，曾任中国驻马来西亚、菲律宾大使。

黄炳辉，男，厦门大学外文学院副教授。

殷勤报秋意　只是有丹枫

　　施雨霜先生，身居异域，思切回馈报国，奉事家乡教育，历经二十余载，成绩斐然，蜚声载道，数度受省、市政府颁奖表彰。一九九一年应晋江市政府聘为本校名誉校长，并历任南侨中学校友总会永远名誉会长、菲律宾南侨中学校友会永远荣誉理事长、菲律宾南侨中学教育基金会执行理事长、香港南侨中学校友会永远名誉会长。

　　先生幼年随父南渡菲律宾，一九四八年回国就读南侨中学。一九四九年重渡菲国而后投身商界，克勤敬业而有成，创办工厂、工贸企业凡十余家，现为岷埠殷商。一九八一年回国重访母校，与同窗挚友施君养鹏聚首言志，决意为振兴南侨同尽其心，奉献其力。遂率先捐建修国门，拉开校园改造序幕。嗣后，会同许维新、陈祖昌多位校友，联络侨领、校董共倡全面改建校舍。经策划奔波，以大礼堂、教学楼为主体之建筑群拔地高竿，海滨学府，为之焕然一新。

　　先生荣任名誉校长之后，见学子住宿陈陋，则竭力倡划，慷慨解囊，汇聚旅菲校友之力，建成时为本地一流之可容千名学生宿舍大楼。继先生昆仲合捐建施修国教学楼之后，又独资兴建施修国、颜乌金两幢纪念楼，集餐厅、会堂、娱乐诸功能于一体。尚且敦勉令弟捐建菲律宾抗日烈士施华山纪念楼，倡议令嫂捐建施雨水纪念门，并为菲南侨校友会荣誉理事长陈祖昌先生捐建陈明玉纪念楼筹划联络，力倡菲、港校友联合捐建科学楼。为学校发展之需，经先生多方请求，扩大校园用地，加大围墙。今又敦聘名师设计汉白玉石校雕，且独资建成，校园景观更添风采。先生尽校园建设之力，令人钦仰。

为南侨创建省达标校，先生亦用心良苦，每来校必偕教师恳谈，共商达标振兴之道。为激励师生，力主倡设教育基金会及陈祖昌奖学金；为母校更具办学特色，提高师生英语水准，促成南侨与菲律宾侨中学院结成姐妹校，互派教师取经，开拓中菲民间教育交流之道。

总之，施雨霜先生于母校，其至诚关爱之心，振兴南侨之劳，赫赫可追。今所以不惜笔墨者，诚如吾校历来颂扬为南侨振兴之各方志士仁人然。唐诗有云："殷殷报秋意，只是有丹枫。"南侨有如此金秋之势，实有赖海内外"丹枫"，数十载之鼎力支持也。

晋江南侨中学　立
公元二〇〇二年八月

【说明】

碑刻立于南侨中学运动场，面对东南大门，系汉白玉校雕之基座。花岗岩黑石为板，红石镶边，碑文楷书竖排，宽 260 厘米，高 120 厘米。标题字径 8.5 厘米 ×10.5 厘米；正文计 5 段，字径 3.5 厘米 ×4.5 厘米；落款字径 5.8 厘米 ×7 厘米。

功德永在

　　纯贼君其人，莫说他大字不识几个，却是一个热心公益、老成持重、诚实笃厚、高洁纯粹的人。

　　家乡事业，无不凝聚着他的血汗，记载着他的功劳。

　　当家乡建设照明电时，他全力以赴多方联系，请示省、市、县统战部，走访侨联、侨办，征得他们的支持。还上福州、奔厦门，购买器材。在他的努力下，工程顺利完成，并节省不少开支。

　　从那时起，电线横空如织，灯火炽亮如昼。乡亲都说，电线流动着纯贼君的热血，跳动着他的脉搏。

　　今衙口中心小学有如此宏大的规模，与纯贼君的远见卓识，果断处事，苦心经营息息相关。他是衙口中心小学校董会的创始人，并荣膺第一届董事长，连任十三年。斯会成立之初，他与陈维芬女士两度往菲，与旅菲乡亲讨论组建衙口中心小学菲律宾校董会，捐募大礼堂、教学楼等事宜，勤恳为家乡教育事业洒汗水，值古稀之年，他明智引退，选拔年轻、热心有为之乡贤，继任之。

　　至于衙口中心幼儿园，敝家族虽竭尽绵力支撑，然而，若无他悉心关注，其苗壮成长，谈何容易？现已是泉州市一级达标的中心幼儿园了。

施琅将军纪念馆的筹建，施琅坟、世伦的修建[1]，他都积极投入。这批文物古迹重新面世，为家乡增添无尚光荣。

纯贼君是位廉洁奉公、最可信任的人，凡委托他办的事，无不躬亲尽职、任劳任怨。乡亲说他为家乡事业作出无私的奉献，功德永在，诚无过之。

菲律宾宿务市施维雄兄弟家族总裁　晋江市衙口中心小学校董会永远名誉董事长维琛八十八龄

菲律宾宿务市施维雄兄弟家族副总裁　独资创设晋江衙口中心幼儿园教育基金永远名誉董事长维鹏八十四龄

岁次壬午荔月[2]十一日　立

【说明】

碑刻嵌于衙口中心幼儿园一楼会议室外墙，宽140厘米，高60厘米，碑文楷书竖排。标题字径4厘米×4.5厘米，正文字径2.5厘米×3厘米，落款字径1.7厘米。碑文之上影雕施维琛、施纯贼、施维鹏三人合影，影雕宽140厘米，高89厘米。

立碑者维琛、维鹏昆仲，南浔村旅菲乡贤，宿务白金行二代掌舵者。

注释：

①施琅坟、世伦的修建：施琅及施世伦陵墓的修建。
②壬午荔月：2002年农历六月。

许书阔先生生平事迹

许书阔先生生平事迹

    许书阔先生，1925年8月24日出生于晋江市龙湖镇秀山历山村一本农民家庭。因家境贫寒未能获得应有的文化熏陶，但从小就养成一种正义感的性格，要强、勤奋。历山村地少又贫瘠，水源十分缺乏，当时村民难以维生。1939年，年仅14岁的书阔背井离乡，随亲戚南渡菲岛谋生。由于勤奋节俭，几年后开始做小本生意，并逐步发展。以此同时还经常参与菲华社会和旅菲秀山五乡联合会的活动。书阔先生曾担任过旅菲秀山五乡联合会理事长，属乡会的建设做过积极的贡献。他每次回国总是不忘社会公益，关心村中兴学造路，博得村民敬佩。不幸的是书阔先生因病于1999年8月于菲律宾马尼拉辞世，享年七十四岁。

    书阔先生的次子许自月先生，属人诚实勤奋，着力经营生意并逐步兴旺发达，同时热心参与菲华社会的公益活动，尤其热心旅菲秀山五乡联合会的各项工作，获得会员的信任。2002年4月荣任旅菲秀山五乡联合会38-39届理事长，真了继承其先次的遗愿，自月先生慷慨捐献60万元人民币铺就道路水泥路面，全体历山绅舰深属虔诚，嘉意其功绩，立碑以颂。

秀山村委会立
历山村道路建设委员会
2004年10月

    许书阔先生，1925年8月24日出生于晋江市龙湖镇秀山历山村一个农民家庭。因家境贫寒，未能获得应有的文化熏陶，但从小就养成一种正义感的性格，要强、勤奋。历山村地少又贫瘠，水源十分缺乏，当时村民难以维生。1939年，年仅14岁的书阔背井离乡，随亲戚南渡菲岛谋生。由于勤奋节俭，几年后开始做小本生意，并逐步发展。以此同时还经常参与菲华社会和旅菲秀山五乡联合会的活动。书阔先生曾担任过旅菲秀山五乡联合会理事长，为乡会的建设做过积极的贡献。他每次回国总是不忘社会公益，关心村中兴学造路，博得村民敬佩，不幸的是书阔先生因病于1999年8月于菲律宾马尼拉辞世，享年七十四岁。

    书阔先生的次子许自月先生，为人诚实勤奋，着力经营生意并逐步兴旺发达，同时热心参与菲华社会的公益活动，尤其热心旅菲秀山五乡联合会的各项工作，获得会员的信任。2002年4月荣任旅菲秀山五乡联合会38—39届理事长。为了继承其先父的遗愿，自月先生慷慨捐款60万元人民币铺设道路水泥路面，全体历山乡亲深为感激。为褒其功绩，立碑以志。

秀 山 村 委 会
历山村道路建设委会 立
2004 年 10 月

【说明】

碑刻嵌于秀山村历山自然村怀乡亭两柱间，白石为框，黑石为碑，宽133厘米，高80厘米，碑文隶书横排。标题字径6.5厘米×4.5厘米，正文字径3厘米×2.2厘米，落款字径3厘米×2厘米。

情系母校 心怀育人

施雨霜先生，身居异域，心系故国，思切回馈报国，奉献家乡教育，历经廿多载，捐资人民币数百万元，成绩斐然，蜚声载道。省市政府数度颁发金银质章嘉奖，二〇〇四年泉州市人民政府给予立碑表彰。先生历任南侨中学校友总会永远名誉会长、菲律宾南侨中学校友会永远荣誉理事长、教育基金会执行理事长、香港南侨中学校友会永远名誉会长。一九九一年应晋江市政府聘任本校名誉校长。

先生幼年随父南渡菲律宾，接受中西文化教育，一九四八年回国就读南侨中学。一九四九年重返菲国而后投身商界，艰苦奋斗，克勤敬业，白手成家，创办工商企业凡十余家，事业有成，名扬珉埠。一九八一年回国重返母校，与同窗挚友施君养鹏聚首言志，决意为振兴南侨同尽其心，共献其力。遂率先捐建校门——修国门，拉开校园改造序幕。嗣后会同许维新、陈祖昌多位校友，联络侨领、校董共倡改造校舍。几经策划奔波，以大礼堂、教学楼、办公楼、实验楼为主体之建筑群拔地高耸，海滨学府面貌焕然一新。

先生荣任名誉校长之后，见学生住宿陈陋，则竭力倡划，慷慨解囊并汇集校友之力，建成时为本地一流之可容纳千名学生宿舍楼。继先生昆仲合捐修国教学楼之后，又独资捐建施修国、颜乌金两幢纪念楼，集餐厅、会堂、娱乐多功能于一体。并且鼓励令弟雨良捐建抗日烈士施华山纪念楼，令嫂秀秀捐建施雨水纪念门。且为菲律宾南侨校友会荣誉理事长陈祖昌先生捐建学生公寓筹划联络，力倡菲港校友会合建科学楼。为学校发展之需，先生多方请求扩大校园用地约二十亩，进而扩展学校围墙，既扩大面积，且使校园贴近海滨沙滩，视野开阔，远眺东海，景色更加优美。敦聘名师设计汉白玉人物校雕，且独资建造，校园景观更添风采。为创一级达标校之需，先生昆仲合捐施修国、颜乌金艺术楼，使建筑设施功能更趋完善。

为南侨创建省达标校，先生亦用心良苦，每来校必偕教师恳谈，共商达标之道。帮助学校建立激励机制，奖教奖学，力主创设教育基金会及陈祖昌奖学金，并每年率团回校颁奖。为母校更具办学特色，提高师生英语水准，促成南侨与菲律宾侨中学院结成姐妹校，并互派教师取经，开拓中菲民间教育交流之道。

总之，先生于母校其赤诚关爱之心，振兴南侨之劳，赫赫可追。今所以不惜笔墨者，诚如吾校历来颂扬为南侨振兴之各方志士仁人然。唐诗有云"殷勤报秋意，只是有丹枫"，南侨有如此金秋之势，实有赖海内外之丹枫数年鼎力支持。

晋江市南侨中学　立

二〇〇六年元月

【说明】

碑刻嵌于南侨中学艺术楼一楼大厅，花岗岩质，红石镶边，黑石为碑，宽352厘米，高120厘米，碑文竖排，右侧雕施雨霜先生彩照。标题行书，字径9厘米；正文楷书，计5段，字径3厘米×3.7厘米；落款字径3.2厘米×4.1厘米。记南侨中学旅菲校友施雨霜先生履历暨捐助南侨中学教育事业事。

尊道小学荣誉纪念匾

百十年来，一代代热心家乡教育事业和公益事业的海内外贤仁，为办好尊道、扬我乡邦，为之付出心血，慷慨衷情。早在三十年代施议浮先生无偿献地供建校舍，施学竖先生八十年代捐资兴建电力设施，施振南先生建火力发电站，八十年代施阁忠先生捐资建学校篮球场。现因学校改建，场地平整需拆除，虽原物已非，可钦贤仁爱心不泯，特立此匾，永葆昭铭。

前港村两委会
尊道小学校董会　立
二〇〇九年十一月

【说明】

碑刻嵌于泉州师范学院附属尊道小学东围墙，宽100厘米，高50厘米，隶书横排。标题字径6.5厘米×6厘米，正文字径3.3厘米×3厘米。因原侨捐工程拆除，追记海外侨胞、港澳及在村乡贤捐赠前港村及尊道小学事。

德成楼楼志

　　族彦至成宗长，自幼随父往菲谋生，几经艰苦奋斗，白手兴家，乃至事业有成，为商界闻人。虽已侨居菲国，然桑梓之情总难忘怀。为缅怀祖德，乃于一九五二年春于浔溪溪东兴建德成楼。时光流逝，至今已历五十余年矣！几经风雨侵蚀，多有损坏。族彦诸子女克绍箕裘，事业有成，皆为菲岛商界奇翘；自幼秉承庭训，事亲至孝。为感念父母之孝思，于二〇一〇年特地拨冗返乡，对德成楼进行全面修葺，并于二〇一一年全部竣工。旧貌新颜，焕然一新，已重现当年之雄姿矣。为感念族彦至成、湘霞贤伉俪对家乡无限热爱及贡献，特铭此志，以资纪念，以示永垂。

洪溪村两委会　立

二〇一三.五.七

【说明】

　　碑刻嵌于龙湖镇洪溪村德成楼围墙，中文、英文双碑，左右分列。碑宽101厘米，高50厘米，碑文楷书竖排。标题字径2.9厘米×3.4厘米；正文计22行，字径2.9厘米×3.4厘米。记德成楼兴建、重修事。

　　施至成，洪溪村旅菲乡贤，菲律宾华人首富，SM集团创始人，在家乡晋江、龙湖、洪溪均有大额捐献。

经典纪念亭碑记

　　是亭系旅菲华侨许书勇、丽华、月华、书敏贤昆仲为纪念先严慈许经典、卢淑柿而建。源于公元一九八二年由经典先生家族捐建之看东大道石砖路面，因损破有年，至二〇一三年适值全村自来水工程启动建造及育策祖宅兴建之时，书勇先生昆仲慨而再捐巨资六十五万元人民币，铺造看东大道水泥路面，北起宫埕口，西至库池，南至顶溪桥，并南延百米，使本角的风貌焕然一新。经典先生家族一贯热心建设家乡的公益事业，从上世纪八十年代起先后独资捐建于石龟许厝村的项目有宝月殿戏台，看东大道，经典淑柿楼，云峰中学镇风塔，云峰中学教师宿舍楼，看东弘德灯光球场，震瑶小学大礼堂、田径运动场以及众多的卫生公共设施等等。先生家族造福桑梓之义举，有口皆碑，功德无量，堪以传颂，故勒石记之。

石龟许厝村看东角理事会
公元二零一七年十一月三十日　立

【说明】

　　碑刻嵌于石龟村经典纪念亭两柱间，宽 146 厘米，高 60 厘米，隶书竖排。标题字径 5.1 厘米 ×3.6 厘米；正文计 23 行，字径 2.8 厘米 ×2.1 厘米。记经典纪念亭建造缘起及经典先生家族捐资家乡公益事业诸项目事。

溪前宗贤亭碑志

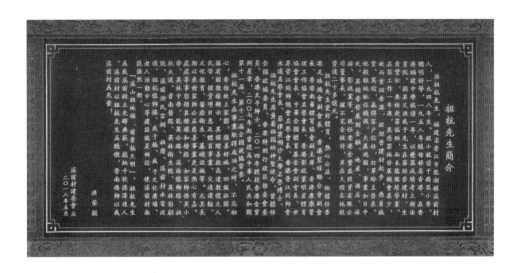

祖杭先生简介

洪祖杭先生，福建省晋江市龙湖镇溪前村人，一九四八年生。从小就读于侨英小学，聪明好学，一九五八年随母移居香港。在香港福建中学就读一年，以优异成绩考上新法书院。因其父洪我于先生在菲经营建材，生意繁忙，要他赴菲协助，而未能继续学业。在菲工作一年后，其感菲地发展机会甚少，故而重回香港，从经营建材起步，凭着诚实、笃信，赢得客户信任，订单纷至沓来。他敏锐地抓住机遇，大展鸿图，事业如日中天。其经营发展到金融、地产、酒店、旅游、影视业等。现任香港金丰盛投资有限公司董事长。据不完全统计，其在大陆各地投资达二十多亿元。

祖杭先生爱好体育，热心公益，他担任香港足球总会副会长、香港篮球联合会副会长、香港南华体育协会副主席、香港康乐管理工作协会名誉会长、香港影视业明星体育协会会长、中华全国体育基金会副会长、世界晋江同乡总会名誉会长、香港晋江同乡会永远名誉会长、菲律宾喇沙大学名誉博士。

祖杭先生肩负着祖国的神圣使命，曾担任全国政协委员、香港特别行政区推委会委员、香港太平绅士。二〇一四年获授香港金紫荆星章。二〇〇七年起当选为中华人民共和国第十一届、第十二届全国政协常委。

祖杭先生在事业取得成功之时，不忘初心，牵挂故土家园，乐善好施，回报祖国。据有关数据显示，其捐赠善款高达数亿元人民币，捐资项目惠及体育事业、交通运输、文化教育、医疗卫生、基础设施等。尤其长期以来对家乡公益慈善事业更是热心有嘉。处处事事彰显其楷模和榜样，如家乡侨英小学、英林中学、龙英公路、溪前怀乡路、祖杭大道、晋南医院、英林卫生院、英林影剧院、溪前洪氏宗祠、祖厝、溪前村水电改造、祖杭怀乡楼、我于桥、我于文化广场、老人活动中心等建设就是例证，使溪前村面貌焕然一新。

"溪山祖地福，前景杭天明"。祖杭先生为我溪前树立光辉典范，彪炳千秋德泽后人。溪前村以祖杭先生为骄傲，晋南侨乡以我溪前村为光荣！

洪　荣　撰

溪前村建委会　立

二〇一八年五月

【说明】

宗贤亭位于龙狮路（龙湖段）东侧溪前村路口、祖杭怀乡楼广场前，长方形八柱重檐歇山顶，中立一墙，向西临龙狮路一面嵌《祖杭先生简介》，向东临溪前村一面嵌《溪前村概况》。《溪前宗贤亭碑志》即《祖杭先生简介》，现碑名为编者所拟。

《溪前宗贤亭碑志》高 91 厘米，宽 203.5 厘米，楷书竖排。标题字径 3 厘米 × 4.2 厘米；正文计 4 段 43 行，字径 2.3 厘米 × 2.7 厘米。

热心教育　倾情奉献

　　吴远北，龙湖西吴村人，三远集团副董事长、百宏房地产有限公司副董事长、宏远管桩有限公司董事长、晋江市龙湖镇阳溪学校校董会董事长、龙湖镇侨联副主席。远北先生事业有成，热心家乡教育公益事业，慷慨解囊，先后捐献叁佰多万元助力阳溪中学、阳溪中心小学、阳溪幼儿园建设。远北先生热爱教育之精神，式范可钦，正如他所言"人生的价值在于创造，更在于奉献"。为褒扬其功绩，激励今人，垂范后世，特立此碑，以铭志之。

晋江市龙湖镇阳溪学校校董会
二零二二年五月　立

【说明】

　　碑刻在阳溪中心小学足球场与教学楼间，缅甸山南石，状如笔架，显黄褐色，石体表面有丰富的水陆交界纹理，宽420厘米，高180厘米，正面镌行书"吴远北先生建"。背面碑文行书横排，标题字径13.5厘米×16厘米；正文计5行，字径5.5厘米×6.8厘米。记吴远北先生捐赠家乡教育事。

后 记

将《龙湖侨捐碑刻》列为《龙湖侨乡文化丛书》第二卷，乃是在编著《龙湖涉侨编年》的田野调查中，搜集到数量不菲的侨捐碑刻所得到的灵感。再者，这些碑刻，无疑是最真实可靠的实物佐证，是研究龙湖侨乡社会文化史的重要历史文献。其三，从《涉侨编年》到《侨捐碑刻》，可以互相印证，在编年史中搜寻碑刻，在碑刻中验证编年史。

书名中的"侨"，是海外华侨、华人，台湾、香港、澳门同胞的统称。由于目前没有一个可以概括上述内容的概念，而为了书名的简练，我们采用"侨捐"一词来指称海外华侨、华人和台湾、香港、澳门同胞的捐赠。

改革开放以来，龙湖的侨捐数额一直名列晋江前茅，广大海外侨胞和台港澳同胞是龙湖侨乡慈善事业的重要力量。晋江素有为捐资者的仁心善举树碑立传的文化传统，于是，这一通通遍布于乡野的碑刻，昭示了捐资者心系家国、情怀故土的崇高精神，激励着侨乡人民为奉献社会、回馈家乡而努力拼搏。

《龙湖侨捐碑刻》的编纂项目于 2023 年初启动。在原有掌握的侨捐碑刻线索的基础上，向社会各界广泛征集相关信息，深入各村及教育、医疗等单位，勘察、采集、整理散落于民间的侨捐碑刻。

本书收录的 236 通碑文，按内容分为教育事业、文体医卫、桥道水电、社会事业、祠陵庙宇、慈善公益 6 类；碑文之后附上简短的说明，并对部分词语加以注释。考虑到碑刻的代表性，我们特别收录数通龙湖侨亲捐赠厦门大学、华侨大学的碑刻，虽不在龙湖地域范围之内，仍有一定的参阅价值。

需要说明的是，本书并非龙湖侨捐碑刻的全部，亦不能作为龙湖侨捐项目（资金）的统计资料。编纂本书所秉持的原则是：遴选内容丰富、信息翔实，富有文学、史学及书法艺术价值的碑铭入录。因此，诸如省、市、县政府为捐资者所立的碑刻，只镌项目署名的碑刻，只列捐资芳名的碑刻，碑刻内容信息量不足的碑刻等，皆未收录于本书。再者，由于龙湖侨捐碑刻数量庞大，编者所获取的信息、能采集到的数量及本书的容量有限，故尚有一部分碑刻未能入录。这是本书的局限，期待后来者补充、提升。

值此本书出版之际，谨向为本书采集、编纂工作提供支持的各界朋友表示衷心的感谢！

编 者

2024 年 10 月